课程治理现代化丛书

张秋来 王 琦 杨四耕 主编

进阶式生涯教育

王 琦 郭丽萌 ◎ 主编

华东师范大学出版社
·上海·

图书在版编目(CIP)数据

进阶式生涯教育/王琦,郭丽萌主编. —上海:
华东师范大学出版社,2024. —(课程治理现代化丛书).
ISBN 978-7-5760-5408-8
Ⅰ.G633.932
中国国家版本馆 CIP 数据核字第 2025MG8647 号

课程治理现代化丛书
进阶式生涯教育

丛书主编　张秋来　王　琦　杨四耕
主　　编　王　琦　郭丽萌
责任编辑　刘　佳
项目编辑　林青荻
特约审读　李　瑞
责任校对　董　亮　时东明
装帧设计　卢晓红

出版发行　华东师范大学出版社
社　　址　上海市中山北路3663号　邮编 200062
网　　址　www.ecnupress.com.cn
电　　话　021-60821666　行政传真 021-62572105
客服电话　021-62865537　门市(邮购)电话 021-62869887
地　　址　上海市中山北路3663号华东师范大学校内先锋路口
网　　店　http://hdsdcbs.tmall.com

印 刷 者　上海展强印刷有限公司
开　　本　787毫米×1092毫米　1/16
印　　张　16.25
字　　数　171千字
版　　次　2025年4月第1版
印　　次　2025年4月第1次
书　　号　ISBN 978-7-5760-5408-8
定　　价　54.00元

出版人　王　焰

(如发现本版图书有印订质量问题,请寄回本社客服中心调换或电话021-62865537联系)

本书编委会

主编：王 琦 郭丽萌

编委：程紫琪 刘 芳 刘 欢 李云烨 宋丹青

丛书总序

为了高水平推进区域课程治理现代化,深圳市坪山区立足"创新坪山、未来之城"的建设,唱响"深圳坪山,无限可能"的口号,相信每一所学校的力量,相信每一位教师的力量,相信每一个学生的力量,深化区域课程教学改革,推进课程治理机制创新,深化育人重点领域和关键环节改革,提升课程智治水平,转变育人方式,高水平推进深圳东部中心课程治理现代化。

坪山区确定了课程治理现代化的总体目标:完善课程治理机制,优化课程治理方式,创新课程治理载体,提升课程治理效能,形成国家主导、区域统筹、学校实施、社会参与和学生选择的课程治理新局面,开辟高水平推进区域课程治理现代化新赛道,争当深圳市课程治理现代化先行者,努力成为全面展现中国特色社会主义教育制度优越性的示范窗口和典型样板。在此基础上,形成了区域课程治理现代化的具体目标。

1. 完善课程治理机制。构建上下联动、问题倒逼、试点推广和协同推进等课程治理新机制,持续深化基础教育课程改革;广泛吸纳各种力量参与,通过由学校引导机制、师生参与机制、专家干预机制和社会力量融入机制等组成的复合型机制,促进课程资源高质量供给,有效达成课程改革的多重目标。

2. 优化课程治理方式。采用文化治理与依法治理相结合、内部治理与外部治理相结合、全面治理与专项治理相结合、横向治理与纵向治理相结合的多维课程治理方式,实现课程治理方式的优化组合。根据治理的问题难度、治理的主体组合和治理的过程情况,灵活采取一种或多种治理方式,实现课程治理最优化。

3. 创新课程治理载体。进一步理清政府、社会、学校及教师的课程治理权限,强化课程治理的国家意志,把握课程政策走向,理解课程标准,设计课程计划,研制课程规划,优化课程设计,推进课程审议,落实课程研修,开展课程视导,寻求技术赋能,创建多元协同课程治理共同体,不断创新课程治理载体。

4. 提升课程治理效能。培育一批深入实施新课程的先进学校,提升教师课程治理能力,促进学生个性全面发展;总结发现一批课程育人成效显著的典型案例,形成一套更加完善的、有时代特征、坪山特点、中国特色的课程治理制度体系,为率先实现高水平课程治理现代化提供坚实保障,奠定坪山区教育现代化的制度基石。

如何高水平推进区域课程治理现代化?深圳市坪山区把握以下几条原则。

一是坚持正确方向,强化课程治理的国家意志。课程治理是国家事权,要坚持正确方向,充分体现课程治理的国家意志,确保社会主义办学方向,坚持立德树人,服务国家战略需求,将社会主义核心价值观融入课程体系之中。

二是坚持问题导向,破解课程治理的系列难题。围绕着课程理念难更新、课程逻辑难理顺、课程实施难深入、课程资源难协调、课程研究难深化、课程治理体系不配套等突出问题,深化体制机制改革,着力破解课程治理的系列难题,助力学生健康成长。

三是坚持守正创新,把握课程治理的内在逻辑。加强学校课程顶层设计,总结课程改革成功经验,着眼于课程制度建设,坚持守正创新,鼓励各校深入探索、勇于创新、不断完善,把握课程治理的内在逻辑,持续激发学校课程治理活力,讲好坪山课程故事,传递中国课程话语。

四是坚持放管结合,构建课程治理的协同机制。处理好政府办学主体责任和学校办学主体地位之间的关系,遵循多元治理原则,明确政府、社会、学校和教师的治理权限,发挥自上而下与自下而上相结合的课程改革动力作用,坚持顶层设计与分步推进相结合的课程改革方法论,构建课程治理的协同机制,深化基础教育课程改革。

五是坚持有序推进,完善课程治理的路径选择。强化党委统筹、政府依托和各方参与间的协调配合,坚持渐进调适与全面深化相结合的课程治理路径选择,注重从实际出发,加强分类指导,因校制宜,积极稳妥推进,处理好改革、发展、稳定三者的关系,切实增强课程治理的针对性、协调性和有效性。

为高水平推进区域课程治理现代化,深圳市坪山区注重系统性,避免零打碎敲;注重渐进性,实现平稳过渡;注重协同性,实现点面结合,全面建设高品质课程体系。深圳市坪山区主要围绕以下六大任务推进区域课程治理现代化。

第一大任务:健全立德树人落实机制

1. 价值引领机制。以课程规划为抓手,建立健全德智体美劳全面发展的人才培养体系。在坚定理想信念、厚植爱国主义情怀、加强品德修养、增长知识见识、培养奋斗精神、增强综合素质上下功夫,建构坪山区"5T"课程目标观,着力培养有思想(thinking)、有才干(talented)、有韧性(temper)、会合作(teamwork)、可信赖(trusty)的新时代坪山学子,使学生有理想、有本领、有担当,培养德智体美劳全面发展的社会主义建设者和接班人。

2. 系统衔接机制。完善中小幼一体化德育课程体系,大力培育和践行社会主义核心价值观,推进各学段纵向衔接、各学科横向融通、课内外深度融合。提高智育水平,培养关键能力,激发创新意识。完善体质健康教育,增强师生审美能力。加强劳动教育,完善家庭、学校、社会教育体系。实现不同学段、不同环境中的课程思政的前后贯通和优势互补。

3. 动力形成机制。以评价改革为纽带,通过设计和推进适用于政府、学校、社区和教师等不同主体的立德树人评价标准,探索多样化的适合师生需要的激励方式,增强不同教育主体立德树人的动力,不断激发课程育人的积极性、主动性和创造性。

4. 能力提升机制。以学科育人为重点,通过加深教师对学科课程哲学和育人价值的理解,通过对各学科课程目标、结构、内容、实施方法和评价要求的把握,发挥好立德树人主渠道的作用,不断提升课程育人能力。

5. 力量汇聚机制。以供给侧改革为统领,通过对人、财、物、时间、空间五大要素的优化整合与合理配置,构建社会支持、机构指导、协会自治、联盟推进、家校共育的合作体系,形成学校全面开放、家长深度参与、社会共同支持的力量汇聚机制,形成立德树人合力,不断提高课程育人成效。

第二大任务:建设高质量课程体系

高质量课程体系建设要突出课程育人属性,面向全体学生,因材施教,通过多主体协作、多资源统整、多场域协同,研制学校课程规划,优化学校课程结构,形成学校课程特色,满足学生多元发展需求。

1. 研制学校课程规划。坚持"一校一策",把国家统一制定的育人"蓝图"细化为学校的个性化育人"施工图"。学校要立足实际,分析资源条件,确立学校课程哲学,厘定培养目标,细化课程目标,因校制宜规划学校整体课程,以育人方式和学习方式变革为重点,创造性设计课程实施方案,激活学校课程管理,提升课程的文化内涵,彰显课程的逻辑力量。

2. 优化学校课程结构。以促进学生个性全面发展为目标,设计刚需课程、普需课程和特需课程,高质量落实体现国家课程刚性要求的刚需课程,建设体现学生兴趣爱好的普需课程,设计基于学生个性发展的特需课程,将课程理念、原则要求转化为具体的育人实践活动,满足学生多样化发展需要。

3. 形成学校课程特色。学前教育阶段按照幼儿学习与发展五大领域的要求,注重共同课程与特色课程的全面建构;义务教育阶段确保全面落实国家课程,注重与地方课程和校本课程的统筹实施;普通高中在保证开齐开好必修课程的基础上,注重适应学生特长优势和发展需要,提供分层分类、丰富多样的选修课程,形成体现学校办学特色的课程育人体系。

第三大任务:开发高品质课程内容

积极回应社会发展的新要求和育人实践的新挑战,把握课程迭代发展要求,构建以国家课程为主体、地方课程和校本课程为重要拓展和有益补充的课程内容体系,促进课程资源的高质量供给。

1. 推动学科课程群建设。以学科课程标准为依据,立足学校实际,培育优势学科和特色学科,基于学生发展需求,从学科课程哲学、学科课程目标、学科课程框架、学科课程思路、学科课程实施和学科课程管理等方面研制学科课程群建设方案,推动学科课程群建设,形成学科教学特色,优化学科教学过程,落实学科核心素养,严格学科常规管理,抓实学科教研活动,促进学科教研组建设,打造一批特色学科建设示范学校,实现优质均衡发展。

2. 落实科学素养提升行动。立足科技发展前沿,深化科学教育改革,开齐开足科学课程,强化做中学、用中学、创中学,推进跨学科综合教学。加强科学教育实践活动,持续深入开展科普教育,激发青少年好奇心、想象力、探求欲,提升学生解决实际问题的能力,发展学生科学素养。继续推进 STREAM 课程、创客教育课程、大师进校园课程和人工智能课程,关注未来社会,传播未来思想,增强未来意识,建立未来观念,探索未来教育课程体系,增强课程摄入的主动性。

3. 推进综合素养课程建设。继续推进家校共育"燃"课程、阳光阅读"亮"课程、底色艺术"炫"课程、悦动体育"嗨"课程、劳动教育"润"课程和生涯教育"导"课程,积极融入时代潮流,充分彰显课程的时代内涵,提升学生的综合素养。

第四大任务:提升课程实施质量

立足课程标准,通过试点先行和示范引领机制,探索单元整体课程设计,推进教学方式深度变革,提高作业设计水平,着力解决课程改革重难点问题,全面提高课程实施质量。

1. 探索单元整体课程设计。聚焦核心素养培育,基于学科课程标准,以学科大概念为核心,从明确单元课程理念、分析单元课程情境、厘定单元课程目标、研发单元课程内容、激活单元课程实施和设计单元课程评价等方面入手,探索单元整体课程设计,实现标准要求与目标设计、课程设计与教学设计、内容设计与学习设计、任务设计与活动设计、教学设计与评价设计的有机统一,提升学科课程育人价值。

2. 推进教学方式深度变革。根据核心素养形成规律,依据学生学习发生的基本途径,在学习、交往、实践和反思的基础上,逐步把间接学习和直接学习,知识学习与问题解决,形式训练与任务完成,课堂学习与实践活动,课内外、校内外、家庭学校社会结合起来,多主体协同、多途径融合、多情境转换,课程实施路径与学生学习方式紧密结合,注重学科实践和跨学科学习,让学生通过亲身体验丰富学习的直接经验,促进经验之间的转化和融合。加强课程学习与综合实践、社会生活的联系,建立以学习为中心的课程连续体,丰富学生的学习情感态度,体验学习过程与方法,促进学生核心素养的形成。

3. 全面提高作业设计水平。在用好基础性作业的基础上,多维度引导教师提高作业设计水平,鼓励教师设计探究性作业和实践性作业,探索设计情境性跨学科综合作业;广泛开展优质作业设计展示交流,加强作业设计培训。

第五大任务:创新课程评价方式

课程评价是课程建设质量的根本保证,对高品质课程建设具有激励、监督和调控作用。

1. 课程发展的文本评价。系统考查学校课程规划、学校课程指南、学科课程群建设方案、跨学科课程创意设计、校本课程纲要、单元整体课程设计等课程文本是否齐备,查看相关内容要素是否完整、表述是否科学、设计是否规范。

2. 课程建设的主体评价。课程建设的主体评价主要包括校长、教师和学生。其中,评价校长的课程领导力,主要从价值理解力、逻辑建构力、目标厘定力、框架设计力、课程开发力、实施推进力、评价激励力和资源保障力角度进行;评价教师的课程执行力,最主要看教师对所教课程的理念理解度和目标达成度;评价学生的课程学习,最主要是看通过课程的学习,学生的行为模式和学业成绩的提升效果,即学校育人目标的达成度。此外,外部因素对于课程实施的影响,比如政府机构的支持力度,相关社会力量诸如社会团体、社区资源以及学生家长的支持和理解等,也是课程实施过程评价需关注的内容。

3. 课程实施的效果评价。从以下三个维度进行评价:一是学生的学习结果,包括学生在课程学习过程中的表现、学生对课程学习的态度、学生核心素养的培养、学生对不同学习方式的运用、学生对课程的满意程度;二是教师的专业发展,包括教师课程领导力的提升、教师参与课程设计能力的提升、教师进行评价能力的提升、教师共同体的成长、教师对课程方案的满意程度等;三是学校的发展成效,包括课程建设是否促进学校的发展、是否为学校发展带来新的契机,家长对学校课程的满意程度,课程评价结果对于学校课程发展的价值等。

第六大任务:提高课程智治水平

课程治理现代化是在信息化、数字化、智能化背景下,通过创新教育模式、优化课程体系、推进课程实施、加强课程管理,全面提升课程品质的过程。升级课程资源数据库,构建课程智治长效发展机制,全面提高课程智治水平,是课程治理现代化的重要任务。

1. 加快课程数字化转型。充分利用人工智能和大数据技术,建设泛在学习环境,推进课程数据库建设,实现课程供给的个性化精准服务和资源多元融合,推进课程数字化转型,发展终身学习体系。

2. 推进数字化赋能教学。充分利用数字化赋能基础教育,推动数字化在拓展教学时空、共享优质资源、优化课程内容与教学过程、优化学生学习方式、精准开展教学评价等方面广泛应用,基于大数据开展信息技术与教育教学的深度融合,推进个性化精准教学,促进教学更好地适应知识创新、素养形成发展等新要求,构建数字化背景下的新型教与学模式,助力提高教学效率和质量。

3. 建立课程反馈改进机制。完善课程管理规范体系,建立学习数据隐私保护机制。统筹推进课程数据无感采集、深度挖掘和开放共享,建立贯通的课程大数据归集和分析系统,形成课程反馈改进机制,为有效推进课程实施提供参考依据。

为了落实上述六大任务,深圳市坪山区变革传统教研方式,以问题为导向,在区域层面推进科研、教研、师训、信息四大研究部门贯通与融合,整合各类资源,建立健全协同研究机制。联合教科研机构、高校及培训、电教、装备等部门,充分发挥外部专业力量与内生力量的共同作用。探索课程备案与审议制度,强化专业引领,促进课程品质的整体提升。同时,构建课程督导机制,强化政府履行教育职责,提升政府对课程改革的保障能力,优化课程资源配置,优化区域课程改革环境。推进课程视导,落实课程专项督导制度,提升课程专项督导水平。引入第三方课程视导机制,合理运用视导结果,将结果作为资源配置的重要依据。

五年来,坪山区推进课程治理现代化取得了丰硕的成果,抢占了时代制高点,找准了理想落脚点,突出了现实结合点,把握了根本着力点,形成了常态落实点,积累了独具特色的坪山课程改革经验。

张秋来　王琦　杨四耕

2024 年 6 月 7 日

目 录 | contents

前言　筑梦新起点　　　　　　　　　　　　　　　　　　　　　　　1

第一章　　思想的模样：用梦想把握世界　　　　　　　　　　　　1

　　　　　用思想来看待世界是人类独有的能力，从哲学到科技，从艺术到日常生活，人类用思想在各个领域不断地探索世界的奥秘。思想唤醒了我们想象世界的创造力，思想解锁了我们独立思考的能力，思想拓宽了我们生活的空间，思想激发了我们追求梦想的勇气。思想的启迪指引了心灵的方向，为我们勇敢追求梦想提供了动力，让我们充满信心，构筑未来之路。

　　　　　生涯智慧1-1　"真"文化激发生涯觉醒　　　　　　　5
　　　　　生涯智慧1-2　幸福起点成就美好回忆　　　　　　　15
　　　　　生涯智慧1-3　"六体验"唤醒生命潜能　　　　　　　23
　　　　　生涯智慧1-4　同心向力漫步生涯路　　　　　　　　32
　　　　　生涯智慧1-5　逐光教育浸润成长　　　　　　　　　41
　　　　　生涯智慧1-6　追梦图强勇探未来　　　　　　　　　53

第二章　　生涯的力量：成长路上总要有一点光　　　　　　　　61

　　　　　一颗种子必定要唤醒方能萌发，才能茁壮成长；一颗鸡蛋必定要从内打破，才能爆发出生命的力量。教育的伟力在于引导、在于点燃、在于唤醒。引导幼儿认识自己及周围的事物，点燃他们对生活的热爱，唤醒他们对未来职业的设想，这为他们后续的生涯启蒙、体验以及规划提供了更加清晰的方向和前进的动力。

生涯智慧 2-1	小厨师大乐趣	64
生涯智慧 2-2	小小修理工	71
生涯智慧 2-3	最美快递员	78
生涯智慧 2-4	萌娃卖菜记	84
生涯智慧 2-5	走进和谷记	91
生涯智慧 2-6	有趣的购物街	96
生涯智慧 2-7	心目中的小学	104

第三章　自我的觉醒：为人生导航　　111

认识自我，方能认识人生。自我意识是人类所特有的，它使人在与外界相互作用、内化社会要求的同时，逐渐把"自我"析出，并加以自觉地反映与控制，这是个体意识能动性与创造性的表现。自我意识的觉醒与发展就像给人生装上导航仪，使人能够正确地定位自我，积极主动地发展、完善自我。对于正处于启蒙期的小学生来说，探索和认识自我的能力可以帮助他们接纳自我、培养兴趣和能力、提升生活体验，也是他们未来职业发展的重要基础。

生涯智慧 3-1	恐龙回来了	115
生涯智慧 3-2	梦想设计师	121
生涯智慧 3-3	探索梦想职业	126
生涯智慧 3-4	职业模拟实践	133
生涯智慧 3-5	职场体验之旅	140
生涯智慧 3-6	少年享"职"趣	149
生涯智慧 3-7	跟着爸妈去上班	157

第四章　精神的共鸣：与未来世界照面　　161

共鸣者,彼与己志趣相投,心灵相通。建立精神共鸣首先是主体感觉到自身被外部某一客体所触动和影响,在摒弃工具理性目的后有寻求认知丰满的动机;其次是与客体建立积极、主动的情感联系,回应当下现实;最后是在与客体的互动中,相互影响,产生转化;最终通过共鸣,解决异化困境。初中生涯教育经历"认知—回应—转化"三个环节,最终在与自身、与现实、与生活的精神共鸣中,与未来世界照面。

生涯智慧 4-1　探索未来的领导者　　165

生涯智慧 4-2　影视剧人物评述　　172

生涯智慧 4-3　走进家长故事荟　　178

生涯智慧 4-4　乘红色教育公交　　184

生涯智慧 4-5　燃烧意象火柴　　190

生涯智慧 4-6　从"孔乙己"谈起　　197

生涯智慧 4-7　职业"新"发现　　203

生涯智慧 4-8　学生的创业之旅　　208

第五章　梦想的天空：超越当下的自己　　213

不满足是神圣的,不满足是人性的。人是追求理想的动物,人有想象力和梦想。一个人的想象力越丰富,便越不能感到满足。有理想有抱负的人,是值得称赞的,是高尚的。对于高中生来说,帮助他们追求梦想,实现远大理想,是教育的重要任务。

生涯智慧 5-1　做自己的首席时间官　　216

生涯智慧 5-2　从芯出发的职业走访　　223

| 生涯智慧 5-3　职业告白的三部曲 | 228 |
| 生涯智慧 5-4　生命之花的生涯计划 | 233 |

后　记　　　　　　　　　　　　　　　　240

前言

筑梦新起点

当今社会,生涯教育作为一种以发展个体潜能和实现人生价值为核心的教育理念,已经成为教育改革的重要议题。广东省作为中国教育改革的前沿阵地,一直致力于推动生涯教育的发展。2023年,广东省教育厅出台了针对本省中学生涯规划课程的专门性指导文件:《广东省义务教育地方综合课程指导纲要(2023年版)》和《广东省中学生涯规划课程指导纲要(试行)》,明确了生涯教育的目标和原则,提出了培养学生自主、创新、适应和发展能力的要求,正式将生涯规划课程纳入初中、高中的教育体系,成为全省通行的常态化课程。这两则文件旨在引导学生通过课程学习,形成生涯规划意识和终身发展观,掌握生涯规划方法,提升生涯发展关键能力,培养生涯创新精神。2019年《深圳市坪山区品质课程系列建设方案》发布,生涯教育课程建设作为基础教育试点项目开始推进,引领师生开展生涯教育的实践与探索。截至2023年12月,全区已有36所生涯教育试点幼儿园、14所生涯教育课程实验校。

深圳市坪山区以"幼儿生涯唤醒、小学生涯启蒙、初中生涯体验、高中生涯规划"形成纵向学段贯通,并以生活环境、学业范围、社企行业、未来预见为内容框架,促进横向覆盖,由此构建起"启蒙、认知、体验、探究、规划"的多层次、多主题、多类别、多主体、多样式的生涯教育课程体系,形成了具有时代特色、地域特色、具身体验、联通未来的生涯教育模式。坪山区生涯教育课程注重培养学生的爱国情怀和社会责任感,帮助其客观了解社会,正确认识自我,科学规划学业和生活,为未来的职业和人生发展做好准备。基于多年的区域生涯教育探索,编写此书,旨在为学校生涯教育提供设计方案和实践案例。本书以全新的视角,从幼儿园到高中,系统地呈现了生涯教育的多个维度,为读者提供了一次全面的生涯探索之旅。

第一章，思想的模样：用梦想把握世界，为读者介绍了学校生涯教育的整体设计方案。在这个章节中，我们选取了包含幼儿园、小学、初中和高中学段的生涯教育总体设计方案，从生涯教育的理念到实践，从教师角色到家长参与，从学校到社会资源的整合，为读者提供了一个较为完整的生涯教育框架。

第二章，生涯的力量：成长路上总要有一点光，以幼儿园生涯教育为切入点，通过具体的案例，展示了如何培养孩子们的自信、独立和合作精神。这一章将帮助读者了解幼儿园生涯教育的重要性，并提供了一系列实践经验和教育方法，用以帮助幼儿在成长过程中发现自己的潜能和兴趣。

第三章，自我的觉醒：为人生导航，关注小学生涯教育。在这一阶段，学生开始逐渐形成自我认知和职业意识。通过案例的分享和实践的探索，我们将帮助小学生明确自己的兴趣和目标，并提供相应的指导和支持，帮助他们规划未来的学习和发展。

第四章，精神的共鸣：与未来世界照面，聚焦于初中生涯教育。初中是学生人生观、价值观形成的关键时期，在这一章中，我们将通过案例分析帮助初中生理解社会的多样性和变化性，培养他们的创新精神和适应能力，为他们的未来做好准备。

第五章，梦想的天空：超越当下的自己，将以高中生涯案例为主线，探讨高中生面对的挑战和高中生涯教育的重要性。在这个阶段，学生将面临更加复杂的学习和职业选择。通过案例的呈现，我们将帮助高中生明确自己的兴趣和目标，为他们提供更加深入的职业规划和发展支持。

国内外专家在生涯教育领域进行了深入的理论研究，在我们的实践过程中，舒伯的生涯发展理论、霍兰德的职业兴趣理论及生涯决策理论为我们深入理解生涯教育的本质和意义提供了有益的参考。本书经过多次修改打磨，得以出版，在此诚挚感谢上海市教育科学研究院杨四耕教授对生涯教育案例的专业指导，感谢华东师范大学出版社的编辑老师的悉心审校，感谢诸多学校和一线教师为我们呈现了大量详实的教育案例。学生的成长和发展，是我们持续研究的起点和源泉。无论是幼儿园的微笑天使，还是高中生涯的未来之星，每一个孩子都有无限的潜力和可能。期待我们的研究实践能够引导他们探索自我、发现兴趣、规划未来，期待每个人都能够获得个人成长和职业发展的机会，用实际行动回答好"我是谁""我要成为谁"及"我要如何实现它"这三个方面的问题，实现自己的人生价值。

2024年3月

第一章

思想的模样:用梦想把握世界

　　用思想来看待世界是人类独有的能力,从哲学到科技,从艺术到日常生活,人类用思想在各个领域不断地探索世界的奥秘。思想唤醒了我们想象世界的创造力,思想解锁了我们独立思考的能力,思想拓宽了我们生活的空间,思想激发了我们追求梦想的勇气。思想的启迪指引了心灵的方向,为我们勇敢追求梦想提供了动力,让我们充满信心,构筑未来之路。

有人说:用思想把握世界,就必然会把世界变成思想。① 人是具有主观能动性的,善于把握人生的目的和使命。充分发挥人的主观能动性,用思想看待世界,用梦想把握世界,最后世界就会变成思想中的样子。生涯教育用唤醒想象世界,用知识走进世界,用体验感受世界,用梦想把握世界。凭借无限的想象、多元的知识、丰富的体验、真挚的梦想,学生可以走进每一个平凡的日子里,在平凡的日子中看到生活的不同可能,在生活的不同可能中体验世界的无边界,在无边界的世界中勇敢地追求梦想,在唤醒想象、拓展知识、体验人生、丰富思想、追求梦想的道路上,与世界一同成长。

用唤醒想象世界。想象力成为我们探索世界的武器,为我们揭示世界的无限可能。我们可以在充满创意的想象沃土里,天马行空地驰骋,激发我们的创新力量,探索未知,创造梦想,并把梦想变为现实。生涯教育为学生提供了想象世界的广阔舞台,唤醒了学生心中的世界,在这个五彩斑斓的世界里,学生可以发挥无尽创意,探索世界,创造美好。生涯教育为学生拓宽了生活的广度,生涯发展贯穿人的一生,人的一生是分阶段的,每个阶段都面临着不同的选择,承担着不同的发展任务和责任,我们需要重新想象并设计自己的未来,找到自己的使命与价值。生涯教育为学生拓展了生活空间,人的一生会承担多种人生角色,各种角色间是有相互作用的,我们需要对自身未来各阶段如何调配做出选择、计划和安排,从而适应工作世界、社会生活中源源不断的新挑战。

用知识走进世界。知识是走进世界的钥匙,是它为我们解锁未知世界的大门,驱动我们不断前行;是它开阔了我们看待世界的视野,为我们指引前行的方向。知识更是我们理解世界的基石,是它拓宽了我们观察世界的视角,让我们看到世界的多元和精彩;是它丰富了我们品味世界的厚度,培养了我们独立思考的能力。生涯教育是学

---

① 孙利天,刘梅. 内在与超越——内在意识形而上学的根本焦虑[J]. 社会科学,2006(12):160—165.

生走进世界的钥匙,更是学生理解世界的重要基石,学校教育需要开设专门的生涯教育课程,来满足学生日益增长的生涯规划支持需求,避免学生因家庭差距等原因导致生涯信息购买与筛选、信息价值判断与选择的不公平隐忧。生涯教育为学生提供了一种与世界沟通的方式,帮助学生更好地与世界互动、与自己对话,从而实现成长,成就梦想。

用体验感受世界。体验是一种过程,让我们在平凡的生活中看到不同的可能,勇敢地追求梦想;体验是一种力量,让我们更加懂得人生的价值,激励我们为梦想奋发向前。有人说,体验可以启发学生在课程中获得有意义的建构和心灵的冲动。[1] 生涯教育不是静止的内容体系,它强调学生在亲历课程过程中获得对生活和学习的主动认知体认和情感体验。为此,学校要着力为学生提供丰富的生涯体验机会,包括建设生涯教育实践基地,还可以邀请家长、企业职员以生涯导师的身份走进校园为学生提供生涯支持,也可通过研学旅行、生涯观影等方式引导学生利用寒暑假期拓展生涯体验。学生在生涯活动中的真实学习和生活体现了生涯课程注重过程体验的课程价值,学生于体验中发生变化,真实地感受世界,理解社会,享受成长。

用梦想把握世界。世界的繁华与梦想息息相关,每个时代都有无数梦想家为实现心中理想而奋力拼搏。在追求梦想的过程中,他们塑造了独特的思维品质,以梦想之力把握世界。新高考改革要求学生在选学校、选专业、选课程的过程中既要全面认识自我,也要理性认识未来职业生涯发展及招生录取时的专业要求,这要求学生尽早考虑自己的职业规划和生涯发展,才能更好地把握世界。[2] 学生能否深入了解学校和专业,是否拥有正确的自主选择意识等因素,都会深刻影响学生对招生录取这一重要生涯决策的满意度。[3] 这要求我们必须在学校开展生涯教育工作,在学校教育与生活实践、专业选择与职业世界之间建立更为紧密真实的联系,进一步引导学生自主思考人生和未来,用梦想的力量与世界一起前行。

为此,学校教育必须从学校课程的总体设计层面,构建系统完善的生涯教育体系,全面推行生涯教育,构建学生的未来之路。坪山区着力构建了社会教育、学校教育和家庭教育三位一体、紧密配合的生涯教育育人格局,面向幼儿园、小学、初中、高中等各

---

[1] 石鸥,侯静敏.在过程中体验——从新课程改革关注情感体验价值谈起[J].课程·教材·教法,2002(8):10—13.
[2] 凌磊.新高考志愿填报呼唤职业生涯规划教育[N].中国科学报,2021-06-22.
[3] 靳葛.生涯教育影响下的专业志愿选择与职业决策[J].江苏高教,2020(10):106—110.

类学校全面推进生涯教育的总体设计与落实工作,有效提升了学生的生涯规划意识和能力。当进行学业选择、就业择业时,学生能够根据个人志趣、生活愿景等因素进行相对稳定的发展定位与生涯规划,最终于变化的职业与社会环境中实现个人理想,体现个人价值,实现个人发展与社会发展的有序协调。

(撰稿者:深圳市坪山外国语学校　刘欢)

生涯智慧 1-1 "真"文化激发生涯觉醒

一 背景与理念

学前阶段对于孩子的职业生涯启蒙至关重要，此阶段是他们开始探索自我与外部世界的起点，也是对他们进行生涯教育的起点。坪山区聚龙幼儿园基于儿童发展为本的儿童观，根据3—6岁幼儿身心发展的特点与学前教育的目标及任务，以适合幼儿年龄特点的方法与方式，把生涯"启蒙"与"奠基"融入幼儿园课程与活动之中，以"真"文化为核心建构聚龙"真"课程，以"体魄强健、自信表达、温暖乐群、探索求真、尚美雅趣"为课程总目标，将"本真生活，自在生长"作为生涯理念贯穿于幼儿的生涯课程之中。

坪山区聚龙幼儿园从儿童视角出发设计环境，以幼儿发展特点设计教育方式，重视幼儿之间的合作、参与，鼓励幼儿积极探索，制定系列化的幼儿生涯教育计划、课程实施方案和思维导图。在制定教育教学的工作计划时，将幼儿的生涯教育纳入幼儿园教学计划，以提高幼儿生涯教育的成效。将生涯理念贯穿在主题教学活动、区域活动、节日节气等活动中，使幼儿生涯教育工作做到形式的多样化。同时根据幼儿的年龄特点，让幼儿从小、中、大三年时间里进阶，以感知—参与—体验作为幼儿兴趣的出发点，培养幼儿的责任感和成就感，激发幼儿对职业的向往。

二 目标与追求

幼儿能够发现自身的特点，发挥自身的特长，能够客观认识自我，增强自我的生涯发展能力和学习能力；能够形成良好的行为规范、价值观念和态度，培养与他人和谐相处的能力和情感管理能力；能够树立积极的生涯信念，形成对自己人生负责的态度和主动发展的观念；能够更好地了解社会角色和各类职业，建立对未来生涯的初步认知，在人生的起步阶段奠定良好的基础。

三　框架与内容

"中国现代儿童教育之父"陈鹤琴指出:"幼稚期(自生至7岁)是人生最重要的一个时期,什么习惯、语言、技能、思想、态度、情绪,都要在此时期打下一个基础。若基础打得不稳固,那健全的人格就不容易建造了。"基础不牢,地动山摇,结合教育的本质要求,在我园课程总目标框架下创建了一个以三年为周期的生涯教育课程群。

聚龙生涯教育课程群在原有的"真"课程建设基础上,综合考量师资队伍、教学方式方法、教学内容和条件等多个方面,合理调整课程群中多门课程之间的关系,将课程之间的内容衔接整合作为建设重点,实现课程群建设的整体效应。结合幼儿的年龄特点,以自我认知、生涯认知、生涯探索为三个维度,主要将课程群合理划分为项目主题课程群、区域课程群,在项目主题课程群中合理创建核心课程,以健康、语言、社会、科学、艺术五大领域为核心课程;在区域课程群中,积极创建探究型、体验型活动,保证课程群建设的合理有效性,重视幼儿自理能力的培养、社会交往能力的提升、学习品质的锻造,借此唤醒幼儿生涯意识。在聚龙生涯教育课程群的构建上,课程内容要素合理排列、科学整合,形成横向具有内在联系、纵向螺旋上升的学习链条,多点配合、层层递进,相互交融,以形成育人合力。(如图1-1-1)

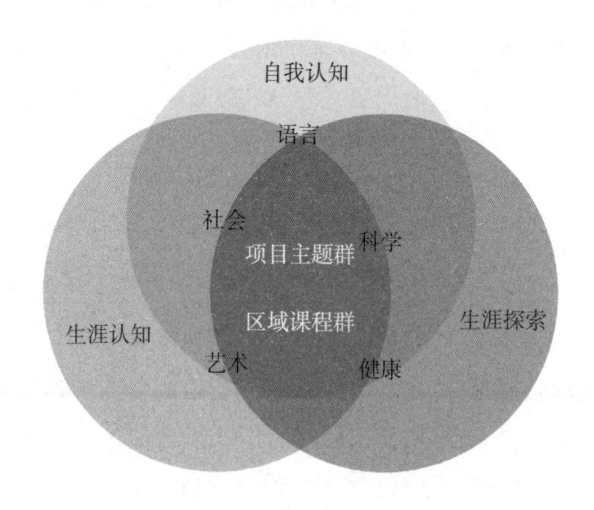

图1-1-1　聚龙生涯教育课程群

(一) 生涯区域体验课程建设

聚龙生涯区域体验课程中丰富多样的区域活动以维果斯基"最近发展区"理论为指导,通过模拟职业场景和真实情况,让幼儿探究职场、认识社会,进而促进幼儿兴趣、自我认知和社交能力的培养。

(二) 生涯主题探索课程建设

通过设立生涯主题探究活动培养幼儿对各类职业的兴趣,在整个过程中获得经验与能力的提升。并从中引导幼儿尽早树立正确的世界观、人生观、价值观,为其未来发展奠定良好的基础。生涯主题活动的选择皆来自幼儿感兴趣的专题,例如"小小送奶工""我们一起去劳动"等。

四 流程与实施

(一) 聚龙生涯教育课程的实施目标

《幼儿园教育指导纲要(试行)》指出:"幼儿的思维特点是以具体形象思维为主""幼儿的学习是以直接经验为基础,在游戏和日常生活中进行",[1]这也决定了幼儿园阶段的生涯教育的"启蒙性",主要体现在教育内容和教育方法上。基于生涯教育的总目标,我们在教育内容的设计上重在对幼儿进行生涯意识、生涯态度以及价值观的启蒙与唤醒,启发他们学会认识个体生命与社会历史发展之间的关系,从而逐步建立社会劳动与职业社会的初步概念。在实施方法的设计上,我园的生涯活动以游戏与体验为主,以此引导幼儿从身边的节日节气及职业出发去探索、了解、体验、感悟、发现,将认识自我和认识社会结合在一起。

借鉴国内外学者的研究成果,基于生涯教育的总目标,我园针对不同年龄段在园幼儿设置了三个发展维度的生涯教育目标,分别为自我认知维度、生涯认知维度和生涯探索维度(见表 1-1-1)。

---

[1] 教育部. 教育部关于印发《幼儿园教育指导纲要(试行)》的通知》[EB/OL]. (2001-7-2). https://www.gov.cn/gongbao/content/2002/content_61459.htm.

表1-1-1　聚龙生涯教育发展目标

年龄段	发展维度		
	自我认知	生涯认知	生涯探索
小班(3—4岁)	了解自己的外在特征,初步认知周边的人和环境,感知来自周围的爱。	认知家庭及幼儿园的人员角色及其职能分工。	通过角色扮演,体会家庭及幼儿园中各个角色的工作、生活内容。
中班(4—5岁)	认知自己的身体结构,学习与人友好相处,对集体形成基本的认同感及归属感。	了解父母及周围人的职业,认知其中的职业性质及工作内容。	通过体验活动,感知身边职业的规则及其社会功能。
大班(5—6岁)	认知自己与社会的关系,认识到人生的不同阶段要承担不同的社会角色,感知与尊重不同领域的劳动者及其社会价值。	认知职业世界,了解生活中的职业角色及其工作内容、特点。	通过体验活动,感知各类职业特点,了解其中的辛苦及价值。

1. 自我认知维度:自我观念与生涯意识的启蒙

3—6岁在园幼儿处于生涯觉察期,自我的意识、生命的感受刚刚萌发。在自我认知维度上,引导幼儿从认识自我到认识社会,进行生涯意识启蒙,是我园针对这一阶段幼儿生涯教育的重要目标之一。

引导幼儿建立积极健康的自我观念与进行生涯意识的唤醒和启蒙,二者是相辅相成的。因此,在这一阶段通过具有游戏性、体验性的活动设计,引导幼儿了解自己的外在特征,初步认知周边的人和环境,感知来自周围的爱;认知自己的身体结构,学习与人友好相处,对集体形成基本的认同感及归属感。启发他们认知自己与社会的关系,认识到人生的不同阶段要承担不同的社会角色,感知与尊重不同领域的劳动者及其社会价值。

2. 生涯认知维度:社会职业与工作世界的初步探索

让幼儿尽早认识和探索社会与职业,认知、了解我国深厚的文化底蕴,可以促进其社会化的发展,萌发对中华民族的文化认同感。因此,引导幼儿认识社会职业、探索职业世界、了解生涯的基本样貌是我园生涯教育的第二发展维度。

要让幼儿尽早认识与探索社会和职业,形成对丰富多彩的社会生活的感性认识。比如用切合幼儿认知特点的方式,引导幼儿熟悉、了解不同职业的主要特征;通过体验活动,引导幼儿了解家庭及幼儿园的人员角色及其职能分工;了解父母及周围人的职业,认知其中的职业性质及工作内容;认知职业世界,了解生活中的职业角色及其工作内容、特点。

3. 生涯探索维度:价值观与职业理想的启迪

3—6岁幼儿处于职业幻想的阶段,也是价值观萌芽的重要时期。在这个年龄段,幼儿会根据自己的价值判断,理解自我与社会的关系,对未来的自己以及将来从事什么职业充满各种期待与幻想。因此,以正确、积极的价值观与职业理想启迪幼儿,激发他们对于未来职业的想象,为他们之后树立正确的价值观以及崇高的职业理想奠定基础,是我园生涯教育的第三发展维度。

首先,向幼儿传递健康的价值观,通过设计各种体验性活动,引导幼儿体验传统文化,感知其中蕴含的对于生命的敬畏以及劳动带来的成就感,唤醒幼儿对"爱"这个概念更加深厚的了解;通过角色扮演,体会家庭及幼儿园中各种角色的工作、生活内容;通过体验活动,感知周围世界的职业规则及其社会功能。其次,引导幼儿发现自己的兴趣,细心呵护幼儿纯真的梦想,如果幼儿梦想的种子得到适宜的栽培,很可能会在未来的生活中开花结果。

(二) 聚龙生涯教育课程的实施内容

陈鹤琴认为:"大自然,大社会都是活教材",教育应该是在做中教、做中学、做中求进步。应该重视室外活动,着重于生活的体验。"活教育"思想为本园生涯教育课程的内容选择和儿童学习方式选择指明了方向。因此,我园以陈鹤琴先生的"活教育"理论为依据,教师在与幼儿的互动过程中选定幼儿感兴趣的方向,设定生涯教育课程内容,进而细化生涯教育课程内容中的主题探究及专题活动,体现了我园生涯教育课程的生活化和情境化。

聚龙生涯教育课程主要将课程群合理划分为项目主题课程群与区域课程群两类。其中项目主题群以常规的"你好,小青龙"(认识幼儿园,认识我步入的第一个社会)"好吃真好吃""雨水滴答""纸巾大揭秘""一起看电影""我是兔舍清洁小卫士""我要上小学""遇见红菜苔""酸酸甜甜就是'柠'"等,以健康、语言、社会、科学、艺术五大领域的活动项目为核心课程。在区域课程群中,以节气、节日体验活动、区角体验活动、"大带小"活动、参观小学、外出参访职业体验等,积极创建探究型、体验型活动,更重视幼儿自理能力的培养、社会交往能力的提升、学习品质的锻造,借此唤醒幼儿的生涯意识。

(三)聚龙生涯教育课程实施举措

1. 通过个性化游戏支持幼儿主动学习

幼儿在学前阶段的认知主要来源于生活经验的总结。因此,我园在同步集体教学活动的课程实施上,辅以具有职业体验属性的环境创设,使幼儿在耳濡目染的环境中深化对职业的认识与理解。如在"小辩手养成记"专题环境布置中展示了幼儿为争取成为小辩手而了解相关知识、表征论点论据的素材;在"劳动节"主题墙上展示幼儿收集的父母穿职业装或是工作场景中的照片,促使幼儿主动去了解父母的工作及职业特点;在角色扮演区"走进聚龙烧烤店"的墙面上设计了各种食品以及烧烤店场景,使幼儿自然联想到场景中可能存在的职业,通过环境的渲染提高幼儿的职业认知,激发幼儿参与角色体验的意愿与兴趣,让幼儿在这些职业体验中可以逐渐发现自己的存在价值,帮助幼儿增进对自己的了解,认识外在的世界。

2. 利用主题活动探究唤醒生涯认知

日常生活中可用于进行幼儿职业启蒙教育的素材随处可见。幼儿可以通过参与多样的主题活动,了解、认知与主题相关的不同职业名称与基本特征,初步理解工作对于家庭和社会的意义。

(1)举办实地职业体验活动。结合主题活动涉及的相关职业,利用家长资源和社区资源,请不同的从业者进入校园讲解职业特点,同时让幼儿实地走进职业场所中,例如警察、消防员、牙医、老师、工程师等来到幼儿园给孩子们上课,让幼儿更深入地了解职业特点、职业规划等方面的知识,增强幼儿的职业意识和职业规划能力,并设计一些游戏让幼儿对不同的职业形成一种更为感性的认识,以此激发幼儿的职业兴趣。

(2)启发性的艺术创作活动。以画画、手工制作和模型制作等情景带给孩子们更加沉浸式的体验,可以通过绘画、剪贴、拼图等手法,启发幼儿对于职业的理解和想象,并加深他们对职业的认知。

(3)设置职业游戏区域。以创意活动鼓励幼儿思考,激发幼儿的学习热情。如职业角色扮演、职业问答挑战、职业生涯趣味跟踪等主题活动,可以帮助幼儿更好地感知世界,展开职场体验和职业认知。

(4)设置专门的集体表达时间。鼓励幼儿展现自己的特长和能力。在主题活动中,幼儿有机会尝试体验他们感兴趣的职业,并通过亲身经历后的讲解或即兴表演等形式来展现自己。这不仅能够让他们表现出个性,还能让其他幼儿了解到他们的特长和优势,激发他们的团队协作精神和互相学习的能力。

3. 开展专题项目探究融入职业体验

我园充分考虑幼儿自身的发展规律与特点,考虑其接受水平与能力,将生涯教育内容合理、有效地融入主题课程,主题内容涉及但不限于绘画、音乐、体育、科学、游戏、社交技能等,比如开展"一起看电影""小小送奶员""兔舍清洁小卫士""送你一朵小红花"等专题活动,从幼儿的角度去设计课程,重视幼儿之间的合作、参与,肯定他们的贡献,让幼儿在这些生涯专题探究活动中认识周围的职业世界,初步了解职业性质、培养职业兴趣,为其未来的发展奠定基础。

4. 家、园、社三合一共助生涯启蒙

家长在日常生活中关注孩子的个性特征、行为方式,引导他们认识自己的优势与不足。通过亲子活动、课程学习、游戏参与、才艺培养等,发现和挖掘孩子的兴趣爱好,并引导他们把兴趣爱好发展成特长。在一些具体的生活事件当中,有意识地多与孩子交流这些话题,借此来培养孩子的自我觉察和生涯觉察能力,促进其自我探索,形成正确的自我意识,为生涯抉择奠定基础。

同时结合各类生涯主题,在安全条件允许的情况下,组织幼儿去社区的公园、养老院等场所做义工,感受社区工作人员的辛苦,以及人与人之间的温情与爱的回报;组织幼儿参观工厂、农场、养殖场等劳动场所,让幼儿在零距离接触中感知工人、农民的不易,进而养成尊重别人劳动成果的好习惯。通过组织各种园外实践活动,让幼儿更加直观地感知周边的职业世界与生活世界。通过参观活动,如邮局、图书馆、消防站、自来水厂等了解相关职业工作者的职业特点,了解其工作的习惯和规律,让幼儿在潜移默化中了解各种职业的特点,养成社会公德,开启早期职业萌芽。

五 成效与反思

围绕聚龙"真"课程,构建长效评价机制和及时评价机制。机制间相互融合、相互补充。

生涯教育长效评价机制以三年为一周期,以幼儿成长档案的形式呈现,内容覆盖健康、语言、社会、科学、艺术五大领域,包括幼儿主页、校园文化与班级特色、生长发育评价、区域活动、主题活动、亲子活动等方面内容。

生涯教育及时评价机制以动态评价和情景化评价为主导,在时间维度上对幼儿发展等做连续性的评估,反映持续时间内幼儿的发展变化,为教学实践、目标制订、幼儿干预等提供反馈与支持。在活动中评价儿童,通过儿童在日常的区域工作、主题探究活动、日常生活环节中的表现来评价儿童,给予儿童适当的干预,并随时调整生涯课程的内容和节奏。长效评价机制与及时评价机制主要采取以下三种评价方式:

一是教师通过《幼儿参与区域活动评价表》来对幼儿进行量化评价。通过幼儿参与区域的时间、地点、发生的事件对幼儿当下的师幼互动、幼幼互动、幼儿与材料的互动等状态进行评价。

二是教师可以通过幼儿在区域活动中工作完成的"记录单"即"操作单"来进行跟踪评析。评价幼儿对材料操作的熟悉度、创意度、完成度等表现。

三是教师通过观察幼儿在区域工作中的状态,撰写"幼儿区域活动个案观察记录",进行个别跟踪评析。并将幼儿有价值的记录单和个案定期收集到幼儿成长档案中。

六 生涯课程的管理

为进一步加强幼儿园生涯教育建设,完善师幼互动和家庭参与的模式,引导幼儿尽早树立正确的世界观、人生观、价值观,多维度地帮助幼儿探寻自我,认识社会、职业,培养自我认知和社交技能,我园主要从以下几个方面进行课程管理。

(一) 政策为导向,建立适宜的生涯发展教育管理机制

生活即教育,教育即生活,一日生活皆课程。我园生涯教育课程的内容渗透于幼儿园的环境和一日生活各环节中。为有效地从实、从真推进我园生涯教育,我们特成立以园长为组长、骨干教师为中坚力量、全园教师为组员的生涯教育活动小组(如图1-1-2)。

(二) 理论为基石,建设一支专业的生涯教育队伍

生涯教育的专业性、复杂性和动态性,要求教师必须具备教育、心理、社会、管理等学科的综合知识与能力。要建立一支专业化的教师队伍来承担幼儿生涯规划教育的重任,为每一个幼儿的生涯发展提供适宜的课程。

我园成立的生涯教育活动小组,按"一专多能"和"一岗多责"的原则进行岗位设

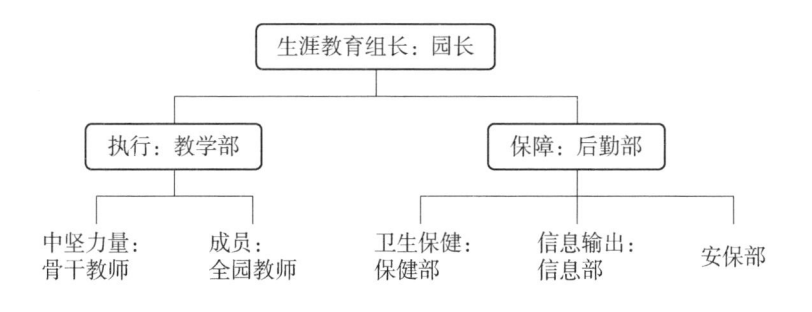

```
                    生涯教育组长：园长
                  ┌──────────┴──────────┐
              执行：教学部           保障：后勤部
           ┌────────┴────────┐    ┌────────┼────────┐
        中坚力量：    成员：    卫生保健： 信息输出：
        骨干教师   全园教师   保健部    信息部    安保部
```

图 1-1-2　生涯教育课程组织架构图

置,具体包含管理岗位、卫生健康教师岗位和生涯发展指导教师岗位,每个岗位均有明确的职责划分。生涯教育活动小组从教师资源、教师培训两方面稳固师资队伍建设,统筹开展幼儿园生涯教育研究与实践,拟定幼儿园生涯教育三年行动方案,推进落实将生涯教育贯穿于整个幼儿园教育阶段。在专业教师资源配置方面,整合多元化资源,实行专兼结合:幼儿园内设立"生涯发展"虚拟教研组,根据幼儿年龄段对幼儿生涯教育课程进行逐步、逐点的教研;园外引进前沿的教育资源,理论与实践齐头并进。园内的生涯发展指导专业团队是一支综合性的教师团队,以专任教师和保健医生为主。团队教师具备坚实的理论基础,一方面通过自学专业书籍、外出参加各种生涯专题培训等提升理论素养;另一方面在园内生涯课程教学中发挥传帮带作用,集体备课,共同研讨,团队中骨干教师带头上公开课,青年教师虚心学习,促进队伍的快速成长。

走出去学习的同时,我们不忘引进专业的理论。幼儿园组建了园外专家团队,邀请生涯教育专家、高校各专业教师、企事业单位人员或幼儿家长等各行业资深人士、专家、学者进园开设生涯讲座,和老师们分享职业经验和人生感悟,形成专业性强、多元合力的生涯教育师资兼职队伍。

(三) 持续教育投入,完善生涯发展教育资源配置

我园创新教师培训模式,提高教师队伍素质。优质的师资队伍是实现教育高质量、高水平发展的关键。坚持把教师作为教育发展的"第一资源",积极优化教师培养模式,探索建立"抬高底部、整体提升、拔高培养"的师资培训机制。一是"一对一跟踪培养"抬高底部。安排青年教师结对骨干教师,进行为期3年的跟踪培养。二是"研训一体化"整体提升。突破传统全员培训以大课堂理论性授课为主的做法,转为由教学副园长、师资培训人员对教师开展"面对面、一对一"培训。三是"名师名园长工作室"

拔高培养。着眼于整个深圳市的资源,将教师送入各个"名园长""名师"工作室,利用名师名园长工作室、骨干教师的辐射、带动作用,将各类资源在园内共享。

  我园自成为生涯教育试点园后,在教科院的带领下,通过幼儿园生涯教育研究,积极努力地在教师的专业成长、幼儿园课程设计、教育生涯规划研究等方面做出各项成绩:2021年5月在坪山区举办的生涯教育"三小"评比中荣获佳绩,共获得一等奖1名,二等奖5名,三等奖7名;2022年坪山区暑假综合实践活动及跨学科主题学习特色作业两园均荣获一等奖;2022年坪山区幼小衔接活动方案荣获二等奖;坪山区教师信息技术应用能力提升工程2.0"整校推进案例"及"教育教学创新精品课例"荣获二等奖。2022年12月,课题"家园共育背景下大班幼儿自主劳动能力培养的行动研究"已顺利结题,"幼儿园小班劳动课程资源的建构与实施""运用'慧园通'实践研究APP探索区域活动中过程性评价的实施研究""儿童视角的入学准备观念及教育策略研究"三项课题获得最新立项。以课题研究为载体,助力幼儿园一日生活教育与生涯教育的结合,进一步完善生涯教育建设,聚焦生命发展内力,激扬生命前行力量,唤醒生命成长的自觉。

(撰稿者:深圳市坪山区聚龙幼儿园　苏敏,李云烨,曾欣,陈文静,袁专)

生涯智慧 1-2　幸福起点成就美好回忆

一　背景与理念

深圳市坪山区中心小学秉承"幸福起点,美好回忆"的办学理念,强调在"儿童本位"的教育思想指导下,开展生涯教育课程的建设,这既契合坪山中心小学的办学初心,又能使学生在生涯发展之初得到良好的启蒙和引导,为其未来的职业探索打下基础。深圳市坪山中心小学生涯教育课程于每学期在每个年级开设8课时,各年级每学期教学活动总时间为20周,除去社会实践活动、复习考试、节假日及重大活动,小学授课时间按每学期18周计,小学一年级至六年级以每三周一节课的模式安排生涯教育课程。每学期开展两次以上的生涯教育活动,其中至少有一次是校外实践活动。校内生涯教育活动形式为学校组织开展的讨论活动、职业模拟活动、观影活动等;校外生涯教育实践活动形式为工厂参观、校外访问、职业体验等。

二　目标与追求

本课程是小学阶段的生涯教育课程,其目的在于使学生了解自己、了解不同的职业,并逐渐开始摸索自己和职业生涯两者之间的关联,进行生涯实践和生涯规划的初步探索,树立正确的人生态度及职业价值观。课程目标可从四个模块阐述,不同学段的课程目标有所不同(见表1-2-1)。

表1-2-1 不同学段的具体课程目标

课程模块	不同学段具体课程目标		
	a. 低段：一、二年级	b. 中段：三、四年级	c. 高段：五、六年级
1. 探索自我	1-a-1.①初步了解有关自己的概念，培养自我意识。	1-b-1.认识自我的优缺点，并能悦纳自我，有意识地改善自我。	1-c-1.探索自我的兴趣、价值观及个人特质，意识到并能欣赏自我的独特性。 1-c-2.初步了解自己的工作愿景和适合自己发展的方向。
2. 走进职业世界	2-a-1.激发对工作世界的好奇心。	2-b-1.了解身边接触到的不同职业角色。 2-b-2.初步认识不同类型的职业角色及其所需要的品德及能力。	2-c-1.了解社会上各种各样的行业和职业类型。 2-c-2.了解不同的职业所需要的能力和工作素质等。 2-c-3.了解同一行业包含的不同职业分工，及该行业承担的社会功能。
3. 生涯实践初探	3-a-1.培养适应新环境的能力。 3-a-2.养成良好的个人学习习惯、生活习惯及态度，树立纪律意识、时间意识和规则意识。	3-b-1.培养规划时间、运用时间的能力。 3-b-2.培养人际交往、互助合作的能力。 3-b-3.初步培养解决问题的健康心态及能力。	3-c-1.初步发展生涯规划的意识和能力。 3-c-2.培养终身学习的意识。
4. 职业价值观的培养	4-a-1.发展尊重、珍惜和感激他人工作的意识。 4-a-2.意识到职业没有高低贵贱之分，尊重不同的职业角色。	4-b-1.了解工作对于个人的重要性及意义，有承担个人责任的意识，培养自我责任心。 4-b-2.激发学生在团队中互助协作的良好情感，培养团结合作、积极配合的工作态度。	4-c-1.了解工作和职业会随着时代的变迁而变化。 4-c-2.了解不同的行业、职业存在的社会价值(如服务他人、促进社会发展、促进国家经济及科技进步等)，培养发挥个人生命价值及服务社会的意识和情怀。

1. 探索自我。学生可以了解有关自我的多元概念，在认识到自己独特性的基础上，培养自尊自信、积极向上的人生态度。

2. 走进职业世界。学生通过了解社会上各种各样的行业及职业，扩大、丰富和具

---

① 注：具体课程目标前标有序号"1-a-1"，表中按"x-y-z"格式标准，其中 x 代表其对应的某个课程模块，y 代表其对应的某个学段，z 代表其流水号。

体化对工作世界的认识。

3. 生涯实践初探。培养学生管理时间、互助合作、解决问题的能力,并能进行初步的生涯规划,具有终身学习的意识。

4. 职业价值观的培养。学生通过扮演职业角色的体验,增强自我责任心、对他人的尊重和社会责任感。

三 框架与内容

学校生涯教育课程围绕"探索自我、走进职业世界、生涯实践初探、职业价值观的培养"四个模块,在尊重小学阶段学生身心发展规律的基础上,针对小学低、中、高三个学段采用螺旋递进式的课程结构(如图1-2-1)。

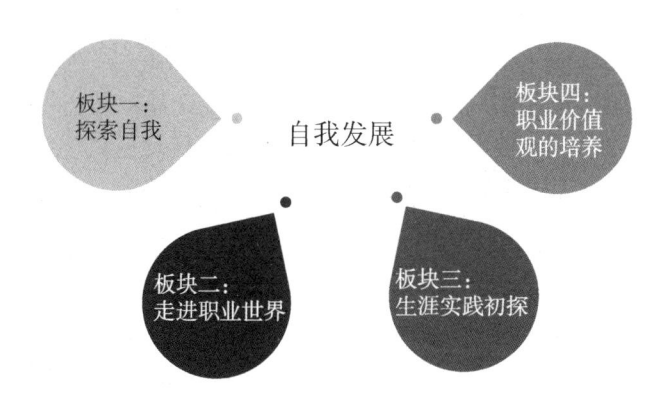

图1-2-1 坪山中心小学生涯发展目标图

板块一是探索自我。对低段学生采用多媒体课堂教学的形式,开展"我的自画像"主题活动,学习简单的自我介绍和简单的自我评价。对中段学生采用多媒体课堂教学的形式,开展"镜子里的我""更好的我"主题活动,引导学生进行多维度的自我评价和互相评价,增加学生的自我了解,并传递自我接纳的阳光心态,通过案例引导学生欣赏自己的优势,接纳自己的不足,鼓励并指导学生在力所能及的范围内自我改善。对高段学生采用课堂教学、专业心理测验的形式,开展"独一无二的我"主题活动,进行价值观排序("拍卖"游戏)、气质类型测验、霍兰德职业兴趣测验等引导学生接纳欣赏自我独特性;采用演讲的形式,开展"我有一个梦想"主题活动,引导学生思考未来的生涯选择。

板块二是走进职业世界。对低段学生采用参观体验、访谈、口头汇报的形式,开展"爸爸妈妈去上班"主题活动,让学生了解并介绍其父母的职业角色和简要工作内容。对中段学生采用访谈、演讲的形式开展"职业万花筒"主题活动,让学生访谈并通过演讲介绍校园中或身边经常接触到的职业角色以及他们的工作内容;采用讲座的形式开展"状元大讲堂"主题活动,邀请各行各业的学生家长、精英人士等开办职业分享讲座。对高段学生采用多媒体课堂教学的形式,开展"三百六十行"主题活动,分享生活中常见和不常见的行业和职业;采用社会实践调查的形式,开展"X的诞生"主题活动,让学生选取某事物进行实践调查,了解在"X"事物诞生过程中有多少职业角色参与其中付出了劳动,并提交调查报告。

板块三是生涯实践初探。对低段学生采用多媒体课堂教学、场景模拟、知识竞赛的形式,开展"遵守规则我能行"主题活动,让学生学习并掌握学校学习的纪律、规范要求,在模拟的场景中学习正确的行为规范及良好的行为习惯,并进行常规知识竞赛。对中段学生采用团体活动辅导的形式,开展"时间神偷"主题活动,引导学生思考时间管理的必要性,并教授其简单的时间管理方法;采用场景模拟的形式,开展"合作互助好处多"主题活动,在互助合作的场景模拟中,让学生扮演其中的角色,学习如何进行人际交往和互助协作;采用场景模拟、团体活动辅导的形式,开展"乘风破浪的少年——啥也难不倒我"主题活动,设置挑战性的场景,让学生置身其中,并逐步引导其获得解决问题的方法,对解决问题的多种思路进行简单总结,通过团辅游戏,让学生体验解决问题的心理过程。

板块四是职业价值观的培养。对低段学生采用多媒体课堂教学的形式,开展"我要谢谢你"主题活动,介绍身边的各种职业角色给人们的生活带来的便利,激发学生的感恩之心;采用心理剧的形式,开展"世界因你而美丽"主题活动,根据特定心理剧本创设情境,学生参演,在情节中感受不同职业存在的必要性。对中段学生采用多媒体课堂教学的形式,开展"小小的我,大大的世界"主题活动,创设假想情境引导学生思考、讨论、分享工作对于个人的意义与重要性;采用团体活动辅导的形式,开展"1+1＞2"主题活动,让学生在特别设计的团辅游戏活动中,体验团队共同解决问题的过程和团队力量。对高段学生采用多媒体课堂教学、学生汇报的形式,开展"长大后我就成了你"主题活动,分享各行业领域及社会大事记中典型的职业人物,如抗疫前线的钟南山爷爷、学校历史人物曾生将军等,引导学生思考个人职业的社会意义;采用辩论的形式,开展"加油向未来"主题活动,以"人工智能是否能取代人类工作"为题进行学生辩论。

四 流程与实施

(一) 教学方式

1. 渗入式教学

渗入式教学就是将某一教学内容渗透到其他教学科目或教学活动中,使学习者在一般的科目和活动过程中获得额外的知识和技能。渗入式教学应用于小学生涯教育,简单来说就是教师在各个学科教学中适时结合生涯教育的内容,传授学生生涯知识,提高学生生涯能力。

2. 综合实践活动

综合实践活动已经在学校推广开来,不同于传统的实践活动,它通过多种主题、多种任务模式、多种研究方法,使学生在实践过程中有更深的认知和发展。学校现在的综合实践课程主要包括:研究性学习、社区服务、社会实践、劳动技术教育,教师在综合实践活动中是指导者和旁观者,学生是主导者。综合实践活动的开展帮助学生积累丰富的直接经验,将理论与实践相结合,培养实践和学习能力。

综合实践活动课程和生涯教育活动课程在某种程度上主旨是相同的,两者都注重学生对社会的认知和体验,可以将生涯教育活动与综合实践活动相融合。小学生涯教育可通过综合实践活动,让学生在活动中认识工作世界,亲身体验各种职业的内容和内涵,了解社会的结构和分工,开发兴趣和爱好,等等。

(二) 组织形式

主要按照学生的年龄和认知程度,将学生分成班级,对班级学生进行授课。此外,在生涯教育教学过程中可适时采取分小组的形式进行教学活动,即在教学过程中,指导教师根据学生特质、教学内容等或其他要求,将班中学生分为几个小组开展教学活动。分小组的形式可弥补班级授课制因学生人数多,统一管理产生的忽视学生个体个性的情况,特别是在实践活动中,分小组的组织形式显得尤为重要,例如,将能力互补的学生分为一组,提高学生互帮互助的团队精神。

五　成效与反思

课程评价对生涯教育课程起着导向和质量监控的作用，课程评价科学与否对生涯教育课程的影响深远。学校采取多元评价方式，努力探索学校生涯教育课程评价的新模式。

（一）生涯教育课程本身的评价

构建课程评价标准。制定《坪山中心小学生涯教育课程评价标准》，对生涯教育课程从课程目标、课程内容、课程教学、课程关系、课程状态、课程效果、课程发展等方面进行评价。

采取多元评价办法。采取多维度的评价办法，生涯教育课程的评价重在促进课程的不断完善和优化，促进生涯教育课程的构建。一是对生涯教育课程内容的评价，注重课程内容主题的适切性、科学性和可操作性的评价，通过评价不断寻找新的发展点并对新情况作出回应；二是注重生涯教育课程实施过程的开放性和系统程度的评价，通过评价不断提升课程的参与度和系统性；三是注重生涯教育课程成果的反思、总结和整合的评价，通过评价不断促进课程体系的完善。

（二）学生发展的评价

1. 实施综合素养评价改革

评价重在促进学生自我发展。生涯教育课程结合学校《小学生综合素质报告评价手册》《坪山中心小学评价手册》《三叶草》等学生评价标准对学生进行评价，在评价中肯定学生的实力，挖掘其潜力，增强其自信心。

2. 日常性评价——观察记录

在自然状态下，有目的、有计划地观察学生在生涯教育课程学习、活动中所表现出来的情感、态度、能力和行为，并记录下来作为对学生进行评价和引导的依据。

3. 综合性评价——成长档案袋

结合学校《坪山中心小学学生电子化成长档案袋》，收集、记录学生自己、教师、家长或同伴做出评价的有关资料，学生的作品与反思及其他相关的证据与材料等。它是评价学生进步过程、努力程度、反省能力及最终发展水平的综合性评价方式。

4. 个别性评价——个案分析

对个别学生个别问题的评价，对某个学生群体、学生某一共性问题的评价。教师通过访谈、问卷等多种形式获得有关信息，并对学生的实际发展状况作出评价。

（三）教师教学的评价

1. 建立生涯教育教师评价制度

教师的评价重在帮助教师改善教学活动，促进教师专业发展，提高教育教学质量。制定《坪山中心小学教师课堂教学评价表》，对教师的教学评价采用多元、开放的评价方式，与其他课程的评价结合起来，建立以教师自我评价为主，学生、同事、学校领导、家长共同参与的教师评价制度。关注教师对课程的理解和对教学过程的分析与反思、对课程实施的构思与规划，以及教学知识增长和实践技能的提升。坚持融态度、能力、合作、创新、成效为一体的评价依据，坚持团队评价和教师个体评价相结合的考评制度，学校依据考评结果进行绩效奖励与精神鼓励。

2. 强化教师教学"五环节"的评价

学校从备课、上课、作业、辅导和评价五个环节对教师进行检测，采用随堂听课、教学常规检查、学科测试、家长学生问卷调查等方法，对教师进行每学期全面考核和每学年综合考评。

六 生涯课程的管理

生涯课程的管理是确保生涯教育活动顺利进行的关键。有效的管理不仅能保证课程的实施效果，还能提升教师的教学质量，从而更好地帮助学生实现自我发展和未来规划。

（一）组织管理

首先，我校建立健全生涯课程组织管理体系，明确各部门的职责和工作流程。具体包括设立专门的生涯教育部门，负责制订课程计划、组织实施、监督评价等，确保各部门之间的沟通协调，形成工作合力，共同推进生涯教育的发展。

(二) 培训管理

针对教师开展生涯教育培训是提升教学质量的重要手段。我校培训内容涵盖生涯教育的理念、教学方法、课程设计等多个方面,并注重培养教师的实践能力和创新思维。同时,建立完善的培训考核机制,对教师的培训成果进行评估和反馈,确保培训效果。

(三) 资源管理

生涯课程需要丰富的资源支持,包括教材、教具、网络资源等。我校积极开发、整合各类资源,建立生涯教育资源库,方便教师获取和使用。同时,鼓励教师根据教学需要自行开发教学资源,提升教学的针对性和实效性。

(四) 质量管理

建立生涯课程质量监控机制,通过听课、评课、学生反馈等方式对教师的教学质量进行评估。对于存在的问题及时进行整改,确保教学质量不断提升。

(五) 信息管理

建立学生生涯发展档案,记录学生的兴趣、特长、职业倾向等信息,为个性化指导和评价提供依据。同时,加强与家长、社会等相关机构的沟通合作,共同推动学生的生涯发展。

(撰稿者:坪山中心小学　胡洁瑜,孙颖,黄雪霆,刘丰怡,莫海坍,王利丽)

生涯智慧 1-3 "六体验"唤醒生命潜能

一 背景与理念

少年智则国智,少年强则国强。青少年是一个国家和民族兴旺的基石,青少年的成长教育关乎民族的振兴和社会的进步。"为中华之崛起而读书"是敬爱的周恩来总理在小学时就立下的宏伟志向。小学阶段正处于人生发展的起步阶段,是生涯意识的萌芽期,在这个阶段开始探索自身的性格、潜质、兴趣、特长和不足,对未来的生涯方向和人生道路尤为关键。

弘金地学校作为一所九年一贯制民办学校,奉行全人教育办学思想,以"弘"为核心,形成了鲜明的"六弘"文化:弘道以立使命,追求真理;弘愿以明志向,陶冶情操;弘毅以强身心,磨砺意志;弘化以融文武,润泽心德;弘业以成精进,积淀学养;弘和以融中西,开拓胸怀。"六弘"文化深化为"六体验"教育:社会体验,以铸公德;艰苦体验,以裕精神;审美体验,以修才智;人文体验,以通性灵;运动体验,以壮身心;科学体验,以得技能。并在此基础上提出了"六体验"特色生涯教育:社会体验、艰苦体验、审美体验、人文体验、运动体验、科学体验。"六体验"特色生涯教育运用多种教育方法和途径,指导学生增强对自我和人生发展各阶段、各要素的认识和理解,加深学生对自我的认识、对社会的理解、对生涯规划的认识。在参与过程中,学生能够发现自身兴趣爱好,提高学习自信心,初步认识社会职业,培养人际交往能力,培育终身学习和发展所需的态度。

"六体验"特色生涯教育参与对象为小学三至六年级在校学生。课程安排为两周一节生涯课程,每节课 40 分钟。

二 目标与追求

1. 了解生涯教育的基本理论和方法,熟练掌握生涯规划的主要工具。
2. 认知自己的能力、性格、兴趣、价值观和弱点,客观评价自己;了解分析个体的特质、潜能和兴趣,制定学业发展规划和定位职业领域。

3. 多方位了解不同的职业领域,了解不同行业工作者的生活方式、工作方式和思维方式。

4. 丰富活动体验,融洽亲子关系,优化家教环境氛围;在研学经历中体验不同的职业与岗位对知识、技能和人格特质方面的需求差异。

5. 掌握生涯规划与决策的技巧,把握升学选择的方向,树立早期职业发展目标。

三　框架与内容

弘金地学校"六体验"特色生涯教育课程分为校内和校外两大板块,校内板块又分为结构化课程、生涯发展辅导、生涯阅读机制和成长档案;校外板块则包含生涯六体验和家庭教育指导两大核心内容(如图1-3-1)。

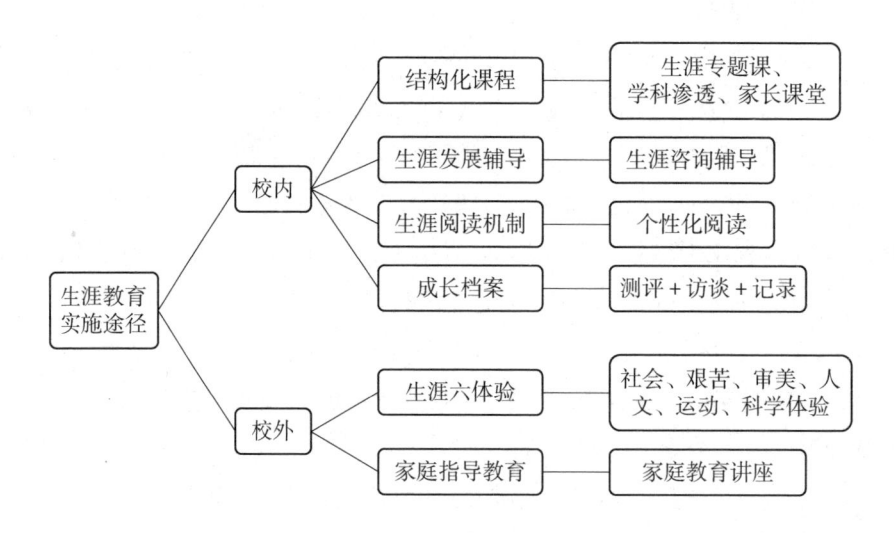

```
                            ┌─ 结构化课程 ──── 生涯专题课、学科渗透、家长课堂
                            │
              ┌─ 校内 ──────┼─ 生涯发展辅导 ── 生涯咨询辅导
              │             │
生涯教育      │             ├─ 生涯阅读机制 ── 个性化阅读
实施途径 ─────┤             │
              │             └─ 成长档案 ────── 测评+访谈+记录
              │
              │             ┌─ 生涯六体验 ──── 社会、艰苦、审美、人文、运动、科学体验
              └─ 校外 ──────┤
                            └─ 家庭指导教育 ── 家庭教育讲座
```

图1-3-1　弘金地学校"六体验"特色生涯教育课程板块构成结构图

(一) 板块一:校内实施内容

1. 构建结构化课程

我校构建结构化生涯课程,包含生涯专题课、学科渗透课堂、家长课堂三种形式。根据深圳市生涯试点教材,结合学生学情以及心理课程教学安排,开展生涯教育相应

的主题课程。生涯专题课设置为两周一节课,根据不同年级和学情,围绕不同的核心开展。课程内容包含自我认识和自我觉察、正确的职业观、正确的工作态度、感知学习和未来职业的关系、了解社会的经济状况、积累一些工作需要的基本素养(见表1-3-1)。

表1-3-1　各年级学情及生涯课程核心内容

年级	学情	生涯课程核心
三年级	情感发生变化转折期	情绪调适,面对挫折
四年级	成长关键期,身心变化明显	人际关系,正确职业观
五年级	竞争意识强,自控力增强	个性心理、生活与社会适应
六年级	青春早期,自主意识逐渐增强	了解自我,了解社会

除此之外,我校注重学科渗透,在日常课堂中,各学科老师结合学科知识,不定期开展和生涯教育相关的课程。我校积极开展家长课堂,各班定期邀请家长走进课堂,进行职业分享,同时也带领学生到家长公司等场所进行职业体验。

2. 建设生涯阅读机制

"一个人的精神发育史实际上就是他的阅读史",阅读将会直接对学生的素质发展与个性产生积极而有效的深刻影响。[①] 开展"个性化阅读"方案使参与者的阅读行为趋于自觉与科学。

3. 提供生涯咨询服务

心理中心将为学生提供生涯咨询服务。由于生涯发展具有鲜明的个别化特质,研究生涯成功的个案将与生涯咨询服务相辅相成,个案研究为实施生涯教育、开展生涯咨询提供科学佐证,且为生涯理论的建构提供丰富的实例。

4. 建立学生成长档案

在课程开展过程中,运用适当合理的测评,让学生以测验的方式对自己的特质有所认识,包括兴趣、人格特质等方面。心理测评注重科学性、合理性,采用广泛运用的测评方式,例如霍兰德兴趣测评、MBTI性格测评等。在使用测评后,注重一对一地反

---

① 许云舟."中学生生涯阅读个案指导及对策研究"课题访谈案例综述[J].图书馆论坛,2013,33(6):133—138.

馈与跟进,开展专人、集体的讨论。结合生涯测评和心理档案,建立健全学生的成长档案。

(二) 板块二:校外实施内容

1. 生涯六体验

生涯六体验包含社会体验、艰苦体验、审美体验、人文体验、运动体验、科学体验。

(1) 社会体验项目设计

以大社会为场景、为基地、为资源、为教材,让学习生活与广阔而丰富的社会生活链接。[①] 通过开展各种活动,培养学生丰富的情感、价值观和品格,提高学生认识社会、参与社会、适应社会的能力,引领学生主动学习、主动实践、主动探究。搭建模拟的社会和生活场景,为学生设计多个角色,模拟农场、工厂、商店、机关和相应岗位的情景,进行间接体验。组织各行业运营体验、各职业从业体验、各角色责任体验、各阶层生活境遇体验、各生存方式体验,因年段不同而定,学生可以自选。学校结合主题节日或纪念日统一组织,每学期每位学生参加一次。

开展"我做一天爸爸,我当一天妈妈"的角色体验活动。让学生参与家庭管理,理解做父母的责任和辛苦,增强家庭责任意识。开展主题班会,做汇报,谈感受;写主题作文,组织主题作文竞赛等活动。开展"我当一天班主任"的角色体验活动,让学生参与学校和班级管理,学习平等对话,理解教师的责任。开展职业从业体验活动。利用假期组织学生走向社会,了解社会分工、职业性质,激发职业兴趣。尝试去做一周的职业人,如交通警察、敬老院护工……假期回来做体验分享。开展行业运营体验活动。设立模拟法庭,让学生体验法官的威严、律师的善辩、罪犯的狼狈。[②] 学会自理、自律,感悟人生真谛。组织学生开展创业活动。在校园活动课中开展市场竞争销售活动,体验各行业运营的实践。开展生活境遇体验活动。利用假期鼓励学生走访家族亲戚、邻里朋友,了解不同环境、不同地域、不同职业、不同文化下,不同层次的人的生活。以做主题汇报、主题演讲、主题作文等形式,完成活动全部内容。

(2) 艰苦体验项目设计

为了让学生增加对军人职业的体验,感受真实的军队生活,全校开展一周磨砺教

---

① 陈丽萍."六体验"教育理论实践研究——以深圳市坪山区弘金地(国际)学校为例[J].吉林省教育学院学报,2020,36(5):128.
② 程劲梅.体验式教育在思想品德课中的运用[J].新课程研究(下旬刊),2012(3):101—103.

育。在此期间,学生会经历完整的士兵训练内容,包含队形队列、步伐训练、原地间科目训练、广播操、礼仪操、礼貌礼节训练以及物件规范、课堂纪律、宿舍自理能力训练、跑操等。此外,我们会邀请军人为学生现身说法,开展军营生活小访谈,增加学生对军人的了解。更为重要的是,学生通过一周的真实体验,与军人们一起生活,能够加强自身对军人这一特殊职业的理解。

组织学生远足老少边穷地区,进行革命传统和艰苦朴素精神教育。每学年安排为期一周的艰苦生活体验,开展艰苦环境体验活动。每学年组织一次风雨徒步活动,增强学生之间的团结互助精神,磨砺学生的意志品质,增强学生的集体凝聚力。

为学生创设"缺吃少穿的艰苦生活体验""风雨交加的艰苦环境体验""跋山涉水的艰难路程体验""无援无助的艰苦岁月体验",这些"直接体验"就是让学生克服过去预想不到的困难,去完成"使命",去除平日的娇、骄二气。[1] 在亲身参与中获得感知。让学生在每学期一次的艰苦体验教育活动中,培养吃苦耐劳、艰苦朴素、不畏艰险、不断进取、奋发向上的精神。

(3) 审美体验项目设计

学校设立每年一次的"尚美节",加强"美"的价值引领。让学生通过名家名作朗诵会、艺术节、合唱节等校内美育活动,通过演艺厅、美术展等校外美育活动,受到"美"的熏陶。

开设弘苗文学社、表演社团、爱唱社团、舞蹈社团、棋社书画院、科学苑、魔术社等多个学生社团;通过参与辩论、演讲、主持、合唱、书法、绘画等各种竞赛活动,在体验"美"的校园生活同时,培养学生的独立能力、组织能力、协作能力、合作意识。

(4) 人文体验项目设计

开设"弘金地人文大讲堂",丰富师生人文体验。关注国际政治、经济、文化等主题,围绕历史文化传统、人生哲理和社会热点,举办系列讲座,提升学校文化底蕴,给学生深刻而开阔、经典而高雅的人文体验教育。

开展写作、辩论、演讲、主持、口语、合唱、书法、绘画、定向越野、篮球、小发明等各种竞赛,丰富学生的校园生活。通过丰富多彩的文化体验活动,实现学生由外而内的文化养成,强调自我体悟与心灵觉解,善待自己,善待他人,善待社会,善待自然,善待我们今天生存的环境,充分理解人生的意义,并把人生意义升华和社会价值实现统一

---

[1] 肖建新. 中小学体验式德育模式初探[J]. 当代教育论坛,2005(22):69—70.

起来。

(5) 运动体验项目设计

普及网球运动体验。充分发挥学校高水平网球训练的资源优势，使学生热爱网球、擅长网球，形成每人一技，特色凸显。学校开放网球竞技比赛，组织国际国内高水平赛事，做大弘金地网球产业；学校设立网球文化节，评选网球明星，彰显网球特色文化。学校将网球训练列入校本必修课程，开展广泛的群众性网球运动，所有学生都坚持参加网球训练体验，以促进体格均衡发展，强化心理品质，发展智力，培养坚韧意志。

开展定向运动体验。这是一项非常健康的智慧型体育项目，是智力与体力并重的运动。学校组织每学期一次的定向运动，不仅能使学生强健体魄，而且还能培养独立思考、独立解决困难的能力及在体力和智力受到压力时迅速做出反应、果断决定的能力。学校将充分发掘体能训练资源，锻炼学生于寒暑登山、泅水，以增强他们适应自然环境和克服生活困难的意志品质。

(6) 科学体验项目设计

开展以科技节为载体的科学体验教育活动。学校设立每年一次的科技节，邀请科学家进校园，开展科普讲座；开放创客空间等新科技实验室，自己动手动脑、独立创作，体验创造乐趣；展示学生科技作品，组织小发明、小创造、小专利评比，激励创造热情和才能。学生在发现和创新中体验自主学习和自我成功的快乐，有助于养成勇于探索、不怕失败、严谨求实的优良作风和乐观、积极、健康、自信的人生态度。

开展每月一天的科技电影日体验活动。学生通过观看、体察，调动心理体验，内化科学知识，激发学习兴趣，形成创新思维，从而直接或间接地为提升学生科学素质、改善学习成绩发挥积极作用。

科学体验营教育活动。利用寒暑假组织学生走出课堂，走进科学馆、创客中心等场馆。在体验中认知社会的组织结构、各种科学素养的特点，形成科学思维、感受科学魅力、提升科学素养。

2. 生涯指导课程

家长是学生最早接触到的职业人群，不同家长的职业介绍、所提供的不同的职业体验机会，在为学生构建职业发展意识上创造了有利条件。我校邀请家长走进课堂，每周一位家长分享自己的职业体验和见解，突出个人职业选择时的依据与工作内容；每月开展一次职业体验实践活动，安排学生到具体的工作地点接受职业培训并实地工作，分享交流体验过程，初步形成自己的职业选择方向。

家长进课堂参与教学活动不仅能让家长了解学校的教育教学方式,而且也转变了他们的教育观念,提升了他们的教育理念,更能促进学校教育质量的提高,保障孩子身心的和谐发展。通过邀请特殊职业家长进课堂,家长们不同职业的工作环境、工作流程的介绍,既丰富了日常的教育活动,也弥补了由于教师对于特殊行业的不了解所造成的浅显传授,进而丰富了教师的精神世界,同时也拓展了孩子的知识面。让不同职业、不同阅历的家长充分发挥自身的职业优势和兴趣特长,走进校园,走进课堂,走进学生,丰富了学生的课外知识,拉近了家庭和学校的距离,为学生的健康成长起到了积极的推动作用。

小学阶段的儿童还处在生涯阶段的"幻想期",以上所有的计划都是为了帮助学生对生涯有初步的探索,从而建立正确的生涯计划观念,以及如何做生涯计划的方法,为以后生涯的"试验期""现实期"做好准备。相信通过丰富有趣的活动,儿童可以随着年龄的增长更有效地掌握自己生涯的发展。

在开展生涯教育的过程中,我们将根据实际情况进一步丰富和创新实践形式,不断提高课程质量,为学生提供有趣有益的生涯教育课堂。

四 流程与实施

"六体验教育"实践活动的设计组织遵循"一项一案"原则,撰写了《体验活动方案》,具体包括项目主题、项目目标、结构过程、基本形式、基本途径、项目安排、条件准备、工作要求等。大胆突破以往教育的固定模式和传统形式,通过大力开展体验活动,打造鲜活的德育课堂。充分利用各种教育资源,抓住各种教育时机,让孩子们尽可能多地去体验。设计开展"活动式体验""情景模拟体验""情感交流体验""参观调查""角色互换""观赏式体验""阅读感悟式体验""参观访问式体验"等主题实践活动,让孩子们在体验中学习,在体验中感悟,在体验中成长。

五 成效与反思

"六体验"特色生涯课程评价是为了衡量本课程实施效果,旨在全面了解学生的学习情况,激发学生的学习热情,提升教学质量。评价方法多元,注重过程与结果相结合,知识与技能相统一。具体方法如下。

（一）活动观察法

活动观察法是评价学生学习成果的基本方法。通过观察学生在课堂上或其他活动中的表现、参与度、成果生成度等情况，可以了解学生在体验中获得成长的程度。

（二）作品评价法

作品评价法是对学生完成的生涯作业、作品等成果进行评估的方法。在生涯活动课上或课后要求学生完成一些实际操作或设计项目，根据学生的完成情况评估学生的学习成果。

（三）自我评价法

自我评价法是引导学生对自己的学习成果进行自我评估的方法。要求学生填写自我评价表，对自己的学习成果进行反思和总结。这种方法有助于培养学生的自我意识和自我管理能力。

（四）生生互评法

生生互评法是由学生之间对学习成果进行交互评价的方法。可以由不同年级、不同班级的学生参与评价，从不同的角度了解学生的生涯发展情况。这种方法能够提供多方面的反馈，帮助学生更好地认识自己的优点和不足。

六　生涯课程的管理

基于"六体验"特色教育理念，弘金地学校生涯课程的组织、培训和管理紧密围绕学生的发展需求，以全人教育的培养目标为导向，注重学生的品德发展、情感培养和情境创设。课程相关的组织、培训和管理等内容如下。

（一）课程组织

首先，根据学生的年龄和心理发展阶段，设计符合其特点的体验教育项目。例如，低年级学生可以设计以情感教育为主的体验项目，高年级学生则可以设计更具情境性和发展性的体验项目。其次，充分利用学校和社会资源，为学生创造多样化的体验环境,如实地考察、社区服务、角色扮演等。

(二) 课程培训

教师是体验教育的重要引导者,因此,对教师的培训至关重要。学校定期组织任课教师参加校内外培训,提升教师的教育理念和教学方法。同时,鼓励教师创新"六体验"教育方式,不断探索更有效的教育途径。

(三) 课程管理

建立健全"六体验"特色生涯课程管理制度,确保课程的实施有章可循。建立有效的评价机制,对课程效果进行科学评估。评价注重学生的参与度、情感变化、品德发展等多方面,而非仅关注知识层面的学习成果。

(四) 家校合作

家庭教育对学生发展有着不可忽视的影响。因此,学校注重加强与家长的沟通与合作,让家长了解体验教育的重要性,并引导家长在家庭中实施相应的教育措施。

(五) 持续改进

"六体验"特色生涯教育是一个持续改进的过程。教师应根据时代发展和学生需求的变化,不断创新教育理念和方法,定期反思课程实施过程中存在的问题和不足之处,并在此基础上进行针对性的改进。同时,鼓励学生对体验教育提出建议和意见,让课程更加贴近学生的实际需求。

(六) 社会联动

与社区、企业和其他社会组织建立合作关系,为学生提供更多的实践和学习机会。通过合作项目和活动,让学生接触社会、了解社会,培养他们的社会责任感和适应能力。

"六体验"特色生涯教育课程需要我们从多个维度出发,注重课程组织、培训和管理的有效性。只有不断探索和创新,才能真正实现全人的培养目标,促进学生的全面发展。

(撰稿者:深圳市坪山区弘金地学校　马理明,陈丽萍)

生涯智慧 1-4　同心向力漫步生涯路

一　背景与理念

《义务教育课程方案(2022年版)》强调,课程应着力"培养学生适应未来发展的正确价值观、必备品格和关键能力,引导学生明确人生发展方向,成长为德智体美劳全面发展的社会主义建设者和接班人。"[①]深圳市坪山外国语学校全面贯彻落实党和国家立德树人的根本任务,发展素质教育。学校遵循教育发展规律和学生成长规律,以"生涯教育让选择更有力量"为核心理念,将生涯教育作为发展学生核心素养、落实学科核心素养、推进教育公平的重要途径。引导学生树立正确的世界观、人生观、价值观。当前,学校面向1—9年级全体学生开设各类生涯学科渗透课程和活动课程;面向6—8年级全体学生开设专门的生涯课程。其中,六年级每周开课2课时,七年级上学期每周开课2课时,八年级每周开课0.5课时。开课年级学生全员参与。

二　目标与追求

生涯教育让选择更有力量。生涯教育课程致力于促进学生的自我认识、社会理解、生涯规划和职业体验的发展与完善,引导学生于社会理解、职业体验中正确认识自我、了解社会现实、匹配条件与需求,形成带有个人特征的兴趣与能力,当面临生涯决策时,能够自主地做出判断与选择,并有能力将选择付诸实践,形成切实可行的、属于自己的生涯规划。

(一)自我认识

主要指学生探索了解自身的兴趣与爱好、能力与个性、特长与不足,发展积极的自

---

① 中华人民共和国教育部. 义务教育课程方案(2022年版)[S]. 北京:北京师范大学出版社,2022:2.

我概念,提升自我调控、人际交往和社会适应能力,唤醒自我生涯发展意识,树立正确的人生理想和价值信念,形成和发展健全的人格。

(二) 生涯规划

主要指学生在充分的自我认识和社会理解的基础上,掌握学业规划与职业规划的主要方法;能基本综合各类信息,结合个人发展和社会发展的需求,制定适合自己的学业和职业发展的目标和计划,初步设计合理的职业和人生发展路径,树立主动学习、终身学习的意识。

(三) 职业体验

主要指学生在实际工作岗位或模拟情境中见习、实习、体认职业角色的过程;注重让学生获得对职业生活的真切理解,发现自己的专长,培养职业兴趣,形成正确的劳动观念和人生志向。

(四) 社会理解

主要指学生能认识个人与社会、学业与发展、当下与未来的关系,了解社会角色、社会分工的发展动态及不同职业的职业素养要求,形成对社会各行各业的尊重与理解;增强社会意识和社会理解,培养社会责任意识、合作精神和创新精神。

三 框架与内容

从生活广度来看,根据舒伯的生涯发展阶段理论,我校学生主要处于成长期(0—14岁),该阶段的核心发展任务是发展自我概念、发展对工作世界的正确态度,于职业幻想、兴趣和能力探索中了解工作及其背后的劳动价值和意义。同时引导高年级学生在成长探索期(15—24岁)逐渐形成清晰稳定的自我概念和职业概念,实现个体的职业偏好,学习开创更多的机会。从生活空间来看,舒伯认为人的一生中扮演着多种角色,分别是:儿童、学生、休闲者、公民、工作者、夫妻、家长、父母、退休者等。人在不同的生涯发展阶段,其人生角色投入程度有所不同,体现着个体不同的价值判断和生涯选择。从生涯适应来看,随着全球化和人工智能时代的到来,社会发展节奏快、未来充满不确定性已成为个体生涯发展必须直面的挑战,学校教育必须着力培养个体面对生涯发展过程中不可预测的生涯问题的适应及应变能力。为此,我校生涯教育以自我认识、生涯规划、职业体验和社会理解为课程培养目标,系统建设了四大课程内容模块(如图1-4-1)。

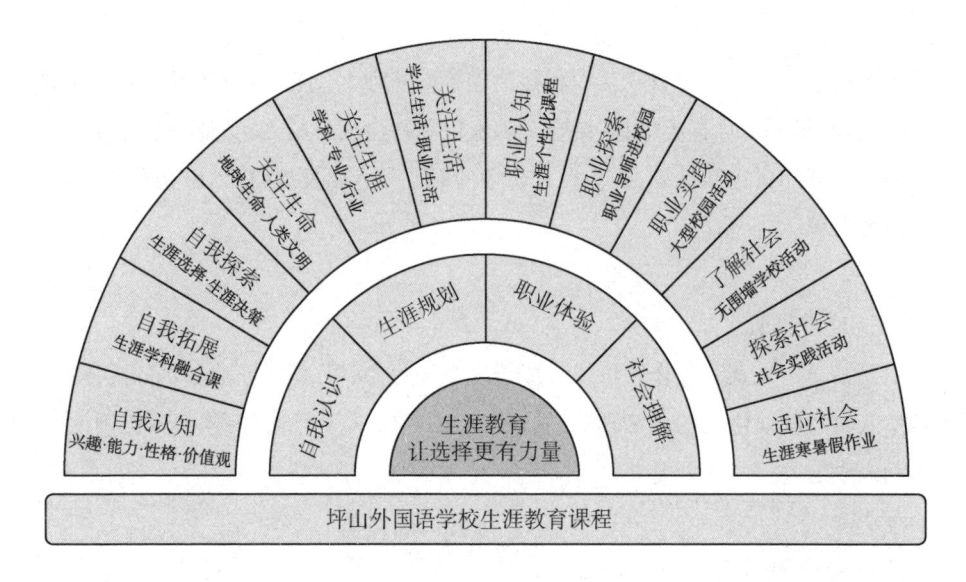

图1-4-1 坪山外国语学校生涯教育课程内容模块

模块一是自我认识。我校着力引导学生探索自己的兴趣、能力、性格和价值观,引导学生于覆盖全学科、全年级的生涯学科融合课中实现自我拓展,引导学生在生涯选择和生涯决策中实现自我探索。

模块二是生涯规划。我校着力引导学生对生命、生涯和生活的多重探索,在探索地球生命、人类文明的过程中,发展并确定作为人的自我概念,在学科、专业和行业的探索中,发展并拓展生涯适应力,在生活和职业生活的探索中,引导学生对生活幸福感和生命质量的思考。

模块三是职业体验。我校着力为学生提供丰富的校内外生涯及职业体验机会,引导学生于丰富多元的生涯个性化课程中拓展自己的职业认知,于系统而深入的职业主题活动中开展有针对性的职业探索,于丰富多彩的大型校园活动中开展生动而具体的职业实践。

模块四是社会理解。我校着力联结家校社生涯教育区域发展合力,积极建设无围墙学校活动,引导学生利用寒暑假期等闲暇时间积极开展社会实践探索活动,于社会探索中了解、理解并适应社会。

四 流程与实施

生涯教育绝不局限于单一的生涯教育课程,而是学校整体课程体系中的重要一环,有机融合在学校课程的方方面面,包括专门的生涯教育通识课、生涯学科融合课,以及各级各类、覆盖校内校外的生涯教育活动。学校对生涯教育课程的整体统筹和规划,引导着学生进行生涯参与、体验和领悟,最终实现生涯教育课程的培养目标。

同时,义务教育课程方案和课程标准(2022年版)强调,课程实施要突出学科实践,注重"做中学",并积极开展以学生为中心的综合学习,重视学生对知识的理解、运用和内化。为此,我校生涯教育课程实施注重整体规划,积极挖掘区域资源,合理开发校本课程,制定了生涯教育课程实施的六大途径。为学生提供了从时间层面串联课堂教学、延时服务、寒暑假期,从空间层面覆盖校内生涯体验活动和校外生涯拓展活动,覆盖全学科、全年级、全过程、多角度、不断丰富和完善的生涯教育服务(见表1-4-1)。

表1-4-1 生涯教育课程实施安排表

实施目标	实施内容	实施途径	实施载体	实施对象
生涯规划	关注生命	创新生涯课堂,提升生涯服务质量	生涯教育通识课	六至八年级学生
	关注生涯			
	关注生活			
自我认识	自我认知	激活学科教学,协同助力生涯成长	生涯学科融合课	一至九年级学生
	自我拓展			
	自我探索			
职业体验	职业认知	关注个体差异,发展生涯兴趣爱好	生涯个性化课程	三至八年级学生
	职业探索	举办校内活动,丰富学生生涯体验	职业导师进校园	六至八年级学生
	职业实践		大型校园活动	三至八年级学生

(续表)

实施目标	实施内容	实施途径	实施载体	实施对象
社会理解	了解社会	开展校外活动，拓展学生生涯实践	无围墙学校活动	六至八年级学生
	探索社会		社会实践活动	三至八年级学生
	适应社会	关心社会发展，提升生涯适应能力	生涯寒暑假作业	一至八年级学生

(一) 创新生涯课堂，提升生涯服务质量

为提升生涯教育服务质量，改变以往学生获取生涯必要信息多依赖教师讲解或视频分享等现实局限性，我校专门设立了生涯教育科组，设置了四个专职生涯教师岗位，并着力创新生涯课堂，为学生提供专业、优质的生涯教育通识课。生涯教育通识课以培养学生认识自己、了解社会、适应未来为主要目标，将学生置于真实的社会生活中，以情景模拟、角色扮演的方式引导学生探索如何解决真实的生涯问题。同时，在现代信息技术的支持下，为帮助学生拓宽了解自己、联结社会渠道，学校引进了自组织学习环境教学模式，采用小组合作的方式，引导学生间进行合作交流和经验分享，同时辅以学科阅读和双语教学等方式，以培养学生应对快速变化的世界的能力。

(二) 激活学科教学，协同助力生涯成长

生涯教育不是单一的生涯教育课程，学科教师人人皆可是生涯老师。为此，我校着力激活学科教学，凝结学科教师合力，打造生涯学科融合课程，协同助力学生生涯成长。生涯学科融合课是指不打破学科教学体系，不占用专门课时，在学科日常教学中点滴渗透生涯教育，实现全学科、全年级、全过程、全方位、多角度渗透，将生涯教育与学科教学深入融合，促进学生的全面发展。长期坚持在各学科教学中渗透生涯教育，能帮助学生清晰地树立学习目标，提升学习的主动性，增加学科学习兴趣，提升学科学习效果。生涯科组负责生涯学科融合课的指导、设计、评价等工作，其他学科负责生涯学科融合课的实施工作。

(三) 关注个体差异，发展生涯兴趣爱好

每位学生都是内心丰富的个体，每位学生都可以成为更好的自己。为进一步引导学生探索自己的兴趣、能力与学科特长,我校着力开发各式各样的生涯个性化课程。生涯个性化课程是在校内延时服务阶段开展的各类课程,这些课程有效促进了学生的自我认识、社会理解与职业体验的发展与完善。学生在各类课程中探索了解自身的兴趣爱好、能力与个性、学科特长与不足,在活动中提升自我调控、人际交往与社会适应能力;学生也能在各类课程与社团活动中增进对社会的理解,理解个人与团体的关系,了解各类社会角色和社会分工以及不同分工的素养要求,并能在实际的课程与社团活动中,在实际的工作岗位中见习、实习,体认职业角色,获得对各类职业分工的真切理解,发现与发挥自己的特长。在选择、参与和体验个性化课程与活动的过程中,学生能够自觉培养职业兴趣,锻炼职业技能,形成正确的人生志趣与理想信念。

(四) 关心社会发展,提升生涯适应能力

所有个体都生活在社会中,关心并适应社会发展是每个个体都需要面对的重要生涯发展问题。为此,我校着力引导学生利用寒暑假等闲暇时间了解社会发展动向,开展生涯寒暑假作业活动,切实提升学生的生涯适应能力。生涯寒暑假作业是由学校在寒暑假期统一布置的"六个一"特色活动,包括"一起做一项生涯小调查"活动。该活动针对每个年级学生不同的生涯发展特点和需求,有针对性地设计开发各年级生涯寒暑假作业,旨在引导学生充分利用寒暑假期开展生涯探索活动,开学后组织以班级、年级、学部为单位的寒暑假期作品展,以生涯作品展示、生涯调查成果交流、生涯心得演讲等形式,让学生分享自己的生涯调查结果,展示自己的生涯作品,交流自己的生涯心得等。同时,为推进学生积极参与社会调查与实践活动,鼓励学生利用课后时间,尤其是在寒暑假期间从事社会实践活动,对参与了义工活动的学生进行记录和激励。学校还设置了"热心公益奖"若干名,面向学生群体树立生涯榜样。

(五) 举办校内活动,丰富学生生涯体验

举办校内活动是丰富学生生涯体验的重要途径,可以让学生在校园活动体验中获得额外的社会和职业体验,从而为学生未来职业生涯做好准备。为此,我校着力打造了以下校内生涯体验活动。

1. 职业导师进校园

为了促进学生的职业生涯发展,学校邀请各行业的代表人物作为职业导师为同学们分享职业见闻和职业故事,讲解职业中具体执行的工作内容,探索职业劳动背后蕴藏的职业价值观。真实的见闻分享有利于唤起学生对未来职业的向往,并让他们和具体的职业进行面对面的接触,理解抽象的职业背后具体的内容。该活动在六、七、八三个年级举办,目前已累积邀请50多位职业导师入校进班,与学生面对面交流与分享,如生物医药工程师、警察、麻醉科医生、核电高级工程师、人力资源师、建筑电气工程师、国际贸易采购员、会计、电子工程师、市场营销……职业导师与学生面对面交流,分享自己的职业体验和见解,描绘职业故事,给学生呈现更加真实、立体的职业生活,帮助学生探索职业生涯的无限可能。

2. 大型学生活动

大型学生活动是指学校举办的各类跨学部、跨年级、跨学科的校园活动,如Science Fair 科技节、Hi World 国际理解周、足篮球联赛、体育嘉年华等。学生在这些校园活动中,参与实际工作岗位或在模拟情境中见习、实习,在体认工作岗位的过程中,能够自觉获得对职业生活的真切理解,并能挖掘自己的专长,培养相应的工作技能和职业兴趣,形成正确的劳动观念和人生志向。如学生在体育赛事中担任裁判、体育记者、检录员等角色,深刻理解并真实体悟体育相关职业的工作要求和职业价值,对自己将来是否有兴趣、有能力选择该职业进行了初步的职业体验和探索。又如在Science Fair 科技节中,自己创业当老板,以班级为单位,每个班以某一个职业为主题,开设职业体验店。学生以小组合作的方式自主完成店铺经营全流程,包括销售策划、产品制作、店铺装饰和运营等工作,深度体验创业全流程,赚取校园币,自负盈亏,体验创业的成就与挫折。

(六) 开展校外活动,拓展学生生涯实践

开展校外活动是拓展学生生涯实践的重要方式,可以让学生在真实的社会环境中获得更多生动而具体的实践经验和生涯体验,从而提高学生对社会的认识和了解。为此,学校积极联结家校社区域资源,着力打造了以下校外生涯拓展活动。

1. 无围墙学校活动

无围墙学校活动是指学校利用自身的地理区域优势,联合学校周边企业,启动校企合作计划,开展学生走进企业、了解企业文化、参观生产车间、体验生产技术等活动内容,引导学生深入了解社会,增加职业体验,是促进学生获得对生涯发展新理解的重要活动方式。整合学校力量和校外资源,开发"无围墙学校"课程平台,增强了企业的社会教育属性,也增加了学生的社会学习机会。该课程以参观周边企业为主要形式,

指派相关人员多次前往企业对校企合作"无围墙学校"课程进行验收和完善,在确保学生安全、家长放心、课程内容丰富有趣的基础上,共与7所企业实施了近千人次的校企合作课程,并不断总结经验教训。

2. 社会实践活动

社会实践活动是指学校为学生提供校内外各类社会实践服务平台和机会,让学生有机会以志愿者的身份,以社区参与者、校园建设者、城市维护者的角色参与社区、校园、城市的公共事务,是提升学生社会参与意识和能力的重要活动方式。其中,志愿服务活动是指学生作为志愿者,自愿参与活动,为活动贡献个人的时间和精力,在不计物质报酬的前提下保障活动顺利开展。学生通过参与校内外的志愿服务活动,探索了解自身的兴趣与爱好、能力与个性,发展了积极的自我概念,提升自我调控、人际交往和社会适应能力,能够有效地唤醒自我生涯发展意识,树立正确的人生理想和价值信念。

同时,学校在校内举办丰富多元的志愿服务活动,如植树节志愿服务、校园建设志愿活动,以及各种大型校园活动中招募的专业志愿者等。学生在参与志愿服务的过程中,履行岗位职责、掌握相应的技能,参与有关专业操守、工作纪律的培训。活动结束后,学生可以获得相应的工作或服务证明,促使其全面、多元化发展。此外,学生还可通过"深圳义工"系统,利用假期参与义工服务,积累志愿服务学时,在志愿活动中增强社会意识和社会理解,培养社会责任意识、合作精神和创新精神。

五 成效与反思

为认真贯彻落实中共中央、国务院印发的《深化新时代教育评价改革总体方案》文件精神,扎实推进"双减"工作,确定了评价要为相关决策者提供关于学生学习情况的有用信息,评价应当主动寻找学生成功的证据,评价要有效促进学生学习等理念,结合我校生涯课程具体情况,分别对生涯教育通识课和各年级分散实施的生涯课程进行评价。

(一) 生涯教育通识课

生涯教育通识课评价分为形成性评价和终结性评价两部分。形成性评价主要采取质性评价,关注学习过程中学生的成长表现与收获。终结性评价采取量化评价方式,关注学生学习成果的质量(见表1-4-2)。

表1-4-2 生涯教育通识课评价表

评价阶段	评价内容	评价方式
形成性评价	参与课堂和小组合作情况	教师及同伴口头评议
	课堂上完成的探究任务	教师及同伴口头评议
终结性评价	生涯成果展(生涯人物故事)	教师评分,换算为等级
	生涯寒暑假作业	同伴评议、教师评分

(二) 各年级分散实施的生涯课程

结合我校生涯课程具体情况,以学校学生评价系统为载体,设计了1—9年级分散实施的生涯课程评价方法。采用积分制,主要考查学生参加各类生涯课程的落实情况,学生对有关职业体验、生涯规划理念、精神和方法的学习质量,以及学生对生活规划、学习规划的行动和实践能力。考察的项目包括生涯寒暑假作业、生涯学科渗透课程、生涯活动课程等。

六 生涯课程的管理

我校成立校本教研专项课题"生涯教育课程建设"项目组,包含生涯教育主管领导、各项课程主管部门负责人及全体生涯教育专兼职教师,负责生涯教育的教研,推进各项生涯教育课程的开发工作。成立校本教研专项课题"学科＋生涯融合课程"项目组,包含全校各学科教师代表,负责生涯学科融合课程的专题教研,推进生涯学科融合课程的设计与落实工作,最终形成覆盖全学科、全年级、全过程、多角度的生涯教育学科融合课程体系。学校各部门、各学科、各年级、各学院按生涯教育融合课程工作分工,各尽其责,并于每学期末将所开发的生涯教育教案、课程资源等汇总整理。

(撰稿者:深圳市坪山外国语学校 刘欢,赵丹妮,高攀,刘丹圆)

生涯智慧 1-5　逐光教育浸润成长

一　背景与理念

生涯课程建设的定位必须依托人的全面发展的视角,符合个人长期发展的理念。深圳市坪山区第二外国语学校以马克思的人的全面发展观为起点,结合新时代的发展要求,提出"逐光教育"理念,认为学生应当从生命自身和内在出发来逐步丰富、健全和上升,成长为一个精神富足、独立自由、生命整全、逐光而行的个体。在学校"逐光教育"理念引领下,"促进学生的终身发展""兴趣、能力与价值观的有机结合""学业、专业、职业、就业、事业的有效衔接""梦想、理想与目标的适切连接"以及"动力、效能与自我领导的相得益彰"成为学校生涯教育实验项目的基本理念。

首先,"促进学生的终身发展"是课程存在的最终旨趣,课程的目标制定、内容设计、课程实施、课程评价、课程资源的拓展以及教学建议等都应围绕目标和为了目标的实现而运作,为促进学生核心素养的生成垫好根基。其次,生涯是个人的发展阶段,其中包含很多人生中丰富的内容,因而选择适合中小学生生涯发展的内容,构建促进学生生涯知识和体验丰富的课程内容是生涯课程设计与实施的必然依据。而生涯课程设置的目标就是引导学生学会在了解世界发展趋势的基础上,了解自身、了解社会,进而能确立适合自身发展的方向和行动,找到幸福生活之目的。而这些都取决于学生的兴趣、能力和价值观,所以构建"兴趣—能力—价值观"相互连通的内容整合与教学思路,对学生找到自我、明确发展方向具有重要的参照价值。再次,生涯课程应该把身体和心理健康的知识有机衔接起来,联系理论与实践知识,践行"知行合一"的思想,因而"身心健康、知行合一相结合"是生涯教育课程实施应该遵循的理念之一。与此同时,构建梦想素材,激发学生的人生梦想。学校和教师应引导学生联系自身的条件和社会需要,学会树立适宜的和具有发展性的人生理想;引导学生有效连接现实,关注学生动力的激发与有效资源的整合,镶嵌有效的学习和近期目标,学会厘清"梦想—理想—目标"的相互关系,并能在生活中践行和实现阶段性目标;引导学生学会构建合理的阶段理想,形成长远人生梦想的逻辑体系,并能在课程实施中处理好这三者的关系并构建合理的发展路径,因而"梦想、理想与目标的适切连接"也是课程实施应该遵循的理念。最后,"倡导动力、效能与自我领导的相得益彰"理念主要指在课程内容设置和实施中要关注学生动力的激发与有效资源的整合,提高自我领导意识,使学生在发展进程中认知自身的学习动力来源,感知自我效能的阈值,学会通过自我领导来达成有效的个体发展之路。

二 目标与追求

(一) 总体目标

通过学校"逐光教育"特色生涯课程的实施,学生能够初步认识自我,初步了解自己当前的兴趣、性格与能力等特点,能够客观地评价自己;开始探索周围世界,初步了解高中的基本情况、中等职业学校的基本专业设置以及社会上不同行业等外部环境;了解生涯规划的基本环节,尝试制订符合自身特点和外界环境的学习和生活规划,培养生涯规划的意识和能力,最终成长为热爱生命,身心健康,自尊自爱,热爱祖国,心系天下,有创新精神、实践能力、国际视野、合作品质,德智体美劳全面发展的中国特色社会主义事业的建设者和接班人。

(二) 具体目标

生涯教育应当贯穿于基础教育阶段的始终,生涯发展阶段理论表明基础教育阶段的生涯教育目标需要符合各个年龄阶段的特点。小学1—3年级处于生涯幻想期,对外部世界处于懵懂状态,在生涯认知和活动中以"需要"为主要考虑因素;4—6年级处于生涯兴趣期,对外部世界已有一定了解,在个体抱负与活动中以"喜好"为主要考虑因素;7—9年级处于生涯的能力期和探索阶段,该阶段学生的独立自主意识提高,各方面能力增强,"能力"是其想象和思考职业向往的主要考虑因素。结合各年龄阶段学生的身心发展特点,及从我校生涯课程建设的总体目标:自我认知、生涯探索、生涯决策三方面出发,我校生涯教育具体目标如下。

第一阶段(1—3年级):对于该阶段的学生,主要引导其在日常生活学习中,形成良好的习惯与态度;帮助他们初步建立起认识自己兴趣爱好的意识;了解周围常见的职业类型。

第二阶段(4—6年级)：对于该阶段的学生，主要培养其兴趣与爱好，发现自我优势；激发其对工作世界的好奇心，认识各种职业类型及内容，了解工作的个人意义与社会意义。

第三阶段(7—9年级)：对于该阶段的学生，主要探索自己的兴趣、爱好、性格、特质、价值观等；了解普通高中、中等职业学校基本专业设置情况；对于部分自己感兴趣的职业有初步认知和体验。

三　框架与内容

我校"逐光教育"特色生涯教育课程内容围绕学生对自身兴趣爱好、性格气质、能力素质的认知；对职业、外部工作世界的认知；学生发现解决问题、树立合理目标、管理规划的能力，即自我认知、外部探索、生涯体验三个方面，分列1—3年级、4—6年级、7—9年级三个阶段展开(如图1-5-1)。

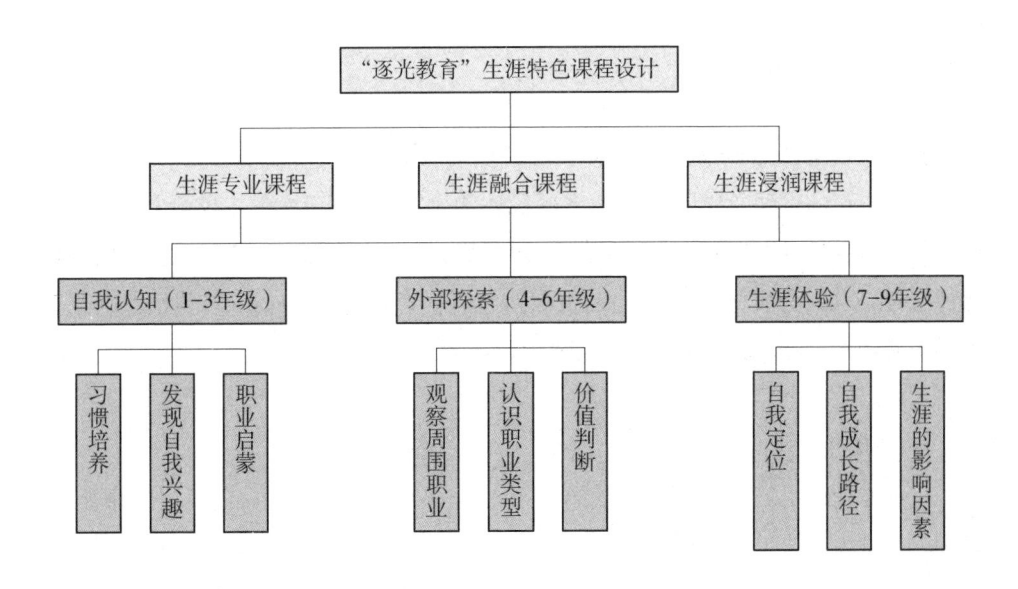

图1-5-1　"逐光教育"生涯教育课程内容框架图

(一) 1—3年级生涯教育课程内容

此阶段学生年龄在6—9周岁，处于生涯幻想期，对外部世界认知较少，因而此阶段的生涯教育课程以形成良好的习惯与态度、初步认识自己的兴趣爱好为主,不涉及生涯决策的部分。

(二) 4—6年级生涯教育课程内容

经过前一阶段生涯教育的积累,4—6年级的学生对外部世界已有了解,且开始对生涯充满兴趣和好奇心。因而此阶段的生涯课程以激发学生的生涯好奇心、自我兴趣爱好及优缺点认识、职业了解及其意义认知、培养时间规划和解决问题能力等相关内容为主。

(三) 7—9年级生涯教育课程内容

7—9年级学生开始有明显的独立自主意识,学习能力、心理素质、身体素质等各方面能力增强,该阶段课程的主要内容是增进自我了解,培养能力和特长,了解高中及中等职业学校的情况并深入思考工作世界的内涵及意义,学习解决生涯问题。

四 流程与实施

根据我校生涯课程理念与目标,拟定学校生涯课程,分为三层:第一层,学生成长支持中心层面的生涯专业课程,包含各学段的常规生涯课程及专家入校的生涯指导讲座;第二层,各科组层面的生涯融合课程,包含德、智、体、美、劳五类学科与生涯的融合性课程;第三层,全校层面的生涯浸润课程,包含德育处、教学处、团、队、社团、科组开展的拓展活动、实践体验,设置的评价机制,等等。

(一) 生涯专业课程

生涯专业课由班主任、校外生涯导师和心理教师利用班会课时段开展。课堂中,教师引导学生从认识自我和认识社会出发,学习根据梦想职业的要求有计划地提升自己的生涯素养,使自己的生涯发展目标、发展路径与个人兴趣、能力、价值观等相符合,并逐步提升自我管理、参与社会生活、规划未来的能力。以学校生涯专业课中的"生涯自我探索"课程为例,该课程面向七年级学生,主要围绕"兴趣探索和培养""能力挖掘与提升""价值观的澄清与拓展""学习风格觉知与调整""学科学习与未来"五方面内容展开,形成五个课程单元。具体实施步骤为:首先,七年级班主任利用暑期在参加与生涯教育主题相关培训的基础上,围绕上述五个课程单元进行备课,撰写单元教学详案,每个单元至少包含"课程讲解"和"探索反馈"两个课时。接着,开学后班主任利用班会课时段进行试教,学校德育干部、心理教师和班主任团队轮流进行听课与磨课,试教班主任根据课堂教学反馈并结合同伴建议不断优化教案。最后,学校将优秀教案汇编成册,形成中小学生涯教育课例集,再由全体班主任根据年级分层实施生涯教育,教学处负责日常教学检查并组织期末评估总结。

1. 小学生涯专业课程

在生涯外部探索方面,心理老师课后调查发现学生们的职业梦想集中在科学家、教师和医生上,对这些工作的性质、内容、职责和要求的知识了解和体验会影响他们以后的人生选择。故在小学段"伟大的一步"生涯专项课程中,以宇航员这一职业为引子,通过穿宇航服、听宇航员阿姆斯特朗的励志故事、绘制宇航员的日常生活四格漫画等活动引导学生思考自己的职业梦想,激发职业兴趣。

2. 初中生涯专业课程

初中性格部分"你的房子是什么样的"运用HTP绘画测验引导学生增进对自身性格特质的了解后,尝试将性格特质与生涯初步联结,以提升对外部职业世界探索的兴趣。

3. 生涯社团课

在常规课程的基础上,小学与初中还分别开设了生涯社团课,小学段根据学生的发展特点与兴趣爱好开展"生涯绘玩社",初中段以外部探索为基础开设"生涯小剧场"社团。

(二) 生涯融合课程

在生涯融合上,由教学、德育等部门联合各科组老师进行了德育、智育、体育、美育、劳动教育五方面与生涯的融合教育。

1. 德育和生涯的融合

我校主要通过学校道德与法治课程、主题班队会研讨课程的形式开展德育与生涯教育的融合。2021年3月—6月,我校开展了长达4个月的主题班队会研讨活动。课程主题涉及爱国主义教育、感恩教育、理想信念教育等方面,提高了道德与法治课及班队会课的生涯教育的有效性。此外,在暑期作业实践中,我校坚持素养导向,强化学科实践,推进综合实践活动,引导学生关注自我、发现自我,倡议同学们以校园和社区为阵地，通过实践活动，关注自我与物品、社区之间的关系。例如2022年度暑期作业中以"减塑我行·重塑生活""旧物利用·变废为宝"为主题，让学生在丰富多彩的实践活动中践行绿色生活，形成低碳生活的意识，让学生在此活动中主动探索自我与外部世界的关系。

2. 智育和生涯的融合

我校生物、数学、语文、地理等学科尝试将生涯探索融入学科知识的讲授中，例如侯思羽老师"小工程师设计滤水器"一课中，向学生介绍了环境工程学、全球性水污染问题和补救水污染的解决方案，引发学生对环境工程与工程设计及作为工程师运用自身知识解决污染问题的思考。

3. 体育和生涯的融合

在体育与生涯融合方面，我校开发了创造性舞蹈实验课程，使学生在舞蹈动作中体会不同职业的特点，并在小组合作的过程中感受生涯合作的重要性。例如李澈老师"流动的清明上河图"一课中，通过老师给出的人物：纤夫、说书人、拉车人、挑担人、抬轿人、划船人、喝茶人、算卦人、散步人、聊天人、玩耍人、问候人等引导学生去思考不同人物角色所具有的动作力度，并用身体去表现不同力度的动作，在此过程中加深对不同职业角色的理解和感悟。

4. 美育和生涯的融合

我校美术科组与心理科组联合开展生涯融合课程，将绘画、手工制作技巧与生涯启蒙相联结，进行生涯融合教育。

5. 劳动教育和生涯的融合

为培养学生自我管理的能力，提高学生对自己生涯的计划性和自律性，我校劳动教育贯穿在学生日常教育中，在初中部开展了"整理小达人"系列活动。

(三) 生涯浸润课程

我校生涯浸润课程联合学校多个部门，积极探索形式多样、学生喜爱的生涯浸润系列活动。包括《豆丁·心视界》、全员育人导师制、年级助理体验官、综合实践、五育实践等系列浸润活动。

1.《豆丁·心视界》

《豆丁·心视界》是坪山二外学生成长支持中心出版的校内心理·生涯刊物，从2021年3月2日创刊开始，每半月推出一期，涉及生涯、生命、感恩等主题，引发学生对自我的探索和对生涯发展的重视。

2. 树洞计划

2021年4月,我校学生成长支持中心开启了"树洞计划",以线下访谈和线上问题解答的形式了解学生的生涯现状及面临的生涯困惑,引发学生对生涯的思考,缓解学生因生涯决策而带来的焦虑情绪,提升学生的生涯自我探索能力,引导学生正确看待自己与外部世界的关系。

3. 全员育人导师制

为落实立德树人的根本任务,让每一位学生都拥有一位属于自己的二外知心朋友—导师,一生一案,为其提供全方位、个性化的指导和帮助,特制定了全员育人导师制。根据每位学生的学科优劣、学习能力和努力方向,因人而异配置相应的学习导师,在思想上、学业上、心理上、生活上进行针对性的指导,重点帮助学生解决学习上的困难,服务中考备考,关注学生升学择业问题。

4. 年级助理体验官

为积极引导学生自我教育、自我管理、自我服务的意识,我校开展了第一届学生年级组长助理选拔活动,选拔期间让学生梳理对自己的认识,成为体验官的学生则有机会体验校内不同角色的责任,增加一份成长经历,也多一份对成长的思考。

5. 综合实践活动

我校开展了系统性、多样化的综合实践活动,活动坚持"五育并举",以"让每一个孩子光芒闪耀"为育人理念,坚持面向全体,细心挖掘,充分培养,树立正确的思想品德观念,提高学生学业水平,促进学生身心健康,拓展学生艺术素养,丰富学生的劳动体验、生涯体验,促进学生社会学习、交往的能力和素养,培养德智体美劳全面发展的社会主义建设者和接班人。我校综合实践活动是从学生的真实生活和发展需要出发,将从生活情境中发现的问题转化为活动主题,通过探究、服务、制作、体验等方式,培养学生综合素质。

6. 企业游学

为更好地拓展学生对外部世界的探索,丰富学生多样化的生涯体验,我校还组织学生前往齐心等企业进行游学。在游学的过程中学生明白了科技需要创新,创新使企业越来越好;科技创新也给自己的生活带来很多好处,让生活更加美好;同时也懂得自己一定要好好学习,学知识学技术,未来把国家建设得更加美好、更加富强。企业游学使学生掌握了企业所属行业的相关知识,形成了对职业生涯的初步思考,并由此开始为未来的职业生涯抉择做准备,明确了自己的学习目标。

7. 五育整合实践系列活动

为更好地宣传和传承中国传统美食文化,进一步提升学生的动手实践能力,学校在各个传统节日都选派各年级学生参与制作节日美食活动。

8. 魅力戏剧节

为让学生体验丰富的戏剧角色,学校开展了"魅力戏剧,活力校园"系列活动。通过剧目排练与表演,增强学生的感受力、想象力和表现力,提升团队协作能力和共情能力,让学生在体验中学会生活、学会共处。

9. 科技节

为培养广大学生的创新意识,提高学生的科技素养,坪山区第二外国语学校每年举办校园科技节,目前已连续举办两届。在科技节期间,我校学生积极参与体验活动,完全沉浸在科技的海洋当中。

10. 校园电视台

我校创设校园电视台,通过对校园电视台的定义及目标的了解、构图技巧与剪辑技巧的学习、校园电视台实地体验等形式激发学生对校园电视台工作的兴趣,了解校园电视台的节目形态,学习校园电视台节目的结构及版式,丰富自我认知及探索外部世界的生涯体验。

五 成效与反思

"逐光教育"特色生涯课程的目的是让学生全面认识自己与社会发展的需要,明确自己的奋斗目标,激发内在动力,挖掘潜在能力,提高综合素质。因此,我校"逐光教育"生涯课程的评价以学生的参与度和获得感为重要标准,通过教师创设情境,让学生融入教学活动中,大胆展示自己的风采,成为课堂的主体,锻炼他们在不同情境中的思维能力、团队合作能力等,最终让他们感悟到生涯规划课程带来的满足感、幸福感。

(一)评价主体

1. 中小学生

生涯教育课程充分发挥学生的主体性,采用自评与互评相结合的方式,使学生根据自己的亲身体验、学习过程、日常表现等,对自己进行总结与反思。而且,学生们在平时的合作过程中,通过与同伴的沟通交流,对同伴有了一定的认识与了解,能够进行相互评价。

2. 教师

教师对于学生的生涯规划水平最为了解,可以根据学生的课程目标达成程度对学生做出合理的评价。

3. 家长

生涯教育中的参与者也可以进行评价。例如家长作为特邀嘉宾来给学生上课,直接参与到生涯教育课堂上来,并根据学生课上的表现进行评价。另外,家长也可根据学生在家庭中的日常表现来对学生展开评价。

4. 其他人员

其他人员主要指的是社会人士,包括参与生涯教育的各行各业的精英,学生参观、访问、体验职业时相关机构的工作人员等,也可以作为评价主体对学生进行评价。

(二) 评价内容

"逐光教育"特色生涯课程评价内容根据课程目标制定,主要包括自我认知、生涯探索、生涯管理与规划三个方面,重在考查学生的进步与发展水平。自我认知方面:主要考查学生的自我认知状况,其中包括对自我兴趣、性格、能力的认识;是否能够正确认识自我,悦纳自我,形成良好的自我意识。生涯探索方面:主要考查学生对于职业及外部社会环境的认识和了解,树立正确的劳动观和职业观;是否意识到职业与学习、个人的重要联系。生涯管理与规划方面:主要考查学生的自我管理能力,人际交往能力、生涯规划能力;是否对未来有初步的设想与规划。

(三) 评价方式

1. 测验

测验法包括纸笔测验和口头测验两种形式。纸笔测验是指通过书面呈现题目,由学生填写作答,最后根据学生的答题情况给出分数。口头测验是指由教师当堂提出问题,学生进行回答,最后根据学生的回答情况来作出评价。小学生涯教育课程评价重视学生的发展变化,关注学生是否比之前有进步。生涯教育的每一个主题或内容都可以采用测验法。但是,在使用时要根据具体的教学内容,选择合适的测验方式。比如在"身边的职业"一课中,采用口头测验的方式,由教师提出问题及学生之间互相提问,然后根据回答的情况作出评价,给出分数。

2. 重视活动性评价——表现式评价

以活动体验式为教学模式,在学生活泼多样的职业生涯探索活动中由老师观察学生从事某项活动或完成某项任务时的行为表现,对照事先制定好的评价标准对学生进行评价。逐光教育的生涯教育不是仅仅让学生知道什么是生涯规划,更是让学生自主规划自己的未来;不是仅仅让学生知道什么是性格、能力、兴趣,而是让学生充分认识并运用自己独特的性格、能力和兴趣。教师在平时与学生交流的过程中就要对学生的行为表现进行观察,对学生作出准确合理的评价,帮助他们及时改进提升。

3. 成长记录袋

在逐光教育生涯规划课程中的"成长档案袋"里,根据教材的单元内容,设计了相关的能力模块,在"成长档案袋"中既有学生作品、作业的展示,也有行动记录、感悟反思等。此外,"成长档案袋"中也加入了教师与学生之间的互动交流,教师会从价值观或心灵层面引导学生。"成长档案袋"评价在整个学生评价中占40%的比重。课程结束后,由学生和教师一起做出评分,满分40分。各部分所占比重为:学生自己的评分40%+学生互评得分30%+教师评分30%,最后计算出"我的成长档案袋"得分。从评价实践来看,学生不管是对自己还是对他人都能够客观地作出评价,以"成长档案袋"为载体,敦促与检验学生采取力所能及的行动。建立每个学生自己纵向比较的方式,最大程度发挥课程对每个学生的激励作用,让每个学生根据自己的特点行动起来。

4. 课外渗透评价

教育真正的价值不仅在于学生在学校情景中的表现,更在于学生在非学校情景中的表现和解决真实生活中的真实问题的能力。为了提升学生的这种能力,激励学生参加校内外实践活动,在整个学生评价中设置了20%的激励性评价比重。具体操作方法是在每个学期课程结束之前,由学生自己先上报参加的校内外实践活动,例如参加各种等级的比赛、社团活动、技能节活动、座谈、兼职、义务劳动、志愿者等,任课老师在课代表的协助下从班主任、团委、德育处、学生成长中心等处进行了解与核实,根据具体参与情况给学生打分。参加校内外实践活动既锻炼了学生的能力,又成为一条评价途径,学生在不断受到肯定和认可的情况下,会形成一个评价的良性循环,让学生充满成长的正能量。

六　生涯课程的管理

生涯课程管理是一个重要的教育领域,它涉及学生个人生涯规划、课程设计、实施和评估等多个方面。生涯课程管理的目标是帮助学生发现自己的兴趣、优势和潜力,并制订出符合个人目标的生涯规划方案。

(一) 目标与原则

生涯课程管理旨在为学生提供系统、全面的生涯发展规划指导,培养学生的职业意识、自我认知能力、职业探索能力和决策能力,以促进学生未来职业发展的成功。在管理过程中,应遵循系统性、连续性、个性化、实践性与发展性的原则。

(二) 管理框架

成立生涯课程管理委员会,以制定管理政策、审核课程内容、监督实施情况等。建立涵盖自我认知、职业探索、求职技巧、职场适应等方面的生涯课程体系。采用线上与线下相结合的方式,包括课程讲授、实践探索、导师指导等。

(三) 实施计划

每年制订生涯课程实施计划,明确课程目标、内容、时间安排等。定期对生涯课程教师进行培训,提高其教学水平和专业素养。组织学生参加实践活动,如企业参观、实习等,增强学生的职业体验和实践能力。定期收集学生和教师的反馈意见,对课程进行调整和优化。

(四) 评估与改进

采用问卷调查、访谈等方式,了解学生对生涯课程的满意度和收获。对评估数据进行统计分析,了解课程的优点与不足。根据评估结果,制订针对性的改进措施,提升生涯课程的质量和效果。

(五) 资源保障

为生涯课程的开发与实施提供充足的经费支持。提供满足生涯课程需求的场地和设施。与企业建立合作关系,共同推进生涯课程的实施和优化。争取社会各界对生涯课程的关注和支持,为学生的职业生涯发展创造更好的条件和平台。

(六) 课程设置

了解学生的兴趣和需求:学校和教师应该通过与学生沟通、观察和评估,了解每个学生的兴趣、优势和潜力,以及他们的职业偏好和生涯目标。根据学生的需求和目标,学校和教师应该设计个性化的课程,以满足不同学生的需求。这包括提供多样化的课程选择,如科技、艺术、体育等,以及提供职业技能培训和实习机会。学校和教师采取有效的教学方法和手段,如项目式学习、合作学习、探究学习等,以激发学生的学习兴趣和动力,提高学生的学习效果。建立有效的评估机制,以评估学生的学习成果和生涯规划的进展,包括定期的评估、反馈和调整,以及对学生职业规划和就业情况的跟踪和评估。

(撰稿者:深圳市坪山区第二外国语学校　胡丽君,胡婷,李澈,侯思羽,陈少鹏)

生涯智慧 1-6　追梦图强勇探未来

一　背景与理念

高中阶段是学生人生观、世界观、价值观初步形成的关键阶段,处在这一阶段的他们必须应对繁重的学业、选科、高考专业选择等一系列现实的人生课题,很多困惑摆在他们眼前。多项调查数据显示,我国高中生在高考填报志愿阶段,表示对所选择大学专业非常了解的人数比例仅有 2.1%;而大学阶段有高达 42.1% 的在读大学生对自己所学的专业不满意;大学毕业就业阶段,选择跨专业就业的人数更高达 60%。高中生正处于生涯发展的"探索期",在此期间他们需要根据自己的需要、兴趣、能力和个人特质来对自己的未来职业做出暂时的决定,并在生活和实践中加以尝试;他们需要逐步重视现实,将个体的职业选择和社会的需要结合起来。清华大学教育研究所樊富珉教授表示,在高中阶段进行职业规划尤为重要,对高中阶段学生开展生涯规划是满足学生身心发展和个性发展的需要。

在此背景下,深圳市坪山区高级中学积极探索适合新高考背景下的高中生生涯规划教育实践策略,构建和完善高中生涯规划教育课程。课程的参与对象为高一至高三全体学生,共 8 课时,旨在培养学生提前规划的生涯意识,有效降低人生风险;帮助学生找准方向,把握机遇,增强职业能力,从而更好地实现人生价值。

二　目标与追求

通过构建与完善高中生涯规划教育课程,使学生合理定位,促进学生快乐成长。培养学生提前规划生涯意识,有效降低人生风险;帮助学生树立为国成才的理想信念,找准方向、把握机遇、增强职业能力,有效提升学生的生涯适应力,从而更好地实现人生价值。贯彻落实立德树人的要求,增强学生的生涯适应力,促进多元可持续发展,进一步提升学校的办学育人实力,将生涯教育理念向低龄段学童、家长群体渗透普及。

三　框架与内容

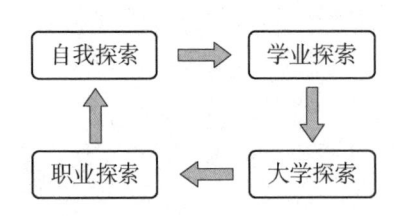

图 1-6-1　学校生涯课程内容

学校生涯课程分为四个板块,分别为自我探索、学业探索、大学探索和职业探索(如图 1-6-1)。

板块一是自我探索。指导学生了解自己的性格特征、兴趣特长,认识自己的优势和不足,积极看待自身的独特性和价值;帮助学生树立正确的世界观、人生观和价值观,唤醒学生为国成才的生涯规划意识,准确定位自身角色,提升自主发展能力,形成和发展健全的人格。

板块二是学业探索。通过分科走班制指导学生了解普通高中课程设计、学科知识体系和学习能力要求,科学安排三年必修和选修课程的修习计划,明确个人学习目标,培养良好的学习习惯和独立思考能力,挖掘学习潜能,发展学科特长,提升学业水平。

板块三是大学探索。指导学生了解多元化的大学入学途径、高等院校专业信息、就业前景以及专业选考科目要求;引导学生正确处理个人兴趣特长与社会需要、家庭期望之间的关系,合理确定选考科目和大学专业志愿;引导学生开展专业规划与生涯探索。

板块四是职业探索。通过社会实践和职业体验等活动,切身体验不同的职业,了解不同职业的发展现状与未来前景、工作内容和社会责任,了解自身职业倾向,培养职业兴趣,拓宽生涯发展视野,树立正确的劳动观念和人生志向,形成初步的个人职业生涯规划。

四　流程与实施

(一) 第一阶段:前期准备阶段

学校成立学生发展中心,搭建组织架构;组织教师开展理论学习,查阅职业生涯规划教育的文献和书籍,并集中讨论学习相关的教育理论和方法;参加相关的国家生涯规划师认证培训,提升自己的理论和实践水平;组织到北京、四川等地及本省市兄弟学校参观学习,借鉴先进经验;购买生涯测评系统,组织学生进行生涯规划相关测试。

(二) 第二阶段:实践行动阶段

1. 以课题促建,全面提升教师队伍生涯教育能力

通过开展系统的生涯教育能力提升培训和竞技活动,切实促进全体教师在生涯课程研发、生涯活动组织、生涯问题研究等方面的专业化成长,涌现出一大批优秀生涯教育教学案例和科研课题、论文研究成果。

2. 以数据为依据,了解学生生涯适应力水平

(1) 问卷调查。采用生涯适应力量表对高一到高三全体学生展开问卷调查,进行初测数据分析,了解未开始系统生涯教育之前各年级学生的生涯适应力水平和存在的问题,在此基础上再次商讨我校三个年级生涯培养目标,使之更有针对性。

(2) 建立生涯档案。给每一位学生建立线上生涯适应力档案,为最终反馈整体生涯教育效果提供客观对比依据。

(3) 积极组织多方研讨。课题组积极组织与各学科组组长、班主任、家委成员、社区企业代表等的实施研讨会,并在整合多方意见和建议后形成具体生涯教育体系化研究"九结合"实施路径。

3. 以体系化的教育课程,有效培养学生群体的生涯适应能力

围绕着学生生涯适应力,①以"九结合"策略(生涯教育与教师发展相结合的策略、将生涯教育与学科课程相结合的策略、将生涯教育与德育工作相结合的策略、将生涯教育与家校社联动教育相结合的策略、将生涯教育与心理辅导相结合的策略、将生涯教育与研究性学习相结合的策略、将生涯教育与社会实践活动相结合的策略、将生涯教育与综合素质评价相结合的策略)为支撑,开展体系化的生涯教育课程和活动。根据不同阶段的学生发展需要,分年级、分主题地开展有针对性的生涯教育,构建了完整的高中生涯教育实施体系,促成了生涯教育效果的最大化。让生涯教育理念深入学生校园学习和活动的方方面面,有效提升了学生群体的生涯适应力,生成了内容丰富的《高中阶段开展生涯教育的实践研究的学生作品集》(如图 1-6-2)。

---

① 赵小云,郭成.国外生涯适应力研究述评[J].心理科学进展,2010(9):8.

年级	主题理论	九结合策略
高一年级	**新生适应**主题：展现高中学业、休闲和人际关系的独特性，帮助高一新生适应高中新生活，同时，通过了解"人生飞轮模型"帮助高一新生初步形成生涯规划意识，找到自己高中生活的风向标。	教师发展、学科课程、德育工作、家校企联动教育、心理辅导
高一年级	**自我探索**主题：帮助学生从兴趣、能力、价值观和人格特质等方面多角度地描绘自己，认识并认同自己的样子，获得生涯发展的内核力量。	学科课程、家校企联动教育、心理辅导、社团活动、社会实践活动、综合素质评价
高一年级	**选科选考**主题：了解影响生涯选择的各个因素及其内部关系，深入挖掘高中阶段所学学科的关键资源，探索各学科的价值，全面理性地选择自己的方向。	教师发展、学科课程、德育工作、家校企联动教育、心理辅导、研究性学习、社会实践
高二年级	**生涯管理**主题：学习目标管理的方法，了解如何有效地管理时间来提升学习效率。并了解休闲管理和健康管理方面的知识。	学科课程、德育工作、心理辅导、社团活动、社会实践活动
高二年级	**职业探索**主题：了解工作的本质，开启职业世界的探索，为自己的未来职业找到可能性，初步确立理想职业。	家校企联动教育、学科课程、社团活动、社会实践活动
高二年级	**学业探索**主题：了解大学和专业的本质，对上大学的必要性形成自己的见解。同时了解多元的升学途径，并通过对大学和专业的探索，逐渐清晰自己的大学理想和专业理想。	家校企联动教育、学科课程、德育工作、研究性学习、社团活动、社会实践活动
高三年级	**志愿决策**主题：学会从自己的学业目标、家庭意见和兴趣、理想等多方面来综合考量，最终确立自己的高考志愿，并学习如何在执行高考计划的过程中综合运用自我管理能力和情绪、压力管理能力。	教师发展、学科课程、家校企联动教育、心理辅导、综合素质评价
高三年级	**终身发展**主题：在知识爆炸的今天，树立终生学习、持续学习的生命主题，学会发展自我，设计生活，拥抱变化，舞动人生。	教师发展、学科课程、家校企联动教育、心理辅导

图 1-6-2 生涯教育研究方法与体系化技术路线图

4. 以体验促成长，生成学生作品成果

在丰富多彩的生涯教育体验活动中，学生们也通过不断地实践、体验和感悟，在提升自我生涯适应力的同时,也生成了如《高中生职业生涯规划书》系列作品、《职业访谈报告》系列作品、《职业探索单》系列作品、《社会调研报告》系列作品、《"我爱_____"生涯漫画比赛活动》、《"生涯杯"演讲大赛》优秀演讲稿、《成长的韧性——我的生涯故事分享》、《大学专业课堂分享》等一系列优秀学生生涯体验作品。

(三) 第三阶段:成果总结阶段

1. 问卷调查。再次发放问卷进行复测。根据学生生涯档案的前后对比,考量我校目前整个生涯教育体系的教育实效性;

2. 提炼成果。整理资料,积极反思总结经验,对实践过程中的经验和材料进行汇总整理及研究,编撰生涯教育指南,撰写生涯研究报告和论文;

3. 经验推广。通过各级各类网络平台进行宣传展示,同时积极搭建生涯教育沟通渠道和平台,促进广大教育同仁们的平等交流,互促共进。

五 成效与反思

生涯课程的评价主要从社会层面、学校层面及学生层面三个方面进行。

(1) 社会层面

我校生涯教育注重体系化建设,积极探索家—校—社联动的生涯教育职能体系,逐步完善各政府部门协同联动的组织建设,构建健全的法规保证,探索科学的生涯实践体系以及提供科学的家庭教育指导。目前学校已积极联合群团、社区、企业、家委会等部门和组织协作开展生涯教育主题研讨活动二十余场次;心理科组也因在全区未成年人成长指导工作中的杰出表现获评为"深圳市巾帼文明岗"集体荣誉称号。虽已经取得了丰硕的成果,但仍存在可以继续提升的地方,如部分学生家长的生涯规划意识还不够,依然存在唯分数论的陈旧观念。要改变这种思想现状,需要依靠长时间地坚持渗透生涯教育。学校将通过多届毕业生对于选科报考的真实数据反馈,和家长学校系列微课宣讲等形式坚持不懈地向家长群体渗透生涯教育理念。

(2) 学校层面

学校生涯教育能有效贯彻落实立德树人的要求,探索适合我国新高考背景下的高中生生涯规划教育实践路径,增强学生的生涯适应力,促进多元可持续发展,进一步提升学校的办学育人实力。但一些生涯理念和能力的培养在高中阶段才开展是迟滞了的,生涯教育理念需向低龄段学童、家长群体渗透普及。坪山高级中学教育集团已正式成立,集团将采取"核心校+成员校"的方式组建,共同形成教育合力,将生涯教育理念向低学龄段渗透普及。

(3)学生层面

学校生涯教育有效提升了学生的生涯适应力,培养了学生生涯规划的意识,帮助学生找准了方向,从而更好地实现自我人生价值。而在这个过程中,对学生爱国报国理想信念的教育是生涯教育的核心内容。我校有着组织学生赴井冈山开展研学的活动传统,组织学生们前往革命老区,追寻红军足迹,了解党的成长历史,激扬爱国报国之志,引导学生们将个人的人生规划与祖国和人民的命运紧密地联系在一起。学校将大力推进"引进来"和"走出去"的职业体验活动,如研学旅行、参观大学等,让学生认识到生涯规划与自己的现在与未来息息相关,获得对生涯发展与规划更成熟的思考。

六 生涯课程的管理

学校从组织架构和专业培训两个方面进行生涯课程的管理。

(一)组织架构

为了更好地推进生涯教育,学校设立了生涯教育工作专项领导小组,领导部署学生生涯教育相关工作,督促有关部门和人员认真履行工作职责。其中,校长和书记负责全校生涯教育的总体部署;分管副校长负责全校生涯教育的统筹安排;德育主任负责各部门各项生涯教育工作落实的督促和反馈;内学处主任负责内高班学生各项生涯教育工作落实的督促和反馈;各年级长负责落实各项工作,了解本年级学生的生涯发展现状,及时反馈学生的生涯发展需求;各班主任负责了解本班学生生涯发展现状,保持与学生家长、心理老师的沟通;心理教师负责在班内开设生涯教育课程,向学生提供生涯辅导和咨询建议。另外,学校成立学生发展中心,主要负责学生的生涯发展活动的组织与安排。同时,坪山高级中学教育集团将采取"核心校+成员校"的方式组建,包含小学到高中学段,共同形成教育合力,将生涯教育理念向低学龄段渗透普及。

(二)专业培训

学校心理老师、班主任及其他参与生涯课程的教师积极参加相关的国家生涯规划师认证培训,提升自己的理论和实践水平;组织到北京、四川等地及本省市兄弟学校参观学习,借鉴先进经验;邀请专家名师到校面向老师开展高中选科和高考志愿填报的专题讲座和交流会;积极学习各地区的生涯教育交流活动,积极参与并组织不同地区的经验交流活动共计16场次等。

  校内组织研讨小组,申报生涯教育相关课题,制订研究方案。与各学科组组长、班主任、家委成员、社区企业代表等召开研讨会议,整合多方意见和建议后形成具体生涯教育体系化研究实施路径。

(撰稿者:深圳市坪山区坪山高级中学　刘芳,金鑫,李晨,张婧乔,李云香,叶靖怡)

第二章

生涯的力量：成长路上总要有一点光

一颗种子必定要唤醒方能萌发，才能茁壮成长；一颗鸡蛋必定要从内打破，才能爆发出生命的力量。教育的伟力在于引导、在于点燃、在于唤醒。引导幼儿认识自己及周围的事物，点燃他们对生活的热爱，唤醒他们对未来职业的设想，这为他们后续的生涯启蒙、体验以及规划提供了更加清晰的方向和前进的动力。

《庄子·内篇·养生主》中的一句"吾生也有涯,而知也无涯",道出了生命有限而知识无穷,但求知之路永无止境的真谛。可以说,"生涯"是人的生命成长、历练的历程,人的生涯发展,既是一个自然生命的成长过程,也是一个自我设计与创造的奋斗过程。[①] 在人的一生中最为特殊且重要的阶段就是学前阶段,它不仅是幼儿接受教育的起点,也是他们人格形成和发展的关键时期。人在自我创造之前必定会"唤醒"自我的行动力以达成目的。所谓"唤醒",便是使之觉醒之意,通过各类方式助力幼儿内在力量觉醒的过程。因此,"生涯唤醒"是学前期幼儿通过各类外在活动、教育之力觉醒内心对未来生活、未来职业的向往和期待。

生涯教育是全面贯彻党的教育方针、落实立德树人根本任务的重要举措,是深入实施素质教育的重要手段。[②] 我们借助生涯教育让幼儿能够逐步认识自己、认识周围的事物,引导幼儿形成良好的行为规范、价值观念和态度,培养幼儿与他人和谐相处的能力和情感管理能力。而这些能力和品质都是幼儿成长必不可少的一课,是幼儿适应大社会不可或缺的一环。

学前期的幼儿是懵懂的,但是此阶段对其后续人格的养成和发展具有不可替代的作用。医生在运用心理催眠法的时候常常会回溯病人学前期发生的事情作为判断其某种行为产生的原因之一,这正体现出学前期对人一生发展的重要性。因而生涯教育对学前期幼儿的唤醒具有重要的意义。作为教师的我们将生涯的种子播撒在这片土地上,让孩子认识自己、唤醒孩子对未来生涯的畅想,让希望沿着这片土地繁茂地生长。这对孩子健康体魄的成长、强大心理的铸成,有着非常正向的引导作用。

对于学前期的幼儿来说,离开家庭、接触陌生的环境和人群是一种挑战。我们通

---

① 魏泽,万正维,钟基玉.中国大陆地区小学生涯教育现状分析与对策建议[J].教育与教学研究,2013,27(12):12—14+17.
② 广东省教育厅.广东省中学生涯规划课程指导纲要(试行)[EB/OL].(2023-9-8).https://edu.gd.gov.cn/attachment/0/531/531480/4253023.pdf

过幼儿园内各类生涯游戏活动对学前期的幼儿进行生涯唤醒,这既可以帮助孩子们更好地适应幼儿园的生活和学习环境,培养他们良好的生活、学习习惯,又可以帮助他们更好地认识自己、相信自己,从而更从容地应对未来的挑战。通过各类角色扮演、操作活动或游戏主题,让孩子进行实际操作,从中发现问题、探究问题并解决问题,从问题中感知和学习如何与人相处、如何表达自己的想法和感受,帮助他们更好地认识自己、认识情绪进而能够顺利地过渡到大社会中,减轻他们的焦虑和不安。帮助他们更好地适应这些新的学习和生活环境,唤醒他们内在的适应能力,为他们的未来打下坚实的基础。

美国学者舒伯(Donald Edwin Super)认为,处于成长阶段的幼儿在幻想期(4—10岁),以"需要"为主要考虑因素,在这个时期,幻想中的角色扮演很重要。因此,作为教育者,我们更应浇筑育人之光,给予孩子幻想的舞台,提供各类想象的素材和助力。本章节中各位老师大展身手,将生涯活动开展得如火如荼。无论是从选材还是从幼儿视角上,都能够最大程度地支持和满足幼儿,将《3—6岁儿童学习与发展指南》中"直接感知、实际操作、亲身体验"这12个字展现得淋漓尽致。如吴玉兰老师的"小厨师大乐趣"一课,体现了一膳食一瓢饮,皆悟出食育之道,让孩子从简单的我会—我能—我愿—我享中体会生活之美。而陈雨丽等三位老师的"心目中的小学",贴近幼小衔接的需求,让幼儿在教师的引导下既为当下身心准备、生活准备、社会准备和学习准备打下坚实的基础,又唤醒了幼儿对未来小学生涯的无限想象。后面的文章就不一一列举,这些文章的内容都极具操作性,非常值得我们驻足和回味。

一颗种子必定要经唤醒方能萌发和茁壮成长;一颗鸡蛋必定要从内打破,才能爆发出生命的力量。教育的伟力在于引导、点燃、唤醒。引导幼儿认识自己、认识自己周围的事物;点燃他们生涯的火种,萌发幼儿对生活的热爱;唤醒幼儿对职业的畅想,他们后续的生涯启蒙、生涯体验再到生涯规划才能有更加清晰的方向和前进的动力。

所有的生涯唤醒活动,必定要以幼儿年龄特点为出发点,以专业教师引领为基石,形成以家长托举、幼儿园引导、社会支持的家园社三方合力为助力,多维度地帮助幼儿认识自我、认识社会,培养幼儿自我认知和社交技能,让孩子以积极的情绪和状态面对生活、面对未来。星星之火,可以燎原,我们更应该让生涯的火种传承,凝聚成光。让儿童以"光"的姿态闪耀在自己的人生舞台上。

(撰稿者:深圳市坪山区翠景幼儿园 李云烨)

生涯智慧 2-1　小厨师大乐趣

一　背景与理念

"生活即教育"是我国著名教育家陶行知先生的教育理念,他将教育与生活紧密联系了起来。教育部《3—6岁儿童学习发展指南》也指出,要创设丰富的教育环境,最大限度地支持和满足幼儿通过直接感知、实际操作和亲身体验获取经验的需要。基于以上文件,结合幼儿已有的生活经验,我们开展了"小厨师大乐趣"活动,从幼儿熟悉的饮食文化入手,建立幼儿正确的饮食认知,使幼儿在饮食文化的熏陶下养成良好的饮食习惯,助力幼儿身体健康成长;渗入了饮食礼仪与营养知识教育,使食育覆盖得更加全面;积累幼儿的生活经验和生活常识,将饮食文化知识逐渐上升到幼儿饮食行为和饮食习惯中,从而有效促进幼儿的身心发展。

本次探究活动历时16周,大班第一学期选择角色扮演小厨师,围绕"小厨师大乐趣"这一驱动问题,开展一系列活动,让幼儿了解食材,学会健康饮食的知识以及如何正确使用厨房用具,感受食物的奇妙,体验烹饪的乐趣,培养合作能力及热爱劳动的美好品质。

二　目标与追求

1. 认识、了解厨房与厨师的相关知识,能主动发现问题,并与同伴积极交流、分享。
2. 敢于尝试一定难度的活动和任务,比如亲自下厨,感受做小厨师的乐趣及厨师工作流程,感受成功带来的喜悦与成就。
3. 在实践中锻炼小厨师手眼协调能力,促进幼儿精细动作能力的发展。

三 框架与内容

结合幼儿的生活实践,我们一起开展"小厨师大乐趣"的探究活动,并从四大领域出发,预设了以下的探究网络图(如图 2-1-1)。

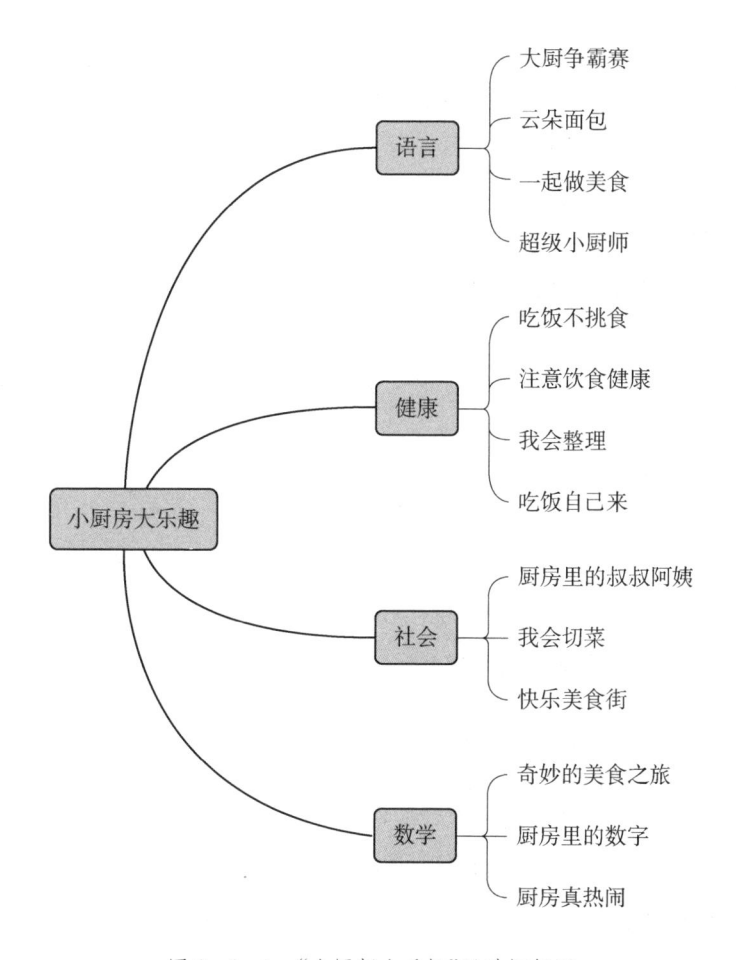

```
                    ┌─ 大厨争霸赛
              ┌─ 语言 ─┼─ 云朵面包
              │        ├─ 一起做美食
              │        └─ 超级小厨师
              │
              │        ┌─ 吃饭不挑食
              ├─ 健康 ─┼─ 注意饮食健康
              │        ├─ 我会整理
小厨房大乐趣 ─┤        └─ 吃饭自己来
              │
              │        ┌─ 厨房里的叔叔阿姨
              ├─ 社会 ─┼─ 我会切菜
              │        └─ 快乐美食街
              │
              │        ┌─ 奇妙的美食之旅
              └─ 数学 ─┼─ 厨房里的数字
                       └─ 厨房真热闹
```

图 2-1-1 "小厨师大乐趣"活动框架图

结合幼儿探索小厨房的实践,发现幼儿园厨房中有趣的食物,发展幼儿观察探索的能力,并体验劳动的乐趣。

板块 1:初步了解美食,对幼儿兴趣点较高的活动加以筛选并深入展开。

板块 2:了解健康饮食习惯,不挑食不浪费;了解与自己生活有关的各行各业人们的劳动,热爱并尊重劳动者;乐意与人交往,学习与人互助合作和分享。

板块3:体验小厨师的乐趣,能在探究小厨师的过程中,获得知识、能力和情感方面的经验,培养幼儿的劳动能力。

板块4:学会辨别各种蔬菜瓜果及按数量分类等;努力做好力所能及的事,不怕困难,有初步的责任感。

四 流程与实施

活动时间:2023年2月—4月中旬
活动场地:幼儿园、班级教室
活动主题:小厨师大乐趣
活动对象:大二班幼儿、教师及厨师
活动流程如下:

(一) 发现问题

活动实录:炒菜应该先放什么配料?

1. 在烹饪区

当小朋友从户外活动区来到了烹饪区后,便好奇地拿起锅铲,模仿妈妈做饭时的样子行动起来。思语小朋友说:炒菜要先放油的,不是直接炒的。雨楠小朋友说:这里没有火炒菜。依桐小朋友说:要是能真炒菜就好了。针对幼儿发现的问题,我们在晨谈中开展了以下谈话活动。

师:你知道厨房里的调配料有哪些用处吗?
思语:我知道,调配料可以让食物好吃。
雨楠:那什么时候放适合呢?
依桐:炒菜前要先放油,然后起锅了要放盐。
思语:还可以放酱油。

2. 在厨房里

厨房里要放哪些厨具呢?
师:厨师要做哪些工作?
知诺:煮好吃的食物。

果果:厨房有锅、铲子和碟子,还有燃气。

芷伊:厨房还要有各种刀,用来切菜、切肉,还要有刮皮刀等。

依桐:需要把菜洗干净备好。

雅婷:还要削各种瓜皮。

汤骁:要把菜搭配得有营养。

晋伟:保障厨房的卫生,菜品的卫生。

家源:还要把握火候。

大家畅所欲言,将自己所知道的厨师干的工作画出来记录。

基于幼儿的发现与兴趣,教师通过活动观察和评价对幼儿已有经验、学习与发展目标进行分析,提出下一步的回应与支持策略(如下表2-1-1、2-1-2)。

表2-1-1 幼儿现阶段已有经验分析

现阶段已有经验	对厨师工作的认识与了解,知道厨师相关知识,并具备探究做小厨师的基本经验。
对应《指南》目标	社会: 1. 能主动发现问题,并与同伴积极交流、分享。 2. 敢于尝试一定难度的活动和任务。
对应核心经验	体验角色扮演(小厨师)

表2-1-2 下一步的回应与支持分析

支持的目标与内容	所需资源		
1. 对幼儿兴趣点较高的活动加以筛选并深入开展。 2. 能在探究小厨师工作的过程中,获得知识、能力和情感方面的经验。 3. 培养幼儿学会劳动的能力。	材料资源	图文、音视频资源	家长、社区资源
	小厨房相关工具:电磁炉、锅、铲子、菜谱、碟子、勺子等。 各种调味料:油、盐、酱油、蚝油、味精,等等。	提醒家长收集的各种调料。	发动家长收集活动所需要的物资,参观社区的对接。

(二) 探究考察

幼儿获得知识与技能,并将其用于解决他们在开始阶段提出的问题时,新的问题也在这个过程中不断产生,因此可以呈现:师幼谈话、轶事记录、教学活动过程、家园合作互动等。

1. 我们可以在厨房做什么好吃的?

雨楠:我们做鸡蛋饼。

知诺:我们炒胡萝卜。

汤骁:我们做出来的食物怎么保存?

依桐:可以放冰箱。

家源:很硬的菜切不了怎么办?

思语:可以用刮皮刀刮下来再切。

于是孩子们开始跟老师一起探索当小厨师的整个过程,经过讨论,孩子们知道了当厨师是一件非常辛苦和困难的事情。

2. 走访调查、体验厨师工作

师:我们幼儿园的厨师每天都在给老师、小朋友们做美味的食物,要不你们去采访厨房的叔叔阿姨好了!

依桐:我想去采访厨房的叔叔阿姨们!

雨楠:我还想知道幼儿园的菜是从哪里来的。

3. 幼儿的提问

叔叔,我们幼儿园里的饭菜你都是从哪里买来的呀?

厨师叔叔,可以告诉我你烧饭菜好吃的秘诀吗?

叔叔,你每天要给幼儿园的小朋友烧多少饭菜呀?

叔叔,厨房里的大锅这么大,一定很重吧,您真是太辛苦啦!

4. "小"厨师"大"乐趣

师:你们想不想一起体验一下当厨师?

思桐:我想体验一下炒菜!

东阳:我想知道怎么配菜。

昊曦:我想知道菜是怎么清洗的。

丽颖:那要不我就去打扫卫生吧。

可馨:我也想去当小厨师!

于是大二班的小厨师们由此诞生,孩子们开始了他们的小厨师之旅。

(三) 多元表征

随着项目的推进,幼儿通过身体动作、语言、统计、手工作品等多元表征的方式展示他们的探究成果。可以呈现:师幼谈话、轶事记录、游戏过程、学习活动过程、家园合作互动等。

1. 参观幼儿园的厨房

经验丰富的孩子能够大概讲出如何烧制一道菜,但是对厨房的具体事项、工作却一无所知,孩子们面对自己的一系列疑惑,萌发了去幼儿园厨房参观、采访的想法。

思思说:我们不会写字,可以把问题画下来,再去问厨房里的叔叔阿姨不就好了嘛!

凯杨说:但是我们是不是要提前跟厨房叔叔阿姨说一下要去参观呢?

奕辰说:我们写一个便利贴给厨房的叔叔阿姨吧!

孩子们不经意的"点睛之笔"获得了大家的一致认可,于是我们制作了"我的问题"调查表。

让孩子们有计划地在参观厨房前将问题、疑惑先画下来,等到参观那天,再去当面采访厨房里的叔叔阿姨。

2. 劳动体验

孩子们通过体验当小厨师,感知到厨房人员的辛苦,通过实际操作、亲身体验,技能得到了提升。

3. 分享感受

通过体验当小厨师以后,我们针对孩子们的不同体验感受进行了采访。

雨楠:我觉得当厨师很辛苦,我都流了好多汗。

依桐:我觉得厨房的卫生很难清洗干净。

汤骁:我觉得当厨师要搭配菜的营养很难。

小月:我觉得那个炒菜的铲子好重。

昊曦:我觉得菜不好洗干净。

师:虽然厨房工作有点辛苦,但是为了能让大家吃上好吃健康的美食,都能光盘行动,我们还是很开心的。

(四) 分享展示

项目成果公开展示时,邀请曾为项目提供资源和帮助的相关人员,如家长、园所教师、饭店工作人员等参与。

1. 协助幼儿园的厨师备菜。

2. 玩学一体,幼儿于美食任务中学到生存本领,了解到饮食健康知识,拥有保持健康的能力。

五 成效与反思

在本次探究活动中,幼儿对于小厨师这一职业非常感兴趣,通过了解当厨师的基本流程,能积极主动地解决在游戏过程中遇到的困难,乐行光盘行动,不浪费粮食;乐于交流分享,互帮互助。此外,本次活动还让幼儿了解到厨师的工作及辛苦,初步感知厨师这一职业;让幼儿保持一定的好奇心并能坚持做一件事;学会了同伴之间的合作,有了初步的责任感,热爱并尊重劳动者。

在本次探究活动中,孩子们通过讨论、实践、体验操作和交流分享,了解了厨房的相关健康知识,满足了动手操作的愿望,培养了动手操作能力和创造力。本次主题活动就是让幼儿近距离地接触厨房,了解厨房里的用品和食物,通过学做小厨师,了解一些饭菜的做法。通过家园合作,让幼儿的职业体验往深度和广度方向延伸,如采访厨师,清洗蔬菜并分类,带幼儿实践当小厨师等。

玩耍、游戏是孩子们的本性,"吃"也是孩子们最爱讨论的话题,永远有说不完的新鲜事儿。在日常生活中,孩子们每天都在和食物打交道,这些丰盛多样的佳肴美味,有的味道鲜美纯正,深深地抓住了孩子们的胃口;有的色彩绮丽,紧紧地吸引了孩子们求知的眼球;有的菜肴奇形怪状,极大地激发了孩子们刨根寻源的心思。这些珍馐美馔也让孩子们在不知不觉中感受着中华五千年来的饮食文化,体验其中的文化底蕴。如何把良好的教学理念和专业知识落地,这就考验我们的专业能力了。在此次活动中,我们根据实际情况,有选择性地开展了劳动体验,参观厨房调查与体验厨师工作等活动,既遵循了孩子们的兴趣,又能推进活动的进一步发展,将兴趣与知识能力相结合,真正践行了以幼儿为本的教育理念。

(撰写者:深圳市坪山区坑梓中心幼儿园　吴玉兰)

生涯智慧 2-2　小小修理工

一　背景与理念

陈鹤琴先生指出：生活即教育，教育要来自于生活才能成为真正的教育。幼儿园的课程应该从幼儿的"实际生活与经验里选出来"，让幼儿成为生活教育的主体，让他们能够自主地参与到幼儿园课程活动当中。

对事物充满好奇和不断探究是幼儿的天性。在一次偶然的区域游戏时间中，老师发现小朋友们对建构区的玩具车表现出浓厚的兴趣，争先恐后地去操作，久而久之，这些材料难免会破旧和损坏，如果直接丢掉的话，就没有这些材料提供给我们来操作了，那该怎么办呢？

针对此现象，我们和孩子们展开了激烈的讨论。我们以孩子的已有经验为出发点，遵循孩子的身心发展规律和年龄生长特点，以他们的现有知识经验为支撑，充分利用孩子们的兴趣，开展了此次"小小修理工"职业体验活动课程。整个活动持续开展三周的时间，在游戏中凸显幼儿的自主性，最大程度地支持幼儿的选择，让幼儿在开放的环境、自主的空间中，与同伴积极互动。孩子们通过自己的观察和了解，自主选择并进行职业的初次体验。通过体验，孩子们在不同角色中的参与度、兴趣程度、能力情况都有所不同，他们在探索自己职业兴趣的过程中，锻炼了实际动手能力，树立了正确的职业价值观。

二　目标与追求

1. 初步了解与认识不同的职业，知道修理工是常见的职业之一，熟悉修理工的日常工作。
2. 掌握修理的基本步骤，能够积极主动地解决游戏中遇到的问题与困难。
3. 获得职业认同感，认识到每一份职业都很伟大，培养社会交往能力和与同伴合作的能力。

三 框架与内容

幼儿园职业体验活动对幼儿的社会性发展具有重要意义,有利于幼儿萌发职业意识、激发职业情感、体验劳动价值。结合幼儿的实际生活经验,我们开展了"小小修理工"的探究活动,具体分为以下五个板块(如下图2-2-1)。

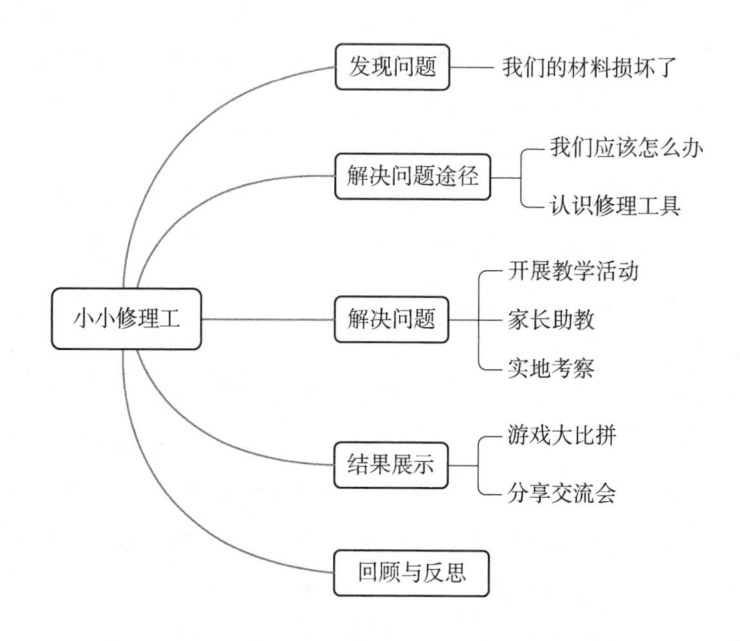

图 2-2-1 "小小修理工"活动框架图

板块一:幼儿发现问题引发兴趣。通过开展区域活动时幼儿的游戏实录,发现我们的区域材料损坏了,以此引出我们的活动"小小修理工"。

板块二:了解如何解决问题。通过家、园、社三方协同,为孩子们提供丰富多彩的修理工具。开展教学活动,在教学过程中及时反馈孩子的学习情况。

板块三:鼓励孩子大胆操作与尝试,努力用自己的方式去解决问题,拓展孩子的已有经验和视野。

板块四:进行结果展示。通过一系列相关的活动与探究,以游戏的形式展示在此次活动中的收获与感悟。

板块五:对活动进行回顾与反思。了解幼儿现有的发展水平,了解每个幼儿的学习准备情况及影响学习的因素,进行客观全面的过程性评价。坚持科学性原则、导向性原则、多元化原则、激励性原则、可行性原则。在活动结束后,对整个活动过程进行复盘,查漏补缺,争取下一次活动时能做得更好。

四 流程与实施

活动时间:2023年3月下旬—4月中旬
活动场地:班级
活动主题:小小修理工
活动对象:小二班幼儿、教师及幼儿家长
活动流程:

(一) 发现问题

活动实录:我们的材料损坏了

在一次区域活动中,有几个小朋友在建构区玩汽车玩具,可能是因为拼装玩具车的螺丝已经松动,导致玩具汽车部件脱落了,这时便听到孩子们热火朝天地讨论了起来。

舒歌说:"我们的小汽车都坏了,这该怎么办呢?"

彤彤说:"我们可以找老师帮忙呀,老师可以给我们投放新的小汽车。"

"可是,这些坏了的小汽车应该怎么办呢?"舒歌又说,"我们要把它丢到哪里去呢?"

"老师没有那么多的小汽车可以给我们玩了,因为小汽车已经都被我们弄坏了。"希希说。

忽然,聿贤大声说:"那我们可以自己来修理呀!"说着便往装有修理工具的材料筐走去。当听到孩子们想到用工具去修理小汽车时,我悄悄地走到建构区旁边,静静地看着孩子们接下来会怎样做。

这时我听到方荣泽问道:"可是我们该用哪些工具来修理呢?"

"我知道,我爸爸带我去过修理汽车的地方,我看见修理工叔叔拿着大的螺丝刀,还有大钳子。"聿贤说道。

老师:"那你们还看到了什么?"

"我也去过修理汽车的地方,我看到那个叔叔还穿着像超级玛丽的衣服。"奕山补充道。

"对,我也看见过,而且还戴着帽子。"今越说。

老师:"修理工叔叔是怎样修理汽车的呢?"

聿贤抢先说道:"修理工叔叔会把汽车举得高高的,然后钻到汽车的下面去修理汽车。"

舒歌说:"修理工叔叔有一个很大的工具箱,里面装了很多的工具,形状都不一样。"

"我们小二班的建构区也有像修理工叔叔一样的工具。"梓琪说道。

说着,孩子们就拿起工具,准备开始动手修理汽车了。听着孩子们滔滔不绝地讲述着,我想趁现在这一时机,抓住孩子们的兴趣来开展一次"小小修理工"的职业体验活动。

(二) 解决问题

维果斯基的认知理论强调幼儿认知的社会起源问题。他指出幼儿和同伴、幼儿和成人共同活动能够促进幼儿的行为发展,由于个体和社会的密不可分,通过和不同个体的交流沟通得到学习和模仿,这表明幼儿的认知发展极大程度上会受到其他个体的影响。班杜拉的社会学习理论也提出了类似的看法,理论中所提到的社会学习的实质可以得出,我们的孩子是生活在社会之中的,通常是通过观察学习和模仿学习的方式来获得知识、技能和行为习惯。因此我们通过对幼儿的已有生活水平的分析,创建幼儿的最近发展区,合理地利用身边的资源,开展贴近幼儿生活的活动,顺应促进幼儿全面发展的时代理念,对应幼儿的学习与发展目标分析,得出下一步的活动计划与策略:

1. 分析儿童现有的知识、经验水平

3—6岁是职业意识的启蒙期,我们应该加强对此阶段儿童的职业启蒙教育,让儿童在认知中培养职业兴趣、在交流中培养职业表达、在模拟中培养职业素质。这一时期,也是幼儿敏感期,幼儿会积极关注他人的行为,并不厌其烦地进行重复。我们应该充分利用幼儿爱模仿的特点,以幼儿所喜欢的角色游戏对幼儿进行职业启蒙教育,这样就能取得不错的效果。

2. 实施策略

生活是儿童教育发生的场所和根基,也是教育意义得以构建的场所。小小修理工以幼儿在建构区的发现为抓手,从幼儿的真实生活入手,从幼儿体验学习的特点出发,集真实性、情境性、体验性、互动性于一体,帮助幼儿丰富社会经验,提升社会适应能力,综合提升幼儿各方面的素质。

(1) 穿针引线——创设情境环境

为了让幼儿也积极地参与到环境布置中来,一同创设贴近真实生活的体验环境,教师为幼儿穿针引线,先引导幼儿观察自己生活中的一些汽车修理店,再收集真实的材料一同布置环境。

在对修理工这个职业有了进一步的认识之后,幼儿展开了激烈的讨论。比如:我们需要用到哪些工具来修理汽车?这些工具又是怎样使用的呢?在使用过程中我们应该注意些什么?汽车修理又是怎样进行的呢?带着这些疑问,我们决定开展一次"小小修理工"的探究活动,模拟真实情景的职业体验不仅让幼儿学会了修理的方法,也学会了与人沟通的方式。他们在感受这份职业的辛苦的同时,还提高了自己的社会交往能力和生活适应能力。

首先筛选出幼儿感兴趣的活动进行探究与谈论,激发幼儿的学习兴趣。根据个体的身心发展特点、兴趣、技能等,制订科学可行的教育计划,结合五大领域对幼儿发展的不同要求,为幼儿提供合适的体验课程,让幼儿以游戏的方式进行职业体验。例如:在语言领域,让孩子们分享爸爸妈妈的职业,并进行自己的职业畅想以及谈论专业的修理工是怎样的,还对孩子们进行了相关绘本的分享;在体能游戏方面,开展了小小修理工、我会换轮胎等活动,让孩子们去实践体验;此外,还开展了《我的房子搭得高》等一系列活动。

(2) 锦上添花——全面利用家长资源

《3—6岁儿童学习与发展指南》指出:家庭是幼儿园重要的合作伙伴。家园社区共育是课程实施的延伸及资源的利用,借助家园合力,不断地开展多层次、多方位、多种类的社会教育内容,可以引导幼儿在活动中进行有效的"体验学习",让幼儿在体验中认识、了解职业,逐渐提高自身认知水平。

开展"家长助教"活动,为幼儿提供一种更直观、具体的认知方式。针对"小小修理工"这一主题活动,我们充分有效地利用家长资源开阔幼儿的视野,老师的积极征集得到了家长们的热情回应,并邀请了舒歌的爸爸来幼儿园给小朋友们进行相关知识的讲解。助教爸爸带来了好多的小汽车和一整套修理工具,给孩子们普及了有关汽车结构的知识,邀请小朋友们近距离了解汽车的构造,讲解汽车的修理方法并进行了现场操作,让孩子们自己尝试动手去拆一拆,体验一回小小修理工的工作。

(3)画龙点睛——整合地方资源

开展"亲子陪伴"活动,联合职业启蒙教育主题,鼓励家长带领幼儿到附近修车厂、比亚迪汽车公司实地参观,观察工作人员的工作内容及特点,拍照、调查记录后进行分享讨论,加深孩子对职业的理解与体验。

(4)凝练升华——组织情境评价

结合孩子们近期的发现与实践,我们开展了"我是小小修理工"的情景表演活动,从客户、修理工等不同的角度来体验职业,包括从接单、维修、领取到缴费整个过程。

在体验活动结束后,"店长"召集"修理工"开会,请"修理工"对自己今天的表现进行评价。如"你对自己今天的表现满意吗?""哪些地方还有待提升?""你觉得哪个'修理工'最棒?为什么?"在分享交流的过程中,幼儿自然而然地总结了这次职业体验带来的收获与未来需要改进的地方,他们的语言组织和表达能力在无形中也得到了提升。

"修理工"除了进行活动反思外,还会听取"客户"反馈评价。在做过汽车修理后,"修理工"都会问"客户":"您对我修理的汽车还满意吗?"得到认可后,"修理工"的脸上都洋溢着暖暖的笑容,过后"客户"会根据自己的满意度赠予"修理工"小星星。

3. 活动延伸

随着活动的有序进行,幼儿通过多途径的了解与实践,对修理工这个职业有了自己的见解与表达。在之后的区域游戏中,孩子们都争先恐后地来到建构区,用我们的区域材料进行操作,他们对修理工这一角色的扮演较之前更加熟练,比如他们不仅认识了更多的修理工具以及使用这些修理工具的方法,还能够熟练地挑选出正确的工具来进行修理。整个活动过程很流畅,老师的介入也逐渐变少,同伴合作的次数明显增加。

(三) 分享交流

"小小修理工"的职业体验活动圆满结束,为了让幼儿加深对此次活动的印象与感受,我们在班级内开展了分享与交流。

1. 小小修理工大比拼

孩子们的修理兴趣被充分点燃,在家里也不闲着,纷纷动手也当起了小小修理工。

于是,我们开展了小小修理工大比拼活动,让孩子们把玩具带到幼儿园,来幼儿园一展身手,看看谁是最厉害的小小修理工。老师将孩子们带来的可拆卸玩具投放到了区域中,孩子们在区域活动时还能够持续体验维修带来的乐趣。

2. 我与汽车有个约会

孩子们通过拍照片的方式记录自己到修理厂或者汽车公司的所见所闻,大方地与小朋友们分享感受。

五 成效与反思

通过此次职业体验,我们希望能够加强小朋友们对职业的初步认识和了解,通过亲身体验来获得劳动的快乐和幸福,树立正确的价值观,促进孩子们的语言表达能力、逻辑思维能力、动手实践能力和同伴交往能力等。

(一) 核心经验的提升

通过"小小修理工"职业生涯活动可以启蒙幼儿的职业意识,从而激发其职业情感,体验劳动价值。引导幼儿保持积极的心态与高度的好奇心、敢于探索与实践、大胆想象、善于提问并且主动寻求解决办法、敢于尝试有挑战性的事物。

(二) 幼儿能力的发展与提升

对职业有了一定的认识与了解,掌握修理的基本步骤,获得职业认同感;知道我们每一位工作人员都很伟大;同时也发展了幼儿的社会交往能力与同伴合作能力,了解与自己生活相关的各种各样的职业,并尊重他们的劳动。

幼儿体验创造愉悦的过程,也是教师不断创造智慧的过程。在一日生活的各项活动中,我们要充分发挥幼儿主体、教师主导的作用,懂得放手让幼儿自己去尝试。在让幼儿自由放飞心灵、快乐体验生活的同时,也给自己主动放飞心智的机会。让我们一起带着快乐与创造,在游戏的天空中飞得更高、更远!

(撰稿者:深圳市坪山区桂园幼儿园　王文娟,黄彩珍)

生涯智慧 2-3　最美快递员

一　背景与理念

《3—6岁儿童学习与发展指南》中强调了教师需要善于发掘幼儿熟悉且感兴趣的事物作为学习资源，赋予日常生活中的事物以教育的价值。快递在我们的日常生活中随处可见，它的存在使我们的生活变得更加便利。对于孩子们来说，快递并不陌生。在幼儿园门口，常常可以看到一个快递小驿站，快递员们会不时地前来存放包裹。一些小朋友开始产生好奇："快递是从哪里来的呢？""它们又将被送到哪里去呢？"于是我们开展了"最美快递员"的探究活动。

本次探究活动历时20周，参与对象为幼儿园大班的孩子们。5—6岁大班幼儿的行动能力、合作能力以及劳动能力在逐渐增强，他们对周围的事物非常敏感，尤其喜欢扮演不同角色的和体验各种职业。我们了解到，职业体验的关键要素有选择或设计职业情景、实际扮演职位角色等，基于职业体验的要素与幼儿的生活体验，教师在职业体验区域提供了许多相关的服饰和辅助材料，如快递员、医生、警察、邮递员以及厨师等，通过区域内的游戏活动，让幼儿更深入地了解各种职业的目标、价值以及规划路径。

二　目标与追求

1. 了解快递员的工作内容、职责和要求，丰富对快递员职业的认知，培养对身边职业的观察力。

2. 通过观察、讨论、采访等多种探究学习方式，了解快递员和日常生活密切相关，培养对身边职业的感知力。

3. 通过体验快递员工作，丰富其语言表达能力、创造力、观察力和社会交往能力，树立自我职业观，培养对身边职业的感知力。

三　框架与内容

最美快递员活动案例共有三大板块：板块一：什么是快递；板块二：我知道的快递员；板块三：职业体验快递员（如下图2-3-1）。

```
《最美快递员》    ┬── 活动一：什么是快递？ ──┬── 活动1.问题讨论："快递上有什么？"
活动内容                                    └── 活动2：快递单是怎样的？
                 │
                 ├── 活动二：我知道      ┬── 活动1：我对快递员的印象
                 │    的快递员           ├── 活动2：采访快递员 ──┬── 活动前
                 │                       │                      ├── 采访活动
                 │                       │                      └── 采访后回顾
                 │                       └── 活动3：我想对快递员说
                 │
                 └── 活动三：职业体验     ┬── 活动1：快递员的职业体验
                     "最美快递员"        ├── 活动2：竞选快递员职业体验
                                         ├── 活动3：玫瑰快递怎么送呢？
                                         ├── 活动4：设计的快递签收表
                                         └── 活动5：快递的包装
```

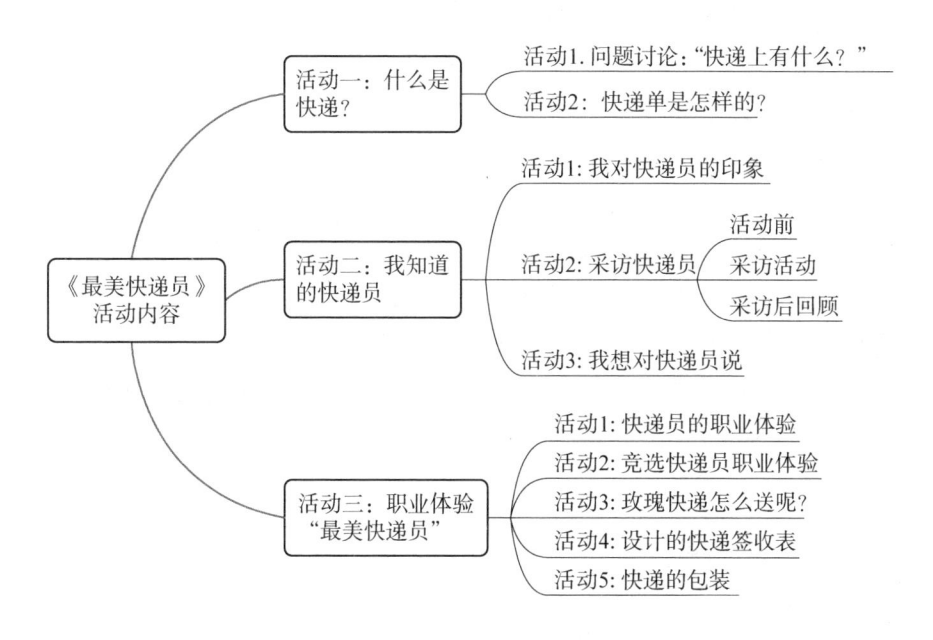

图2-3-1　"最美快递员"活动框架图

幼儿在项目探究活动中通过了解快递员的工作，知道了一个个包裹的邮寄过程，明晰了快递员工作的辛苦，懂得要热爱并尊敬快递员。

通过板块一的选择项目，做好充分准备，熟悉快递员的工作内容和工作流程。通过板块二来确定项目方案，推动项目方案，实地采访、探究快递员的工作内容。最终通过板块三进行活动成果呈现，交流分享，体验快递员职业，感受当快递员的快乐。

四　流程与实施

前期准备绘本故事《小小快递员的一天》《快递来了》进行教育学习，幼儿在课堂上进行有关"快递"的内容讨论。

(一) 讨论：什么是快递？

活动1：什么是快递？

晴晴：快递是一个纸箱盒。

欣欣：快递里面装着我们要的东西。

苏苏：快递是老师网上买的礼物。

活动2：快递上有什么？

乐乐：快递上面有条形码、寄件人和收件人的地址。

芸芸：有地址和电话号码。

筱筱：快递单上有许多信息内容。

活动小结：幼儿初步了解什么是快递，并对快递单的基本信息内容进行了归纳总结。知道快递单上有快递公司名称、寄件人和收件人姓名、地址、电话号码、条形码、快递类型等基本信息。

与幼儿进行讨论后，小朋友们提出想进一步了解快递员日常工作的想法，班级立即开展实施相关活动。

(二) 我知道的快递员？

活动1：我对快递员的印象

芳芳：我听老师说快递员工作时间很长。

鑫鑫：有些快递很重，快递员很辛苦。

筱筱：快递员开三轮车送快递。

活动小结：幼儿对快递员有初步印象，为了让幼儿深入了解这一职业，有幼儿提出可以采访快递员。

活动2：采访快递员

采访活动前准备：

幼儿对快递员这一职业的相关内容进行整理，有幼儿想了解快递如何运输、快递如何到我们手里等内容，投票选出幼儿想要了解的内容后，设计采访提纲。

小记者社区采访快递员提纲

小记者采访注意事项（礼仪、站姿、语态、声音、表情、情感）

小朋友：您好！我是大六班的小记者×××，我们班级开展职业体验"最美快递

员"活动,想要采访您:

问题一:快递一般用什么交通工具运输?

问题二:怎样把快递送到我们手里?

问题三:什么快递不能寄?

谢谢您接受我的采访,祝您生活愉快!

幼儿在家长陪同下采访快递员,了解快递员日常工作情况。

采访后小结:通过对采访内容的梳理,进一步了解快递职业相关信息,有助于后续职业体验相关经验的积累。

活动3:我想对快递员说

小小:你工作辛苦了。

筱筱:谢谢你帮助了我们。

睿睿:累了注意休息。

芳芳:注意交通安全。

活动小结:通过实地探访和采访活动,了解快递员的工作内容,感知快递员这一职业,帮助幼儿了解与自己身边关系密切的职业和工作,体会当一名快递员的艰辛,同时也要学习快递员不怕艰辛、勇于奋进的职业精神。

(三) 职业体验"最美快递员"

班级正在开展"赠人玫瑰,手有余香"课程,想用快递的方式把玫瑰花送给园长老师。可是玫瑰花太脆弱了,如果直接放进快递盒,花很快就枯萎凋谢了,我们怎样才能给玫瑰花保鲜,确保在运输的过程中完好无损呢?引导幼儿利用日常经验观察快递是怎样打包、需要什么材料等。

活动1:打包快递需要准备什么?

乐乐:可以准备泡沫纸、海绵、透明胶、盒子。

芸芸:提前知道快递单、对方地址和电话号码。

森森:上次爸爸买音响,我看到包装有泡沫板。

活动小结:幼儿在参加区域游戏时练习打包快递,有小朋友问:快递盒子太大了,里面的东西太小了,在盒子里摇摇晃晃怎么办呢?每次在区域小结时进行经验分享,进一步提升幼儿的实践质量。

活动2:竞选快递员

晴晴:我想当快递员,我当快递员很开心,谢谢大家!

筱筱:大家好,我是大六班的筱筱,穿快递员的衣服,体验做快递员,帮助别人是一件快乐的事情。

活动小结:"竞选快递员"活动看似简单,但对于幼儿而言,遇到问题能够协商解决,在游戏中学会了与人友好交往的良好品质。

活动3:玫瑰快递怎么送呢?

杨杨:把幼儿园平面图画出来,我们按照路线图就可以送快递。

苏苏:和小朋友一起合作送快递,要使用礼貌用语:您的快递,请查收。

棋棋:设计快递签收登记表。

活动小结:为更好地职业体验快递员的工作,小朋友们做了充分的准备,如寻找幼儿园可以送快递的运输工具、设计幼儿园平面路线图等。

问题:平面图的设计有利于快递的配送,有小朋友提出收快递需要签收,希望能设计快递签收表,如何设计呢?

筱筱:需要园长老师的签名。

哲哲:园长老师给我们的服务打分。

芳芳:写上标题"快递签收表"。

筱筱:签收表需要设计表格。

活动小结:幼儿设计好签收表后,有小朋友提出要制作快递员工作职责表,让快递职业体验更具互动性、真实性和完整性。

活动4:送给园长老师的快递,快递单如何设计?

欣欣:寄件人是大六班小朋友。

佑佑:可以写上幼儿园电话号码。

晨晨:收件人是文汇幼儿园园长,还要写电话号码。

苏苏:穿上职业体验区的快递衣服。

活动小结:幼儿在区域活动时利用剪刀、纸、笔等工具进行相关内容设计。

活动5:送给园长老师的玫瑰快递,可以怎么包装呢?

鑫鑫:用纸包起来,运输就不会坏。

筱筱:我们要选择合适的快递盒。

婷婷:用气泡袋来包裹花,这样就不会弄到它。

教师:我们一起动手吧,一起贴上快递标签。

活动小结:教师在游戏中进行引导和帮助,让孩子在玩中学,学中玩,在真实的情境中更好地进行职业体验。

五 成效与反思

本次项目探究活动中,幼儿对快递员这一职业非常感兴趣,通过了解快递、采访快递员叔叔、打包快递、设计快递单、职业体验快递员等一系列活动,幼儿了解了快递员的工作内容和要求,初步体验和感知到快递员这一职业特点。

通过家园合作,让幼儿的职业体验往深度和广度延伸,如采访快递员、收集快递盒等,离不开家长们的积极配合。在探究学习中鼓励幼儿将已有经验转化为自己需要的内容,如设计快递单、快递的打包等。幼儿遇到困难和需要帮助的时候,教师第一时间给予支持,如在快递包装技巧上给予指导,在区域总结回顾时分享相关技能和方法。通过快递员职业体验,进一步提升了幼儿人际交往的能力,利用职业体验的机会,使幼儿萌发对职业的理解。

总的来说,幼儿在本次职业体验游戏中,教师始终以支持者、参与者及引导者的身份协助幼儿进行职业体验,让幼儿在游戏中了解快递员职业,为幼儿树立正确的职业观做了很好的引导和帮助。

(撰稿者:深圳市坪山区文汇幼儿园　陈小娟,全艳榕)

生涯智慧 2-4　萌娃卖菜记

一　背景与理念

《3—6岁儿童学习与发展指南》指出,要保护幼儿的好奇和探究欲望,教师要支持幼儿的游戏念想、为幼儿提供一切有助于其亲身体验、自主探究的有利活动环境。① 陈鹤琴先生提出"生活即教育,社会即学校",② 主张教育是供给人生需要的教育,不是假教育。中小学各年龄阶段儿童生涯发展的内容和中小学学生生涯规划教育的任务为:幼儿园到小学六年级主要任务是生涯认知,包括个体对自我、职业角色、工作的社会角色、社会行为及自身应负的责任等方面有初步的认识,使个体对生涯的意识初步觉醒。③ 幼儿园作为生涯教育的启蒙阶段,幼儿的学习方式是直接感知、实际操作和亲身体验。应充分发挥幼儿园现有的资源与环境,打造以儿童为主体,以游戏活动为载体,遵循寓教于乐的教育方式进行的生涯启蒙教育,让幼儿能根据自身的兴趣爱好积极探索喜欢的职业,正确认识自己的特长。由此,在管住手、管住嘴的学前教育改革背景下,一起来感受一下这场由 35 名大二班幼儿因芥菜火锅汤而引发的种地卖菜活动。他们是怎样真正成为幼儿园的主人的呢?而老师又是如何支持孩子们完成这项任务的呢?一起走进这次萌娃卖菜活动一探究竟吧!

二　目标与追求

1. 通过种植芥菜,了解芥菜的生长规律,体验种植的乐趣。在卖菜活动中,认识及掌握 1—10 以内的简单运算。学会使用数字简单记录销售单的信息。

2. 对扮演的职业角色具备一定的认识能力,活动中能表现出与该职业角色相符

---

① 李季湄,冯晓霞.《3—6岁儿童学习与发展指南》解读[M].北京:人民教育出版社,2013:3.
② 陈鹤琴.陈鹤琴教育思想研究[M].北京:高等教育出版社,1999.
③ 黄德祥.青少年发展与辅导[M].台湾:五南图书出版公司,1991(12):420—423.

合的行为,学会使用各种称重工具以及购买的流程,提升幼儿在交易方面的生活经验。并有一定的发现问题、解决问题的能力,学会通过同伴互助、讨论等方式解决问题,具有一定的语言沟通能力。

3. 体验售卖活动带来的收获与快乐,增强自信心和语言表达能力,并感受到数学在生活中的应用。

三 框架与内容

在萌娃卖菜活动中,通过与幼儿的讨论与交流,围绕班级种植区即将收成的芥菜该如何进行分享的问题,班级幼儿各想妙计,最终通过投票达成一致:以种植区实地售卖的方式将班级种植的芥菜分享出去。本活动按照活动前—活动中—活动后三个阶段开展(如图2-4-1)。具体如下：

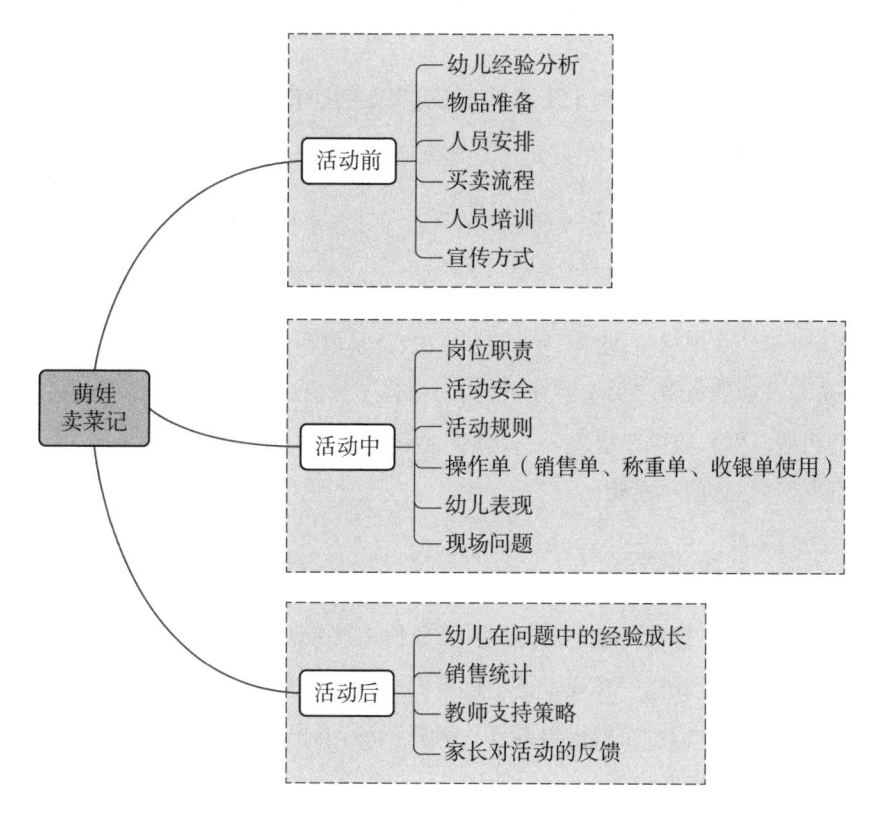

```
萌娃卖菜记
├── 活动前
│   ├── 幼儿经验分析
│   ├── 物品准备
│   ├── 人员安排
│   ├── 买卖流程
│   ├── 人员培训
│   └── 宣传方式
├── 活动中
│   ├── 岗位职责
│   ├── 活动安全
│   ├── 活动规则
│   ├── 操作单（销售单、称重单、收银单使用）
│   ├── 幼儿表现
│   └── 现场问题
└── 活动后
    ├── 幼儿在问题中的经验成长
    ├── 销售统计
    ├── 教师支持策略
    └── 家长对活动的反馈
```

图2-4-1 "萌娃卖菜记"活动架构图

1. 活动前——围绕幼儿对数的核心发展经验、需要解决的物品准备、人员安排等问题与幼儿进行头脑风暴。具体来说,针对活动前期需要什么物品、怎么宣传、买卖流程、菜的定价、人员怎么分工、岗位职责、人员培训等问题进行讨论。

2. 活动中——在整个师幼共同策划的萌娃卖菜活动中,观察幼儿是否根据自己在卖菜活动中的岗位职责积极工作、遵守活动的必要规则、有效运用销售记录单。培养幼儿的社交技能、数学技能、语言运用技能。教师进行摄像及拍照记录活动的过程。

3. 活动后——对活动中幼儿的经验成长、教师的指导进行反思,对整个活动的效果进行综合评价。

四　流程与实施

活动时间:2021年11月18日下午3点
活动场地:坪山区御景幼儿园五彩田园
活动主题:萌娃卖菜记
活动对象:大二班全体幼儿及其余班级想买菜的幼儿
活动流程:如下

(一) 活动前

1. 物品准备

准备种植区常规材料:水壶、铲子、小钉耙、记录单和笔、种子、尺子、剪刀等种植工具。准备游戏辅助材料:(买卖游戏道具箱材料)工作牌、电子秤、台称、手提秤、杆秤、袋子、角色服、话筒、收款二维码、买卖小票、收据单、盖章、操作台、菜篮子等,摆上幼儿能在菜园旁边休息的小桌椅。

2. 问题驱动

(1) 怎么分享芥菜给更多的人?

教师指导策略:抓住兴趣、支持想法、引导幼儿思考如何卖出芥菜。

在煮火锅之后,我们一起观看了小记者们去采访的视频,大家对本次煮的芥菜火锅汤好评如潮,孩子们听完后很想再煮一锅芥菜汤,要把好吃的芥菜分享给幼儿园里其他班的小朋友和老师尝尝。

师:"既然大家想把芥菜分享出去,除了煮芥菜火锅汤,还有其他的好办法吗?"

幼:"把菜送给他们,让他们做好吃的芥菜。"

师:"芥菜很少,可能会不够分。"

幼:"那就让他们来买我们的菜吧,想要的都可以过来。"

幼:"我们先估算一下有多少人,菜大概有多少。"

师:"回去与爸爸妈妈讨论一下怎样才能卖掉我们的芥菜,需要准备什么东西。"

(2)怎样对菜地里的芥菜进行销售?

教师指导策略:提供机会,让幼儿分享经验,充分调动幼儿的积极主动性。

在第二日的晨谈中,孩子们分享了与爸爸妈妈讨论的卖出方式,有小朋友说要拿一张垫子摆摊卖菜,捆成一把1元,还想到在幼儿园门口以叫卖的方式卖菜,以及上门服务送菜等。需要准备叫卖工具、价格牌、定价、称重工具、袋子。我们把卖芥菜的方式进行汇总,选出了大家认为比较合适的办法:就在五彩田园卖菜,既能保证卖的菜新鲜又好看,又避免出现过早拔了,叶子变枯萎了,弟弟妹妹们又不要的问题。在孩子们的集思广益下,录制前期卖菜宣传小视频转发到各班,让想买菜的小朋友带钱或在线下订单。

(3)面对购买人数庞大的问题,该怎么办?

教师指导策略:调动生活经验,鼓励幼儿深入思考,尝试解决问题。

当孩子们从老师那获知大概有200多人要参加活动后,新的问题又产生了:买菜的人太多了,我们忙不过来、芥菜不够怎么办?

师:"昨天我们发了宣传的视频,今天收到每个班的报名人数大概有200多人。人太多了,我们要怎么做准备呢?菜没有那么多!"

幼:"要让顾客满意,要准备袋子,袋子上有logo和自己幼儿园的名字,还要有收钱码、小票据。"

师:"担心会有人不排队,挤到受伤。"

幼:"要有人负责让来买菜的人排队,不着急,按顺序购买。"

幼:"还有可能有人会丢钱,像年博会那样。"

幼:"我知道了,我们可以玩应聘上岗的游戏,我们之前玩过。"

幼:"我也要玩,我当小礼仪给他们指路。"

幼:"如果所有菜都卖完了,还有小朋友想要买的话,可以接受预订下单,我们再种第二批菜。"

幼儿:"没买到菜的顾客,我们为他们准备一份小礼物吧,这样他们就不会伤心了。"

(二) 活动中

1. 萌娃卖菜体验活动岗位分配工作启动

教师指导策略：提供建议，支持幼儿主动学习，有目的地选择任务。

活动过程中，根据孩子们的人员分工和讨论结果，设立了礼仪人员6名、收银员6位、保安4位、服务员6位、采摘芥菜打包成员6名、现场播报小记者3名、发号员1名、推销员2名。大家依据自己的特长报名选择了擅长的角色。为了把菜卖完，各组小朋友提前向老师、保安、爸爸妈妈学习了跟自己职位有关的本领。

2. 卖菜中各岗位各显本领

教师指导策略：提供场所，观察幼儿，支持幼儿实现想法，快乐体验买卖游戏。

卖菜活动开始了，大家在岗位上等待顾客的光临。孩子们还预先想好了顾客买菜的流程：排队先拿号码牌——指引人员带领顾客进菜园看菜——选菜和买菜——最后结账。在活动中，我们看到了孩子这样吆喝："看，又大又好吃的芥菜，走过路过不要错过啦，都来看一看，买一买。""蒸着吃、炒着吃、腌着吃，怎么做都好吃，不好吃不要钱。"在称重处，看见孩子你一句我一句说着"把菜给我打称一下。""这是你的小票拿好哦。""你给我钱了吗？下一个，这是你的菜吗？""拿好你的收据，这是找你的钱。""哎，人跑哪儿去了""这是刚刚谁给我的菜……"现场小记者在全场走来走去采访顾客的买菜体验，介绍里面卖菜活动的情况，保安人员维持秩序，也看见了个别孩子在工作时聊天，无所事事的行为……直到菜地的菜被抢一空，孩子们高兴地收拾好工具。

(三) 活动后

教师回班对本次活动进行小结，帮助孩子们对活动中出现的问题进行及时梳理，学习解决问题。

最后经过努力，大家共同赚了150多元。孩子们看着这笔钱，乐哈哈地笑着。老师提出了想法："这么多钱要怎么用呢？"孩子们议论纷纷："拿这些钱重新买新种子，种更多的出来，能卖更多的钱""可以用来为班级买新玩具，也可以买一些班级小奖品""要把钱当奖励发给大家，这是我们通过自己的劳动得到的"。最后一句话让孩子们哈哈大笑。最后，孩子们决定以工资的形式将钱发放给班级同学。

五　成效与反思

《3—6岁儿童学习与发展指南》提出，让孩子在活动中直接感知、实际操作、亲身体验。本次卖菜活动意义非凡，孩子们亲身体验了种植的全过程，与社会有了直接、正面的接触。他们通过种植、采摘、品尝、售卖及与同伴、老师及家长交流与讨论，亲身体验了不同的角色，体会了劳动的不易。此次活动不仅大大提高了孩子们的自信心和语言表达能力，还增强了数学运算能力和货币的使用能力，丰富了孩子们的社会交往能力和社会实践能力，同时也让孩子们学会在遇到问题时快速想到办法去解决，从收成中感受到了劳动带来的快乐。活动过后，孩子们纷纷表示，以后要多种点菜，给顾客们多点选择，下一次要弄些促销的蔬菜……看来孩子们已经开始总结经验，对种植活动有了更多的期待。

(一) 对幼儿观察与分析

我们通过观察不同活动中幼儿的表现，思考和分析幼儿形成的核心经验。如品尝荠菜汤的老师们对孩子们煮的荠菜汤好评如潮，当取得成功后还想得到更多人对自己的评价，可以发现大班孩子很在意他人的评价；在游戏过程中，孩子们乐意参加各项工作，具有明显的集体意识；在依据自身特长进行角色扮演参与卖菜的时候，听到了孩子们非常有创意并且表达流利的句子。孩子们能根据物品的外形进行完整描述，比如："大家快来看啊！走过路过不要错过，又大又好吃的芥菜！""它可以蒸着吃、炒着吃、腌着吃，怎么做都好吃，不好吃不要钱"等叫卖口号，可以看出他们在活动前已积极主动地向大人学习了相关的售卖技巧，主动学习的意识和社会交往能力得到极大提高。

(二) 教师的支持与指导策略

1. 巧用新信息传播游戏想法：教师有意将小记者采访视频和有200多人要参加活动的信息告知幼儿，调动幼儿继续游戏的兴趣。

2. 平行对话引发思考：通过对话引发幼儿思考和讨论，在发展游戏情节的同时启发幼儿思考如何解决问题。

3. 为幼儿主动学习提供支架：如何将本班的菜卖出？当幼儿想到用打广告的方式时，教师用手机帮忙录制了宣传视频，支持幼儿学习宣传用语，支持更多人关注和参与活动。当幼儿需要学习卖菜相关的技能时,教师提出向其他老师、爸爸妈妈、保安叔叔学习的建议,既提供了自主学习的机会,也帮助孩子提升了游戏水平。

4. 尊重想法、树立价值意识:当孩子们提出所获的成果是自己的劳动成果时,教师支持他们建立自我价值意识。

5. 梳理问题、积累经验:当活动结束后,面对活动现场出现的问题,教师发起复盘活动,引导和鼓励孩子们客观地分析本次卖菜活动中存在的一些明显问题,并进行反思,为下一次活动积累经验。

(撰稿者:深圳市坪山区立源幼儿园　傅焱玲)

生涯智慧 2-5　走进和谷记

一　背景与理念

3—6岁是幼儿成长与发展的重要时期,是心理发展的关键阶段,该时期是个体生涯中的一个重要部分,是开展职业意识启蒙教育的最佳时期,为将来的生涯规划奠定基础。[1] 因此,在这一时期开展社会职业体验活动显得尤为重要。幼儿社会职业体验是指幼儿以模拟不同的职业场景为基础,运用各种道具,在自主游戏中扮演不同的角色,开展丰富的职业体验活动。[2] 在幼儿园开展体验式教育,有助于幼儿在不同活动中扮演不同的社会角色,帮助幼儿形成初步的认知,让他们提前适应社会环境。"走进和谷记餐厅"这一项目正是在此背景下应运而生。本活动基于中班4—5岁年龄阶段幼儿,活动时长为三周,旨在通过体验餐厅的服务员、厨师、清洁员和外卖员等角色,增强幼儿的学习兴趣;通过发挥教育机智,挖掘游戏活动中蕴含的教育价值,为幼儿提供自主探索的机会,引导幼儿在社会职业体验活动中进行深度学习。

二　目标与追求

1. 了解餐厅的构成,知道餐厅工作人员的任务职责。
2. 幼儿协商分配角色,与同伴积极交往,友好合作。
3. 能正确反映角色的社会职责和角色间的社会关系。

三　框架与内容

本案例分为四个阶段,在游戏的过程中,自主分配游戏角色,并在游戏中生成多种

---

[1] 缪佩君,刘丹. 3—6岁幼儿生涯活动体验与设计[J]. 教育教学论坛,2019(25):60—61.
[2] 唐佳钰. 大班幼儿社会职业体验活动中进行深度学习的实践方法[J]. 幸福家庭,2022(1):70—72.

探索(如图2-5-1)。

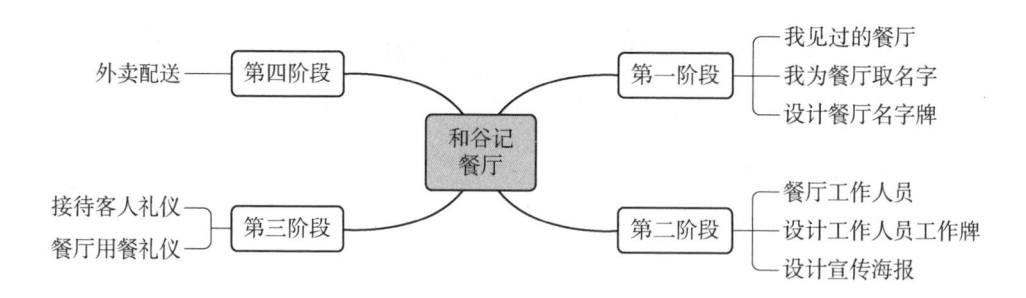

图2-5-1 "和谷记餐厅"案例框架图

第一阶段:从幼儿已有的生活经验出发,初步探讨对餐厅的印象,集合孩子们的智慧,为餐厅起名字,打造一个属于孩子们的餐厅。

第二阶段:餐厅准备就绪,孩子们根据自己的想法进行游戏,在游戏过程中生成系列问题,孩子们提出问题,并聚集探讨,实施行动,不断完善餐厅配置。

第三阶段:根据游戏活动进展,推广文明礼仪知识。

第四阶段:新的游戏角色加入,幼儿在游戏中进行不同角色体验,了解不同工作人员的工作内容,知道角色扮演的基本职责。

四 流程与实施

关于餐厅,孩子们纷纷表达了自己的所见所闻,经过他们的分享,可以看出孩子们对餐厅有一定的了解。

老师:你们知道餐厅里面有什么吗?

＊＊＊:我看到餐厅都有名字,我去过兰州拉面那家餐厅。

＊＊＊:我发现餐厅里面有食物装盘样品。

＊＊＊:餐厅里有很多餐具、饭菜,还有垃圾桶。

＊＊＊:我发现餐厅门口有宣传海报。

＊＊＊:我看到餐厅里很漂亮,有不同的装饰。

教师鼓励幼儿大胆、清楚地表达自己的想法和感受,尝试说明、描述简单的事物或过程,发展语言表达能力和思维能力。幼儿通过已有的生活经验,能够说出餐厅的基本陈设、布置。为了支持孩子们进一步探索,我们和孩子们一起打造了户外野炊区,让它成为一所属于孩子们的餐厅。

(一) 发现问题

问题1:孩子们对餐厅的基本设置有了一定的了解后,发现野炊区还没有名字,于是发起了一场为餐厅起名字的讨论。

＊＊＊:钱大妈。

＊＊＊:三宝缘餐厅。

＊＊＊:呀咪呀咪餐厅。

＊＊＊:和谷记餐厅。

＊＊＊:巴士餐厅。

问题2:为餐厅设计标志——餐厅牌

问题3:餐厅有哪些工作人员呢?

＊＊＊:有清洁员,是打扫卫生,洗碗洗筷子的。

＊＊＊:有厨师,是为人们做美味食物的。

＊＊＊:有服务员,是送餐给客人的。

根据孩子们的分享,可以看出孩子们的经验主要来自日常生活经验,这也很符合陈鹤琴先生"生活教育理论"——生活决定教育,教育反映生活。游戏中,教师尊重幼儿,幼儿有自己的想法,能够经过思考与讨论,创造性地解决在游戏中遇到的问题。

(二) 感受游戏

场景一:没有客人怎么办?

游戏过程中,孩子们发现没有客人来。针对这一问题,孩子们展开讨论。最终决定通过设计宣传海报、大声叫卖招呼客人、设计招牌菜、推出新品、设计打折活动来吸引顾客。

游戏过程中,给予幼儿独立解决问题的权利,让孩子们做游戏真正的主人。通过集体讨论能让问题得以有效解决。但是他们对于现场出现问题时的及时分析能力和解决能力不够。如虽然设计了宣传海报,客人并不知道这是新品菜单,依然不能解决客人少的问题。针对这个问题,孩子们陷入了思考。

场景二：叫卖拉客

通过设计并制作招牌菜、新品宣传海报，孩子们通过主动询问经过的客人等方法来吸引客人进店就餐。在此过程中体验当叫卖宣传人员，提升语言表达能力和大胆表现能力，丰富了游戏的形式。

场景三：有客人来，工作人员应该怎样待客？

作为工作人员，应该如何礼貌地为客人服务呢？孩子们在游戏的过程中也能展现出自己懂得的礼仪礼貌。

＊＊＊：欢迎光临和谷记餐厅，请问您需要点什么呢？

＊＊＊：您好！我想要一份蛋糕。

＊＊＊：这是您的蛋糕，请慢用。

＊＊＊：谢谢。

随着游戏经验的增加，孩子们在游戏中说话越来越勇敢自信。在一次次游戏中，能够明确知道自己的工作职责；在与客人的沟通中，也能将文明礼仪代入角色。服务员知道小顾客来店时要说欢迎光临，并递上菜单主动介绍，小顾客也能根据自己的需求点餐。

(三) 游戏思考

在用餐的过程中，客人食物没有用完，应该怎么办？经过孩子们平时享用自助餐的经验，提出进餐礼仪：要按照自己的需要进行点餐，吃多少点多少。服务员也向客人宣讲进餐礼仪，爱惜食物、光盘行动、按量点餐、在等餐的时候耐心等待、不大声喧哗。经过服务员的宣讲，客人都能遵守用餐礼仪。

《幼儿园游戏指导策略》中提到，"角色游戏是幼儿对现实生活的反映。幼儿的现实生活经验越丰富，游戏的内容就会越充实，游戏的层次和水平也就越高。"在已有生活经验的基础上，孩子们提出应该节约粮食、按量点餐，并提出菜品分大份、小份的方法。在此游戏过程中，体会劳动工作者的辛勤，养成良好的用餐习惯、用餐礼仪。

(四) 游戏延伸

距离远，不能到店用餐该怎么办？

＊＊＊：我们可以将餐食送过去。

＊＊＊：那是外卖员的工作。

＊＊＊:我们可以请一个外卖员。

……

于是孩子们共同商讨外卖员的工作内容,设计工作证,为外卖员选择出行的交通工具,外卖人员的礼仪用语。

＊＊＊:您好!我是外卖员,我来拿餐。

＊＊＊:您好,您的外卖已送达,请给我一个五星好评哦。

＊＊＊:再见。

儿童是游戏的主人,教师在游戏过程中要正确地扮演好观察者、记录者、引导者,并能根据情况进行适宜的支持和指导。

五 成效与反思

社会是由不同的职业构成的,对幼儿开展职业角色体验活动,可以使幼儿更好地认知社会各种职业[①],从而有利于幼儿形成职业意识,更好地进行自我认知和自我定位;有利于幼儿更好地体验和感知各种社会角色,并在角色互动中形成融入社会的品质和交往的能力;有利于幼儿内化职业角色的规范和形象,自主规范自身的社会角色。

幼儿在各种职业角色体验中,会通过角色扮演来进行互动交往,这既是一种模仿再现,又是一种自我内化和创新的过程。

在不断变换角色的过程中,幼儿体会各种角色的交往需求和交往心理,从而提高服务、帮助、礼仪、交往、合作等认知水平和能力。这些心理和品质的形成,正是社会交往所必备的,既可以帮助幼儿构建良好的人际关系,又可以促进幼儿由"自我化"到"社会化"的转型,从而更好地融入社会,成为社会的一分子。

(撰稿者:深圳市坪山区文汇幼儿园 欧旗,周晓燕)

---

① 王婷婷.职业角色体验促进幼儿社会性发展探讨[J].新课程,2022(14):150.

生涯智慧 2-6 有趣的购物街

一 背景与理念

《3—6岁儿童学习发展指南》在中班幼儿社会领域教育建议中提出"利用生活机会和角色游戏,帮助幼儿了解与自己关系密切的社会服务机构及其工作,如商场、邮局、医院等,体会这些机构给大家提供的便利和服务,懂得尊重工作人员的辛苦,珍惜劳动成果";[1]幼儿生涯教育的内容是:在学前教育期间,幼儿所接受的渗透于日常课程教学中的以"认识自我、培养良好行为习惯、认识职业世界、培养职业兴趣、规划未来人生"为核心的所有教育活动。[2] 据生涯发展理论可知:幼儿正处于生涯觉察期,是生涯发展的起始阶段,更是生涯发展的关键时期,该时期的发展是人一生规划的开端,其顺利与否影响其的一生。

本案例以角色游戏为依托,在游戏中根据幼儿的游戏兴趣生成各种角色的扮演、货物与钱币的交易和流通体验。在科学领域"数学认知"方面提到"初步感知生活中数学的有用和有趣""在购买少量物品时,有意识地鼓励幼儿参与计算和付款的游戏过程等"。案例参与对象为幼儿园中班幼儿,游戏探索时长四个月。从游戏的创建到各角色的串联互动,从游戏的设计到游戏的高潮,充分调动了幼儿积极讨论、大胆尝试、快乐合作的主动性,拓展幼儿的生活经验的同时,也萌发了其对各职业的探究兴趣。

二 目标与追求

1. 感知钱在生活中的作用,初步理解不同职业的角色特征和职责。

---

[1] 教育部.3—6岁儿童学习与发展指南[M].北京:首都师范大学出版社,2012:27.
[2] 冯超群.幼儿生涯教育:学前阶段不可或缺的教育[J].江苏第二师范学院学报,2015,31(11):62—65.

2. 能根据游戏中出现的问题,运用语言、表情和动作体验角色,学会协商、合作、友好地扮演角色和使用材料。

3. 喜欢并积极参与角色扮演活动,享受职业体验的乐趣。

三 框架与内容

本案例共有三大板块:购物街的起源、购物街的创建、"摊"开玩的乐趣(如图2-6-1)。

购物街的起源
通过职业大调查,了解生活中各种各样的职业,并实地考察户外游戏场地,认识购物街中不同的角色和工作内容。

购物街的创建
通过收集整合购物街主要摊位及各摊位材料,了解各区主要工作人员的分配、游戏材料的分配使用及收纳等,讨论角色的职责,逐渐完善购物街。

"摊"开玩的乐趣
通过深入体验购物街——"摊"开玩,进行多元化创造性角色游戏和表演游戏,真正地体验"摊"开玩的乐趣。

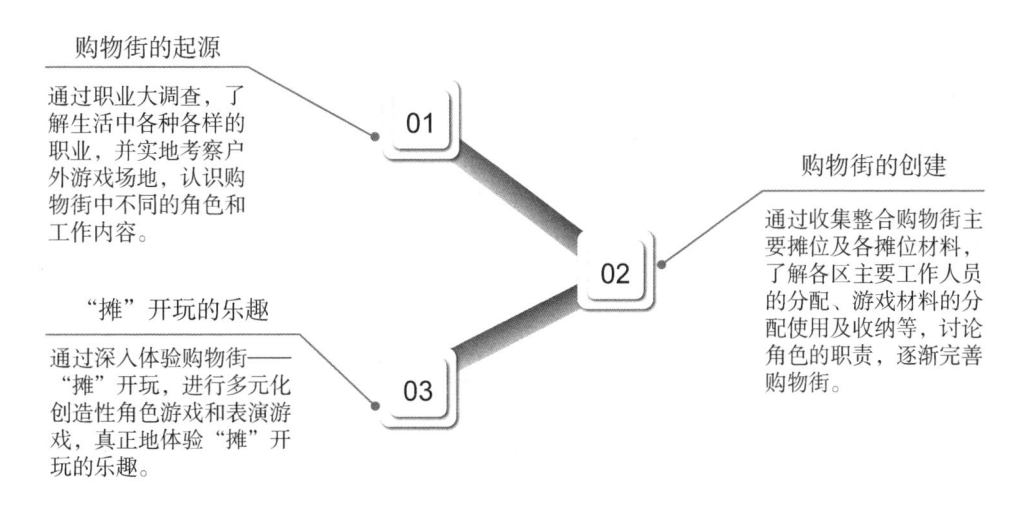

图2-6-1 "有趣的购物街"项目结构图

板块一:购物街的起源。通过职业大调查,了解生活中各种各样的职业,并实地考察户外游戏场地,认识购物街中不同的角色和工作内容。

板块二:购物街的创建。通过收集整合购物街主要摊位及各摊位材料,了解各区主要工作人员的分配、游戏材料的分配使用及收纳等,讨论角色的职责,逐渐完善购物街。

板块三:"摊"开玩的乐趣。通过深入体验购物街——"摊"开玩,进行多元化创造性角色游戏和表演游戏,真正地体验"摊"开玩的乐趣。

四　流程与实施

本次游戏活动根据幼儿摆摊、儿童剧场、儿童银行角色表演游戏的需要,基于幼儿当下的兴趣逐渐开展并最终创建完成购物街。

(一) 阶段一:购物街的起源——户外角色游戏初体验

在第一次户外自主游戏时,大家来到草地上,老师说:"今天我们就在这里游戏吧,这里有一些玩具材料,你们可以开始玩咯。"子翌拿起一个帐篷说:"我要来搭帐篷。"说完搭了起来,宥佳看到之后,也急忙说:"我跟你一起玩,我来帮你。"晨熙蹲下来,端起了一盘蛋糕,说:"我要玩这个,有好吃的蛋糕。"子墨拉着悦笛的手说:"我们来野餐吧。"还有几个小朋友就在草地上坐着,看着他们。

芷瑜、颖杭、紫漍三个小朋友看到一个装满衣服的箱子,芷瑜说:"这里有小警察和消防员的衣服。"颖杭提议大家穿起来,三个小朋友穿好衣服后,就站在一旁,不知道要做什么。老师提醒他们穿上警察的衣服,就是小警察了,可以去巡逻,看有没有小朋友需要帮忙。过了一会儿,他们就脱掉了衣服,在旁边玩起了荡桥。

过了不久,悦笛拿着一个玩偶娃娃过来说:"老师,你看,这是我买的娃娃。"老师问她:"你在哪里买的呀?你有钱吗?花了多少钱?"悦笛说:"是跟子墨买的,我们在假装买东西,但是我没有钱,我假装给了她钱。"这时晨熙拿着一个蛋糕过来说:"这是我买的。"其他小朋友听到之后,也纷纷说:"我也要去买东西。"

1. 幼儿活动情况分析

(1) 部分幼儿具备一定自主性,能"基本按照自己的意愿进行选择",[1]具体表现为"子翌拿起一个帐篷要来搭帐篷,宥佳选择帮忙一起搭"。

(2) 部分幼儿在活动中缺乏创造力,在思维方式上能"简单地模仿,但是没有自己的想法",[2]具体表现为"芷瑜、颖杭和紫漍穿上警察的衣服后,在老师的提醒下进行活动"。

(3) 幼儿在表征行为上,初步出现了"买东西"的主题,在社会经验上出现了一定的范围,具体表现为"悦笛假装跟子墨买东西,假装给了钱"。

---

[1] 戈柔.让幼儿的学习看得见[M].上海:少年儿童出版社,2020:7.
[2] 同上,第8页。

2. 教师的支持策略

（1）在第一次户外活动中，教师给幼儿提供了一些材料让其进行探索。在活动的过程中，教师巡回指导，协助幼儿，尝试引导幼儿通过材料引发游戏意图，代入角色，开展角色游戏。

（2）在幼儿自己探索的过程中，教师发现幼儿只是在操作材料、玩玩具而已，并没有通过游戏材料联想到角色游戏，更没有代入角色进行游戏。在活动结束之后，我们进行了简单的小结，与幼儿沟通了本次户外游戏的感受，并对活动中幼儿的积极表现加以鼓励和肯定。

（3）在晨谈活动中，与幼儿交流分享自己爸爸妈妈的工作，带领幼儿了解生活中不同的职业，培养幼儿的社会认知能力。

（二）阶段二：购物街的创建——摆摊记

经过第一次户外自主游戏体验之后，幼儿对于买东西的主题有了初步的意识显现，在了解了摆摊之后，我们的主题特色购物街摆摊游戏开始了。

佳晨和逸尘是水果摊位的老板，他们摆放好水果后，开始了叫卖。佳晨喊着："卖香梨了——卖橘子了——快来买呀——又香又甜的水果——"这个时候，芷瑜过来说："我要买一个梨，说着递给了佳晨5块钱。"佳晨说："一个梨4块钱，你给了我5块钱，我找你1块钱。"说完就找了1块钱给芷瑜。芷瑜说："老师，我买了一个梨，很便宜哦。"

玩具摊位上，老板国昱正拿着一个玩偶跟顾客一恒讲价，国昱说："要不这个娃娃我收你9块。"一恒看着手里的钱，给了一张50块的给国昱，说："要不我给你一张5块的，再给你一张2块的。"但是给的是2毛钱。国昱看了看自己的钱，又递给了一恒一张50块，想想不对，摇了摇头，又收了回去，看着自己的一堆钱，翻翻找找的，不知道该找多少钱。

卖菜摊位上，子墨摸着一个南瓜，叫卖着："卖南瓜啦！卖南瓜啦！"老师走了过去，问："请问你的南瓜怎么卖呀？是按个卖还是按斤卖？"子墨说："按个卖，一个2块钱。"说完又继续叫卖着。

1. 幼儿活动情况的分析

（1）幼儿能"不受周边影响与干扰，持续地进行活动"，[①]在一个小型的社会情境中

---

① 戈柔.让幼儿的学习看得见[M].上海：少年儿童出版社，2020：7.

专注于自己的工作,具体表现为水果摊位上佳晨叫卖香梨、橘子,买菜摊位上子墨叫卖南瓜,在玩具摊位上进行交易,各个摊位平行游戏与合作游戏相结合。

(2) 幼儿能"根据所处情境合理表达,能清楚、连续有序地按自己的方式进行表达",[①]大方地与人交往、沟通交流,如摊位老板进行叫卖,芷瑜买了一个梨,递给了佳晨5块钱。佳晨解释一个梨4块钱,芷瑜给了他5块钱,他找芷瑜1块钱。

(3) 个别幼儿"有一些自我反思策略,能提出一些自己的思考与建议",[②]初步有了自己的职业角色规划,具体表现为佳晨小朋友在游戏结束后提出下次可以卖一些发卡、手链、画笔、纸,以及小朋友要学会认识钱,也需要认识数字,因为活动中需要收钱。

2. 教师的支持策略

(1) 在活动中,教师以参与者的身份与幼儿一起互动游戏,适当地进行引导示范。

(2) 在活动中,及时发现问题,帮助幼儿观察学习不同角色的特征,加深对老板、顾客、警察、银行工作者、剧场演员等的认识;与幼儿一起认识人民币,了解基本的数值运算,为后续摆摊游戏的开展打好基础。

(3) 活动结束后,引导幼儿进行回顾、总结,分享自己的角色体验感受,提高幼儿的参与积极性,延续幼儿的职业兴趣。

(三) 阶段三:"摊"开玩的乐趣

经过几次的探索后,在新一轮购物街摆摊游戏开展之前,老师通过提问的方式调动幼儿已有的生活经验,针对游戏中出现的问题,组织小朋友们进行讨论:"如摆摊游戏中顾客的钱从哪里来?摊位老板赚的钱又怎么保管?有些小朋友不想摆摊当老板也不想当顾客怎么办?"等。

小朋友们摆好自己的摊位后开始叫卖。老师通过平行游戏的形式开设了儿童银行,以银行工作人员的身份介入,让顾客来取钱去买东西。工作人员拿出存折,给来取钱的悦童说:"请核对一下,这是你本人吗?"悦童看了看上面的照片,笑了笑说:"是的。""请问你今天要取多少钱呢?""我要取10块钱。""好的,这是10块钱,请检查一下,然后你的账户里剩下90块了,没问题的话,请这边慢走,谢谢!"悦童拿着钱开心地去买东西了……在顾客来取钱的时候,小警察雨桐来维持银行的秩序,她提醒来取钱

---

① 戈柔.让幼儿的学习看得见[M].上海:少年儿童出版社,2020:7.
② 同上,第9页。

的小朋友排好队,不要挤。还帮助一些手上拿了很多东西的小朋友看着,细心地放在一旁,等取好钱之后再还给人家。楼梯口的小警察晨熙也在提醒着上下楼梯的小朋友,要注意安全。

我们实地考察了滑梯平台的特点,有舞台,有看台,便在大型滑梯上创设了表演区——儿童剧场。颖杭、芷瑜来到表演区,她们看到了小彩旗,就一起串了起来,开始布置小舞台。她们穿好舞蹈裙子之后,让老师帮忙播放音乐,开始跳了起来。后面她们又叫来了一个小朋友颂琛,让他帮忙用乐器给她们伴奏,吸引了宥青和梓涵前来观看。颖杭和芷瑜配合地拉着小手,一会儿劈叉,一会儿转起了圈圈。

游戏结束,在收好所有摊位的玩具之后,各个摊位的老板来到了银行,把自己今天摆摊赚的钱存到了银行里。

1. 幼儿活动情况的分析

(1) 幼儿能"观察细致,观察注意到相关信息,动手操作",[1]代入剧场演员的角色。具体表现为"颖杭、芷瑜来到表演区,她们看到了小彩旗,就一起串了起来,开始布置小舞台,布置完之后穿好演出服,表演节目"。

(2) 幼儿能"主动发起分工的要求,担当分工的角色与工作"。[2] 具体表现为"颖杭和芷瑜负责表演,又叫来了一个小朋友颂琛,让他帮忙用乐器来给她们伴奏"。

(3) 幼儿有"主动解决问题的意识,有目的、有步骤、有效地解决问题",[3]知道警察的工作内容是什么。具体表现在"小警察雨桐来维持银行的秩序,她提醒来取钱的小朋友排好队,不要挤。还帮助一些手上拿了很多东西的小朋友看着,细心地放在一旁,等取好钱之后再还给人家"。

2. 教师的支持策略

(1) 活动前,充分调动幼儿已有的社会经验,进行分工合作。

(2) 在活动中,以平行游戏的形式参与其中,通过规范的对话形式,引导幼儿融入角色游戏。

(3) 在活动后,教师启发幼儿回顾游戏,引导幼儿分享、总结自己在角色扮演游戏中的收获。

---

[1] 戈柔.让幼儿的学习看得见[M].上海:少年儿童出版社,2020:7.
[2] 同上,第8页.
[3] 同上.

五　成效与反思

本次游戏活动从购物街的起源到创建、再到幼儿深入体验购物街摆摊游戏,幼儿在游戏中的行为、自我学习需求以及游戏经验积累都有明显的提高。在整个游戏中,教师借助量表、幼儿游戏行为观察要点及发展提示表对幼儿的游戏行为进行跟踪式观察与指导。

(一) 成效

1. 幼儿角色意识明显增强

在小班娃娃家的角色扮演经验基础上,摆摊游戏让幼儿的社会经验更加丰富,幼儿了解了不同角色的职责,学习了各种职业角色的技能技巧。例如:摊位老板如何叫卖、如何找零等。

2. 幼儿社会交往性发展显著

幼儿在摆摊游戏的社会情境中,能够积极地与其他幼儿交往,融入角色,运用社会生活经验进行沟通交流,激发社会行为。

3. 发现儿童,给予支架

幼儿是在体验中学习的,通过每一次的学习与探索,教师把握幼儿对摆摊游戏的积极情感及强烈兴趣,满足幼儿的游戏体验,支持幼儿深入学习。

(二) 反思

1. 单一主题导入,情景再现小社会

通过购物街摆摊主题角色游戏,幼儿在玩中学,体验了角色游戏的乐趣。前期创建了购物街——摆摊,创设了一些必要的情景引导幼儿参与,教师以参与者的身份进行平行游戏,在活动中引导幼儿。后期慢慢增加新角色,融入游戏,让幼儿以自己的生活为载体,实现小社会的再现。

2. 情境反映现实,强化认知并丰富职业体验

在游戏的过程中也反映了一些问题:幼儿对于数的概念与运用、纸币面值的认识、人民币的换算还需要多了解。随着信息技术的普遍应用,电子支付更加便利,但减少了现金的使用,所以小朋友使用现金也比较少,对人民币的认识还不全面。通过摆摊

游戏强化幼儿对人民币的认知,丰富了买卖游戏中的角色体验。

3. 满足幼儿游戏需要,尊重个性化需求

在整个购物街创建的过程中,教师提供幼儿材料,幼儿反复探索,不断再现生活情景经验,融入游戏。

前期,教师利用有限的材料为幼儿提供游戏的物质基础,帮助引导幼儿进行游戏。后期观察幼儿的主动学习过程,关注幼儿的个性化需求。逐步增加游戏材料,满足幼儿游戏需要,丰富幼儿的情感和角色游戏体验。

(撰稿者:深圳市坪山区御景幼儿园　彭秋芳)

生涯智慧 2-7　心目中的小学

一　背景与理念

《3—6岁儿童学习与发展指南》提出,5—6岁儿童社会适应的合理期望有对小学生活的好奇和向往。幼儿经过三年的幼儿园生活,既对幼儿园生活满怀不舍,又对小学生活充满无限憧憬。为入小学做准备是幼儿园教育的基本功能之一,融在整个课程之中,贯穿三年,重点在大班。入学准备是全面准备,重点是做好生活、社会和学习等多方面的准备,旨在建立对小学生活的积极期待和向往。

在"心目中的小学"探究活动中,幼儿热衷于在建构区搭建心中的小学。基于孩子们对小学搭建的兴趣,教师在建构区投放了各种类型的材料,以满足幼儿进行深度搭建的需求。本次活动历时2个月,通过环境支持、家园合作和小组自主探索,增进了幼儿对小学的了解,建立小学生活与小学建筑环境的连接。一次次的搭建,也是他们的经验迁移与建构的过程,渗透着生涯教育的启蒙。

二　目标与追求

1. 知道小学建筑的结构与要素,通过对比自己和别人的方法,探索和总结出最科学的搭建方法。

2. 尝试通过同伴互助、讨论等方式解决问题,具有一定的沟通合作、反思调整的能力,能使用各种搭建方法进行组合搭建,在共建中创新方式与模式。

3. 保持对小学校园的浓厚兴趣,产生对小学生活的向往,愿意为适应小学生活而努力,为自己即将成为一名小学生感到自信和自豪。

三　框架与内容

本案例在搭建前通过探究考察、表征的方式了解与感知小学特点,在每次搭建的过程中发现问题、解决问题、提升经验与学习品质,进行生涯教育启蒙。案例内容通过以下四个要素来展开(如下图2-7-1)。

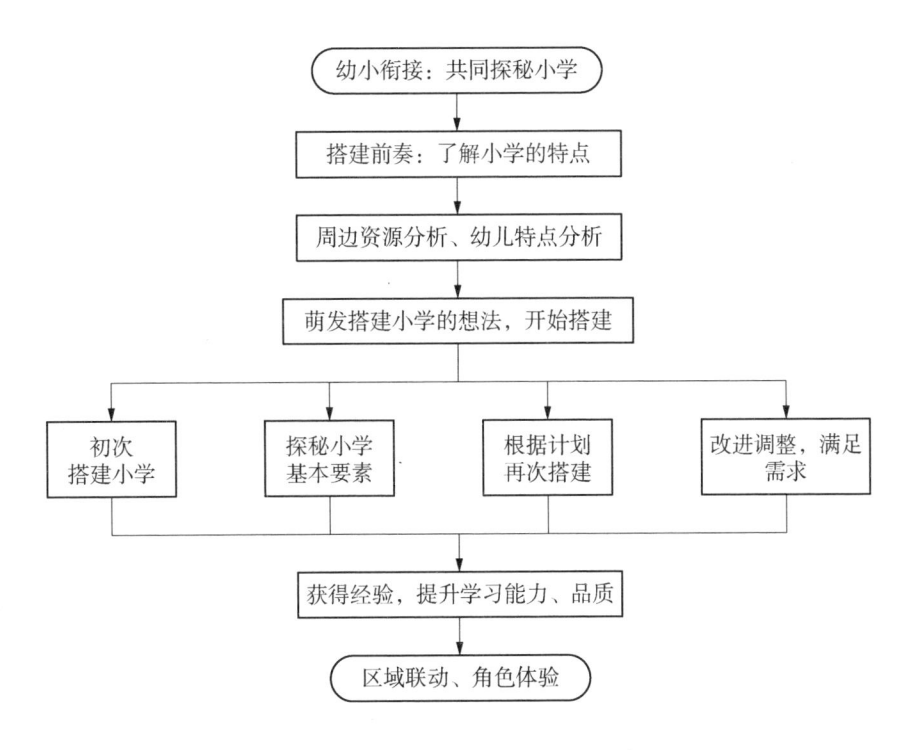

图2-7-1 "心目中的小学"活动框架图

1. 搭建小学1.0——初次搭建小学
2. 搭建小学2.0——探索小学基本要素,再次搭建
3. 搭建小学3.0——根据计划,再次搭建小学
4. 搭建小学4.0——改进调整小学,满足游戏需求

四 流程与实施

幼儿在浓厚的兴趣之下,开始了这场搭建之旅。教师追随幼儿的脚步,在建构过程中不断推进,通过分析幼儿原有经验、了解幼儿的问题与需求、教师提供支持策略、幼儿获得新经验等活动过程层层深入和展开。

(一)搭建小学 1.0——初次搭建小学

开学初,幼儿搭建小学的活动就开始了。对他们来说,这是一项长期的工作。建构区成了幼儿最喜欢去的区域,他们每天自发地组队、围绕小学进行搭建,在搭建中习得建构技能,同时也进一步丰富了社会技能(如表 2-7-1)。

表 2-7-1 第一阶段搭建前后经验的变化

幼儿原有经验	幼儿问题与需求	教师提供的支持策略	获得的新经验
1. 幼儿对搭建小学产生浓厚的兴趣。 2. 知道小学有大门、教学楼、食堂、体育馆、操场等。 3. 能采用延长、垒高、盖顶、围合等方式搭建简单的小学。	1. 对小学的基本结构及元素有一定的了解,但并不够清晰。 2. 因对小学结构不清晰,幼儿搭建的小学出现了搭建单一、结构层次不明显的问题。如有些主体没有搭建。 3. 门在搭建过程中总是会倒,个别幼儿不参与讨论,自己搭自己的。	1. 通过同伴互助、教师引导等多种方式引导幼儿逐步了解小学的基本元素。 2. 为幼儿提供小学的整体图片、教学楼设计图、食堂设计图、大门设计图、体育馆设计图、操场设计图、工具书等,并给幼儿提供更多的时间和空间探索。	1. 认为小学需要有大门、围墙、建筑物等基本结构。 2. 知道搭建小学时,运用垒高和盖顶的技能,能在遇到问题时借助其他辅助物,如椅子等。 3. 通过对小学及材料的探索,幼儿开始关注搭建的整体性、高度,运用搭建技巧,共同合作完成搭建,习得社会经验。

(二)搭建小学 2.0——探索小学基本要素,再次搭建

搭建小学的项目在暂停了几天后,突然有一天出现了新现象。只见山山把四块长积木拼在了一起,中间还留了一点空隙。紧接着,他开始把积木横向地从底部一块一块往上叠加在长积木上面,搭成了一个可遮挡的房子的形状。孩子们坐在下面说:这好像帐篷呀!

可这时,底部的积木突然一块接一块地滑落下来,山山见状赶紧上前用身体堵住滑落的积木(用手、用脚、最后使用了小积木),可仍然没能"堵住"。教师把两块重的空心积木递给了山山,山山赶紧把它加在了底部,其他小朋友见状也纷纷选择了体积更大的积木搭在旁边。在他们的齐心协力下,小学门口有了不一样的呈现(如表 2-7-2)。

表 2-7-2　第二阶段搭建前后经验的变化

幼儿原有经验	幼儿问题与需求	教师提供的支持策略	获得的新经验
1. 幼儿对搭建结构比较复杂的小学拥有更多的兴趣。 2. 对小学的基本结构和要素有了较精准的认识。 3. 部分幼儿能将自己设计的小学用建构的方式表征出来。 4. 具有较强的合作、沟通、反思和调整能力。	1. 因搭建的小学有一定的坡度，幼儿在搭建过程中出现了不够稳固和材料不足的问题。 2. 要创设能够满足人行走的小学门口，需要根据人的体形来确定小学的高度和宽度。幼儿在搭建过程中一直在不断地讨论、实践、调整和改进。	1. 进一步为幼儿提供建构材料，如投放更长更多的积木等支持幼儿进行建构。 2. 引导幼儿讨论并检验采用哪些材料，用什么建构方式搭建会更加稳固。 3. 充分发挥建构能力强的孩子的示范作用，引导幼儿先思考讨论清楚，再进行分工搭建。	1. 了解小学的稳固性与材料的选择、搭建采用的建构技能、幼儿的细致程度有一定的关系。 2. 对于小学搭建的空间感知和规划能力不断提升。

(三) 搭建小学3.0——根据计划，再次搭建小学

这一天，右右开始了不一样的尝试，他开始利用积木箱里的几块长积木对建筑物进行搭建。但由于积木太长，在他搭建的过程中总是不断地在倒塌，他显得有些失落。于是，教师介入了游戏中："右右，你要不要试试给它加个支架，看看能不能让它站稳一点？"右右听了后恍然大悟，赶紧跑到柜子里拿起了几块长方形厚积木，贴在了立起来的积木的两边，然后开始继续往上搭建。就在他垒到第二层的时候，下面的支架砰的一声又倒塌了。但右右没有放弃，继续小心翼翼地把它搭建回来，可是在搭建的过程中，底下的积木会变得摇摇晃晃的，教师说："右右，有没有什么办法能让他更稳固呢？"这时，右右取来了更有重量的实心积木。在支架的作用下，孩子们感受到了从未有过的成功滋味(如表 2-7-3)。

表 2-7-3　第三阶段搭建前后经验的变化

幼儿原有经验	幼儿问题与需求	教师提供的支持策略	获得的新经验
1. 能用延长、连接、盖顶的方式搭建小学建筑物。 2. 能综合运用其他材料有创意地装饰小学、丰富小学结构。	对大型和沉重的积木探索不够，出现搭建不稳的情况。	通过教师引导、同伴讨论，提供更多操作与探索的时间，让幼儿思考搭建稳固小学的方法。	1. 学会用大型积木快速搭建的方法。 2. 学习倾听他人意见和建议，通过对比自己和别人的方法，探索和总结出最科学的方法。

(四) 搭建小学 4.0——改进调整小学，满足游戏需求

有了上一次的经验，这次孩子们的搭建更加大胆了。怎样搭出又高又大的小学呢？这一组的孩子们尝试采用空心积木固定长木板的方式，搭建之后用转向积木做起了马路，把小学每个部分进行连接，在此过程中，采用垒高、延长、转向、架空等多种方法进行搭建。搭完之后，幼儿联动班级的角色区、语言区等进行区域游戏。一部分孩子扮演小学生，一部分孩子扮演小学老师进行游戏，他们在自己搭建的小学中玩得不亦乐乎(如表 2-7-4)。

表 2-7-4　第四阶段搭建前后经验的变化

幼儿原有经验	幼儿问题与需求	教师提供的支持策略	获得的新经验
1. 具有一定的发现问题、解决问题的反思调整能力。 2. 能通过同伴互助、讨论等方式解决问题，具有一定的沟通合作能力。	1. 搭建的过程中，由于高度较高，担心倒塌。 2. 搭建完成后，个别幼儿出现无所事事的状态。	1. 通过同伴分享、反思回顾、主动调整等方式和策略，探索搭建稳固的方法和策略。 2. 引导幼儿通过区域联动，增加游戏环节，把角色区的小学体验区、语言区等盘活。	1. 学会综合采用围合、架空、垒高、对称等方式建构稳固的小学。 2. 了解搭建稳固的小学需要注意的关键点，如对齐、对称、做支撑等。

五　成效与反思

在"心目中的小学"主题活动中，教师和幼儿一起"云参观"小学，共同设计"我心中的小学"，综合运用围合、垒高、架空等多种建构技能合作搭建小学，并在搭建完成后引导幼儿进行参观体验。通过环境支持、家园合作和小组自主探索等方式，增进幼儿对小学的了解，促使幼儿树立初步的任务意识、责任意识，建立幼儿对上小学积极的情绪体验，进而养成终身受益的良好的生活和学习习惯。

(一) 活动实施特点——提供适宜支持，促进幼儿发展

"心目中的小学"主题活动源于大班入学准备教育中的一项重点内容。进入大班

下学期,幼儿有着更加旺盛的求知欲望,对小学充满了向往,他们总会问:"小学里有什么? 小学跟幼儿园有什么不一样?"教师尊重幼儿的想法,在社区、园所、小学、家长的共同支持下,幼儿通过云参观小学、调查与采访,收集了许多小学的环境、教室等的照片和视频,丰富了对小学的感性认识,进一步萌发了自主开展"心目中的小学"主题搭建游戏的愿望。通过同伴交流和教师的针对性引导,幼儿合作探索、迁移学习经验解决问题;教师通过分析幼儿是否对搭建内容感兴趣、幼儿已有经验与可以获得的挑战性经验、幼儿的年龄特点及现有的搭建水平来寻找幼儿的最近发展区,并提供适宜的帮助,支持幼儿深入探索与持续发展。

(二) 幼儿经验获得——提升建构技能,培养学习品质

在搭建小学的建构游戏中,幼儿综合运用围合、对称、延长、叠高、模式、架空等多项技能进行搭建,不仅提升了建构技能,同时还培养了计划能力、反思与解释能力、合作能力、想象与创造能力等多种学习品质。如幼儿知道了在计划环节要提前规划、广泛倾听、充分讨论之后再做书面计划,不断将生活经验与搭建经验进行有意义的链接;知道了在按计划搭建的同时还要边反思边调整;知道了在与同伴发生冲突时,寻找问题的突破口,找到解决问题的策略;知道了在体验分享环节要尊重他人作品,进而在相互评价、讨论交流中提升自身想象、创造和审美能力。

(三) 幼小衔接建构游戏——构建生涯认知,推动启蒙教育

在本次持续性的深入探究中,幼儿具备了以下职业认知。

1. 小小建筑师——设计与搭建,经验与技能

在整个活动中,幼儿始终是活动的主人。从课程大调查、小小设计师、建筑工具到我是小小建筑师,无不活跃着孩子们的身影、迸发着设计的灵感与创意的萌芽。在搭建活动中,每位幼儿都化身为小小建筑师,在变化多样的建构环境中,不仅获得了大小、高矮、长短、厚薄、轻重、对称、平衡、方位等概念,同时也锻炼了幼儿动作的协调性、准确性,促进了幼儿的想象力、创造力的发展,满足了幼儿的心理需要。在玩中做,从做中学,幼儿获得了最真实的感受与体验,并体会到成功带来的喜悦。

2. 小小领导者——组织与实施,沟通与协商

回顾整个建构过程,从搭建技巧到搭建主题讨论、从动手搭建到解决搭建困惑,幼儿在建构游戏中学习,在学中玩。搭建前,幼儿主动组织伙伴围在一起选举小组长,在

小组长带领下进行讨论与分工、投票与表决,确定前期搭建的工作;在搭建过程中,小组长充分发挥作用,组织与协调整个进程,其他幼儿共同配合、提出意见与建议。幼儿在这个过程中体验担任领导者的角色与职责。

3. 问题解决者——发现问题,解决问题

幼儿是主动的学习者和探究者,在不断地发现问题、提出问题、解决问题的过程中,实现了科学、艺术、建筑和空间关系等方面经验的转化,提高了同伴合作和解决问题的能力,增强了自信心和自我表达能力。

4. 活动解说员——分享与交流,总结与评价

在每次搭建活动完成后,幼儿将通过内部讨论选派出一至两名代表,来对整个搭建活动的设想、过程、问题、收获等进行解说与分享。在分享的过程中,进一步提升幼儿的语言表达能力与自信心,同时通过师幼、幼幼互动的方式来总结与评价,发挥集体的力量,提升幼儿的经验,为下一步活动做准备。

5. 学当小老师——区域联动,角色体验

幼儿的学习以直接经验为基础,主要是通过直接感知、实际操作、亲身体验而获得的。而搭建不仅仅是单纯的建构活动,教师通过多个区域的联动,支持幼儿联合角色区、语言区、数学区等进行"学当小老师"的体验,在角色扮演中,结合已有经验,通过模仿、再创造等方式,丰富幼儿对小老师角色的认知与体验。

总的来说,幼儿于本次建构游戏"心目中的小学"活动中习得了多种搭建技能。通过活动的层层深入,身体力行地担任着领导者、合作者、问题解决者等社会角色,拓展了对这些角色的认知,体验了这些角色的职责,从中构建了生涯认知,唤醒了生涯启蒙。

(撰稿者:深圳市坪山区立源幼儿园　陈雨丽)

第三章

自我的觉醒:为人生导航

认识自我,方能认识人生。自我意识是人类所特有的,它使人在与外界相互作用、内化社会要求的同时,逐渐把"自我"析出,并加以自觉地反映与控制,这是个体意识能动性与创造性的表现。自我意识的觉醒与发展就像给人生装上导航仪,使人能够正确地定位自我,积极主动地发展、完善自我。对于正处于启蒙期的小学生来说,探索和认识自我的能力可以帮助他们接纳自我、培养兴趣和能力、提升生活体验,也是他们未来职业发展的重要基础。

自我意识是个体对自身心理、生理和社会功能状态的知觉和主观评价，包含了人在实践中自己对自己、自己对自然、自己对他人、自己对社会等关系的意识活动。[1] 简单来说，自我意识不仅是个体对自身状态的认知，也是对其各种角色进行自我评价的结果。而在针对个人如何规划未来生涯发展所实施的教育中，其核心任务是学习处理"三大关系"，即个体与"自我""他人"和"环境"的关系[2]。由此可见，自我意识的唤醒和发展是提高个体生涯规划能力的重要基础。

儿童进入小学阶段后，自我意识开始迅速发展。依据奥尔波特自我意识发展的理论，小学生的自我意识正处于"客观化时期"，儿童逐渐获得社会自我，开始思考自己与社会的关系，能够比较客观地认识自己和他人的联系[3]。所以，该时期是儿童社会自我形成的发展期，也是学习角色的重要时期，个体开始逐步形成各种角色观念。在该阶段对儿童进行职业生涯教育，对引导儿童对自我以及自我与社会关系的探索十分有益且必要。

美国职业规划专家唐德·舒伯提出的"职业发展模型"理论以生命周期为背景，将职业发展划分为成长阶段、探索阶段、确立阶段、维持阶段和衰退阶段五个阶段。其中，小学阶段（5—14岁）正处于职业生涯的成长阶段，是整个职业生涯的起点，在该阶段主要是针对学生自我认识和兴趣爱好的培养。[4] 但在该阶段中，儿童对职业的概念仍然比较模糊，缺乏对职业选择的认识和了解，职业愿景具有不稳定性，梦想中的职业常常超越现实，更多地以自我喜好和兴趣为主要考虑因素，职业价值观也呈现出多元化的特点。[5] 由

---

[1] 官旭华，石淑华. 儿童自我意识[J]. 国外医学（社会医学分册），2001(1)：13—17.
[2] 黄华强. 基础教育阶段生涯规划教育的反思及开展[J]. 教学与管理，2023(21)：54—57.
[3] 李倩. 家庭教育对小学生自我意识发展的影响[J]. 科教导刊（上旬刊），2020(13)：158—160.
[4] 邓璐. 生涯规划教育主要理论简述及对学校生涯教育的启示[J]. 中小学心理健康教育，2022(11)：57—61.
[5] 张婷. 基于小学生职业认知发展阶段特点的生涯教育策略——以小学高年级学生为例[J]. 中国德育，2021(11)：20—25.

此可见,小学生虽然能够比较客观地看待自己与他人、自己与社会,但是还没有形成稳定的性格和自己独立的思想观念,缺少对各种职业的认识和了解,所以该阶段生涯教育的重点应是帮助学生从"认识自我"和"认识职业"两个方面来培养职业意识。

小学阶段的儿童年龄跨度大、年段多,所以生涯教育的目标和内容要根据不同学段学生的身心发展规律、兴趣需要和认知特点进行递进,建构以"低、中、高"三个学年段,"启蒙认知、培养兴趣、培养能力"三方面内容的目标递进体系。① 一、二年级的低学段学生处在对职业的启蒙认知阶段,该阶段要引导学生正确地认识自我价值、形成责任意识、了解生活中简单的职业种类和内容。三、四年级的中学段学生进入了生涯教育的"兴趣期",该阶段要重点帮助学生探索个人兴趣、开展个人生活和学习管理,对具体职业技能进行深入探索,认识学习、兴趣、能力与工作之间的关系。五、六年级的高学段学生进入了生涯教育的"能力期",该阶段要重点引导学生培养品格、塑造能力,帮助学生加强了解不同职业的工作性质和内容,对自我发展和规划进行思考,树立正确的职业观。

小学生爱玩爱动,好奇心强,处在认知发展阶段理论中的具体运算阶段,具有"去中心化"的特点,他们开始渴望处理好主体与客体之间的关系、整体与部分之间的关系。小学生涯教育课程要根据这一阶段儿童的身心特点,将课堂与儿童生活经验中感兴趣的事物建立链接,丰富教学手段,创设浓厚的生涯教育环境,提高学生的主动性和体验感,让学生在玩中做、做中学。例如,在坪山中心小学的"梦想设计师"活动中,教师组织模拟面试场景,让小学生通过扮演应聘者体验面试过程、感受职业特点、丰富职业体验。同时,生涯教育还可以通过专题活动或社会实践搭建丰富的职业体验平台,让小学生走进社会,走进真实的职业世界,增强对职业的现实体验。例如,在东部湾区实验学校的职业体验专题活动中,让小学生通过实践以及与环保宣传员、导游、教师、记者等不同行业的人员进行对话交流,感受各种职业的责任和担当,获得最真实的职业体验;科源实验小学根据学生的职业兴趣开展职业微体验活动,组织学生走进职业体验乐园,感受38个职业的不同特性,增加学生对职业角色的体验感。除了专题生涯课程,生涯教育还应全面渗透在学科教学中,结合各学科的特性有针对性地普及生涯知识、丰富生涯教育的教学形式,教育效果也会更好。例如在教学案例《恐龙回来了》中,将生涯教育融入美术课堂,以恐龙回归并融入当今社会进行类比,引导学生思考如

---

① 王怀伟,刘凤.小学生涯启蒙教育的实践探索[J].中小学班主任,2023(8):25—27.

何选择职业融入社会与生活,引发对生涯的思考。

　　综上所述,小学阶段学生的自我意识发展为其将来职业选择和终身发展奠定了重要的基础。该阶段的生涯教育重点是帮助学生从"认识自我"和"认识职业"两个方面来培养职业意识,在教育内容上要根据学生发展水平以"低、中、高"三个学年段进行递进,引导学生认识自我、启蒙职业认知、培养兴趣与能力。在课程开发中,教师需顺应小学生身心特点,开展全面的课程与活动,丰富学生生涯教育的体验感,充分发挥生涯教育的育人功能。

(撰稿者:深圳市坪山区六联小学　宋丹青)

生涯智慧 3-1 恐龙回来了

一 背景与理念

《义务教育课程方案(2022年版)》开篇即为"培养目标",指向的是培养有理想、有本领、有担当,德智体美劳全面发展的社会主义建设者和接班人。[①] 而在"基本原则"一章中,"五项基本原则"又包含:聚焦核心素养,面向未来;加强课程综合,注重关联;变革育人方式,突出实践等。基于以上背景,针对基础教育第一学段学生的学情与其生涯发展的启蒙需求,我们设计开展适龄、适切的学习活动。

岭南美术二年级上册"恐龙回来了"一课,是属于"造型·表现"课型的一节恐龙主题绘画课程。在《美术教学参考》中的描述为"恐龙,是学生心目中最神奇的远古动物,它约在6500万年前从地球上神秘地销声匿迹了。但教材却以'恐龙回来了'为题,旨在激发学生探究恐龙世界的兴趣,以此培养学生的想象力和创造力"[②]。其在美术学科技能上,培养的是学生运用线、形、色表现恐龙,对圆、方、尖的基础造型进行变形和组合,实现造型能力的进一步提升。

在本课教学中,要善于引导学生比较不同种类的恐龙及其外形特征,解析其不同的形状组合,以"拟人化"的表现手法,培养主动探究、大胆想象的美术素养。与此同时,结合"新课标"和"新课案"的育人目的,可以将恐龙回到当今社会的融入过程与参与经验类比学生,引导学生思考如何选择职业,以更好地融入社会工作与生活,生发对当下的生涯思考。以"角色代入"的方式,在画面上呈现自己的生涯规划思考,并在2—3课时中,不断完善自己在现阶段的生涯愿景。

[①] 教育部. 义务教育艺术课程标准(2022年版)[M]. 北京:北京师范大学出版社,2022:2.
[②] 戴立德. 美术教学参考[M]. 广州:广州岭南美术出版社,2014:36—42.

二 目标与追求

1. 了解不同的恐龙形象,知晓恐龙的相关知识,对不同种类的恐龙进行造型与色彩的归类,有尝试绘画的信心,可以创造出能表达自己所思所想的独特的恐龙造型。

2. 能够综合运用多学科知识,紧密联系实际生活,进行艺术创新和实际运用;能够将远古时代的恐龙迁移到当代社会,生发对生涯规划的思考与探索。

3. 培养在特定文化情境中对艺术作品人文内涵的感悟、领会和阐释能力,加深文化理解与立志思考。

三 框架与内容

案例有 4 个板块,具体如下(图 3-1-1)。

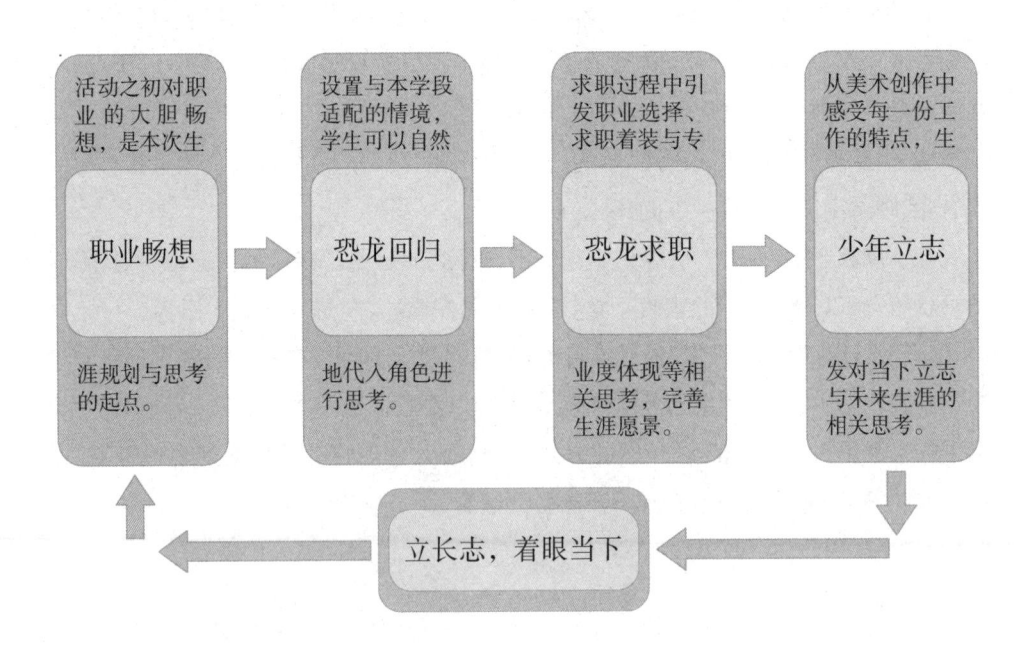

职业畅想	恐龙回归	恐龙求职	少年立志
活动之初对职业的大胆畅想,是本次生涯规划与思考的起点。	设置与本学段适配的情境,学生可以自然地代入角色进行思考。	求职过程中引发职业选择、求职着装与专业度体现等相关思考,完善生涯愿景。	从美术创作中感受每一份工作的特点,生发对当下立志与未来生涯的相关思考。

立长志,着眼当下

图 3-1-1 "恐龙回来了"框架图

在板块构成的图示中可以看出，四大板块形成闭环，从畅想到角色代入，再到恐龙求职，回扣到学生自身少年立志，最终落脚着眼于当下立长志。

板块一是职业畅想。学生通过既往经验、思考与职业卡片联想等方式，拓宽想象的边界，大胆畅想自己的未来职业，这是本课程的起点。

板块二是恐龙回归。直接去做职业的细致思考对于二年级学生而言是不现实的，因此以恐龙重新回到地球的情境，让学生代入其中，去思考恐龙要融入当今社会需要做什么。

板块三是恐龙求职。从板块二生发出恐龙的求职需要，并由此展开基于自身特点的职业选择、求职着装、专业度表现等相关求职问题的讨论。在此过程中，学生需要深入思考，潜移默化地完善自身的生涯愿景。

板块四是少年立志。以画为媒，在用画面表达恐龙的职业形象的同时，理解求职的不易。观照自身，思考为达成将来的职业愿景，当下可以做什么。从宏观到微观、从理想到现实，回归当下、脚踏实地才能更稳固地走向未来。

四大板块环环相扣，从大胆畅想到基于情境的思考与规划，以更加明确的职业愿景回归当下。立长志，也思考当下如何去做，才能够更加脚踏实地地靠近自己的生涯理想。

四　流程与实施

对于美术学科而言，本课教学的重点在于运用线、形、色造型元素表现恐龙作品，而本课难点则在于以恐龙为"模拟角色"，经由课程活动中的学习和思考，体验对生涯规划的初步探索，以及将恐龙习性特征与当代社会的职业选择进行匹配，最终在作品中表达。本课程分为六个教学阶段，流程如下。

（一）职业畅想阶段

学生通过既往经验，对职业卡片进行联想，选择一项自己喜欢的职业，并思考选择此职业需要掌握哪些技能。

（二）情境创设阶段

学生听教师阅读《东湾求职报》上的头版头条《恐龙回归，大量求职者出现》新闻,引出本课"恐龙回来了",之后引出"助龙计划"——恐龙想要融入当今社会,需要谋生存求发展,引导学生思考以下问题:第一,恐龙回来了为什么需要找工作?第二,恐龙要找什么工作?第三,找工作需要什么?适时提示学生了解不同种类的恐龙的习性特征,帮助他们找到更适合的工作。教师借助教具将情境创设得更完整,使学生全身心地投入到本课学习中。本环节围绕学习任务,创设有社会联结的真实情境,让学习活动处于真实情境中,使学生在解决真实问题中,为未来进入社会奠定基础。

(三) 恐龙职业推测阶段

师生共同完成恐龙的科普介绍,根据不同恐龙的特点,学生推测其适合的职业。例如:根据禽龙力气大的特点可以从事建筑工人这一职业;根据霸王龙跑步又快又稳的特点可以从事的士司机这一职业;根据副栉龙拥有美妙嗓音的特点可以从事歌手这一职业等。二年级学生普遍对恐龙特性有一定了解,可以将介绍恐龙特点的机会交给学生,鼓励其思考、讨论后作出关于职业的合理推测。

(四) 恐龙形象创作阶段

每一位同学都变身 HR(human resources),带领求职的恐龙去往适合的工作场地。怎样创作恐龙的求职形象呢?教师调动学生已有的恐龙绘制经验:从基本形状到线条装饰再到涂上颜色。基于这样的学习基础,继续深入思考:如何在众多普通恐龙求职者中脱颖而出?如何表达出职业元素?引导学生产生帮助、创作恐龙的欲望。通过结构分解演示,帮助学生更好地完成恐龙基础形象的创作。通过求职道具、着装引导,让学生有能力去完成更完整的求职恐龙的职业形象作品。

(五) 艺术创作阶段

创作任务设定为:为你的恐龙设计出独一无二的求职形象,帮助它找到合适的工作,最后在社区地图上呈现。社区地图指向职业场所(见图3-1-2)。任务包含基础的恐龙造型、职业选择与职业元素的添画以及职业与场所适配的练习。

(六) 点评拓展阶段

学生在教师的点评要求下,对所创作的作品进行完整地点评。教师对学生的点评

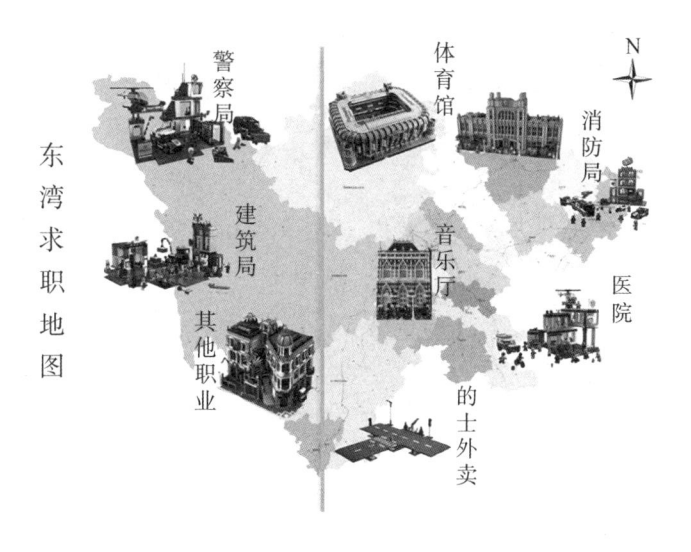

图 3-1-2　东湾求职地图

内容作出评价，让评价全面覆盖各个环节。最后庆祝"助龙计划"举办成功，鼓励学生课下寻找更多恐龙作品与故事，更全面地了解恐龙、思考完善自己的生涯愿景。

总结：立足当下，立长志。学好本领，未来找到喜欢的工作。将美育与生涯理念浸润到每一堂课，实现在育人中育才。

五　成效与反思

本课通过"恐龙求职"活动启发学生对生涯愿景进行思考，鼓励少年立志，并为之努力奋斗，最后实现自己的职业理想，体现的是"新课案"育人原则中的聚焦核心素养，面向未来和加强课程综合、注重关联等内容。

在基础教育的第一学段，学生对"职业"这一概念还比较模糊，处于"萌芽"阶段，让他们直接去面对求职、面试一类的活动，是脱离实际的。"恐龙回来了"一课，借由恐龙回归现实世界的情境，助推学生对恐龙找工作的探索，进而启发自身对生涯愿景的思考，最终回扣到当下早立志并为之努力的目标。其中很多环节，是对现实社会中求职环节的模拟，例如：求职简历、适切工作场地、职业形象，等等。在小学阶段唤醒"自我意识"，在学生心中种下了生涯规划的种子。

二年级的学生对于职业的思考，不仅能来自文字，也能够生发自图像。对于此年龄阶段的学生来说,相比文字,直观的视觉观察与绘画表现,更能促进他们的思考,这也是在美术课堂上推进生涯教育的优势。"恐龙回来了"一课作为一个典例,其生涯启蒙路径在美术学科诸多课程的设计中,都具有一定的参考意义。

(撰稿者:深圳市坪山区东部湾区实验学校　林佳敏)

生涯智慧 3–2 梦想设计师

一 背景与理念

在"双减"背景下,社会对学生的发展和培养提出了更高的要求,构建符合学生生涯发展需求的生涯教育体系,成为区域和学校适应"双新"改革的需要,加强中小学生涯教育,是促进学生全面发展和终身发展的重要举措。

深圳市坪山中心小学秉承"幸福起点,美好回忆"的办学理念,强调落实"儿童本位"的教育思想,让学生主动学习、智慧成长,全面提升综合素养。生涯教育课程的建设,契合坪山中心小学的办学理念。学生能在生涯发展之初得到良好的启蒙和引导,为其未来的职业探索和建立打下基础,是学生实现幸福人生、服务国家与社会的必要保障。本次"梦想设计师"的探究活动在小学五六年级开展,历时 20 周。五六年级学生富有想象力、激情和好胜心,同时具有神经系统敏感、易兴奋的特点,所以在活动中用"梦想"来激发学生的灵感、有意识地将活动内容与生涯规划进行联结、引导学生完成职业初探、将会取得良好的育人效果。

二 目标与追求

1. 了解社会上不同的职业领域和各种职业的特点和要求,激发对工作世界的好奇心,分析自己的兴趣和能力,做出明智的职业决策。

2. 参与职场模拟活动或实习,能大胆提出想法并付诸实践,体验求职环境,感受就业氛围,培养互助合作的工作态度。

三 框架与内容

"梦想设计师"活动共两课时,三个板块,分别是介绍群体面试及无领导小组讨论板块、现场模拟群体面试板块和评价板块(如图3-2-1)。

图3-2-1 "梦想设计师"结构框架图

板块一是介绍群体面试及无领导小组讨论。通过介绍相关概念、流程、技巧,播放群体面试视频,让学生对职业有初步认识。

板块二是现场模拟群体面试,让学生分组分工,亲身经历群体面试和无领导小组讨论,在实践中调动学生对职业认知的积极性,增强学生探索职业世界的热情。

板块三是进行评价,根据学生现场模拟面试的表现进行评价,并从读、想、写三个角度给予学生建议,让学生在这次模拟面试中有所思、有所得。

四 流程与实施

在学生对各种职业有了初步了解后,可以引导学生深入思考入职需要做的准备,具体流程与实施办法如下(如图3-2-2)。

(一) 准备阶段

首先在班级里调查学生的梦想;然后根据调查结果进行群体面试的准备,准备各种职业群体面试的视频。

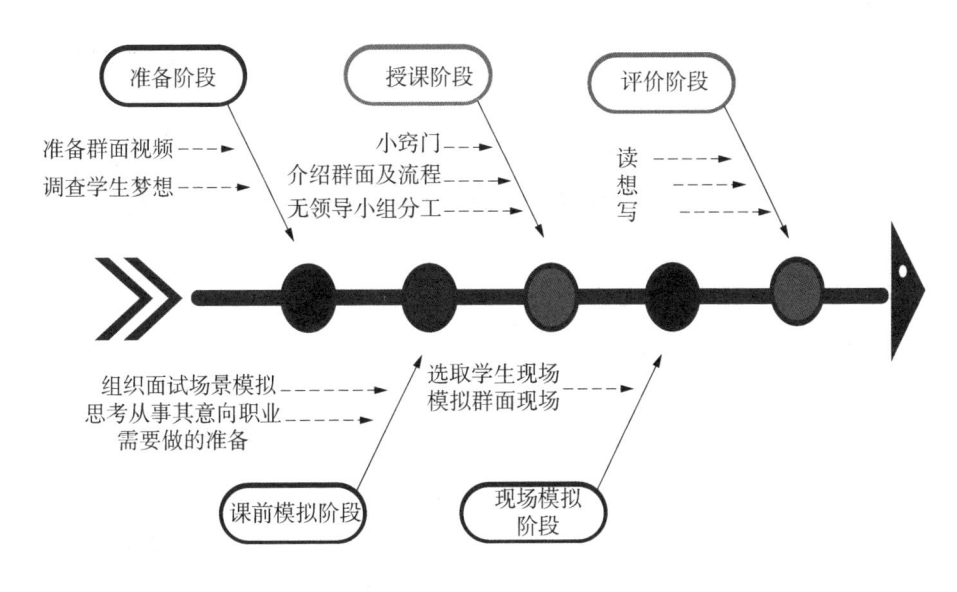

图 3-2-2 活动实施流程图

(二) 课前模拟阶段

组织面试场景模拟,请学生扮演应聘者体验面试;引导学生思考要从事其意向职业需要做哪些准备。

(三) 授课阶段

首先,介绍本次课程的内容,告知学生什么是群面。然后介绍无领导小组的概念及基本方法:给出一个讨论题目,人员组成为 5—7 人,时间为 30—40 分钟,每轮胜出 2—3 人(不绝对)。让学生对群面有基本的了解。

其次介绍群面的题目和流程。群面的流程包括:自我介绍、宣布题目、头脑风暴、提出框架、在框架内讨论、形成结论、展示汇报。需要说明的是,在整个讨论过程中,主考官会在一旁观察大家的面试,但不会做出任何的干涉,直到 30—40 分钟的时间用完,主考官会提醒,OK 我们时间用完了,请团队推选一名代表,展示刚才讨论的结论。

接着,进行群面无领导小组讨论分工。无领导即主考官不规定角色分工,大家都是平等的。一个团队如果有五到七个人,里面不进行角色分工的话,讨论将无法进行下去。所以讨论的第一项内容是找到自己的角色定位,但这个角色不是你说出来就是你的,要在心里确定自己将要扮演什么。角色分工包括:领导者、协调者、计时员、记录员等。

然后,介绍群面的小窍门。在无领导小组讨论过程中,有一些小细节可以帮助你给主考官留下好印象。包括:注意礼貌、使用正确的补充意见表达方式、协调针锋相对的意见、坐在白板旁边。

最后,播放现场群体面试视频,让学生更加直观地了解群体面试的过程。

(四) 模拟群体面试——无领导小组讨论

这也是本节课的重点所在。挑选6—8名同学参加模拟群体面试,群面安排:选手进行自我介绍、公布群面题目、选手进行五分钟书面准备、开展小组头脑风暴、提出框架、在框架内讨论、形成结论、展示汇报。群面题目是:经层层选拔,李逵、孔子、林黛玉、郑和、武则天、牛顿、李白7人被选作新西天取经人。如果唐僧带这7个人去,请你把他们按照你的意愿从强到弱排序,并解释为什么这么排序。模拟群体面试评分表,从心理暗示、讲话内容、情商、谋略、辅助、方案六大方面评分。最后由老师担任考官,对选手进行点评。

(五) 评价阶段

首先,告知学生"读"起着重要作用。读之前的资料展示不容忽视,带着种种疑问和强烈的心灵震撼去读,会刺激学生的形象思维的调动。学生感悟的表达方式很多,如果是有感情朗读,教师可以引导其研究读的方法,这一研究当然要从对人物内心情感的体会入手,研究的过程也是体悟情感的过程,一举两得。

其次,要善于引导学生的"想"。设身处地地想他人所想也是情感体验的重要方法。本文结尾的部分就值得利用,可捕捉文中可以发挥的空白,也可以把自己当成图片中的某一个人,去观察、想象人物的内心。

最后,"写"是最好的抒发。情的感染可以通过"写"来达到极致,写给谁都可以,文字不在多,关键要写出自己的真实想法。

五 成效与反思

通过"梦想设计师"的课程学习,学生们对自己的职业规划有了初步的认知,达到了一定的教学效果。

（一）取得的成效

通过介绍群体面试的相关概念、流程和技巧，以及创设情境现场模拟群体面试，学生在实践中深入了解了求职技巧，并逐步明确了自己的职业发展方向。在教师的指导下，学生的视野得到开阔，思维得到锻炼，同时也被引导思考个人职业的社会意义，增强了对终身学习的重要性的体会。

（二）反思

只有理论没有实践，是缺乏活力的。根据小学生的身心特点和认知特点，这种模拟群体面试的职业体验方式是一种比较有效且易于接受的生涯启蒙教育方式。当前社会上也有许多类似的游学和职业体验的项目，但很多商业气息过于浓厚，往往空有形式而缺少内容。学校可以充分地盘活各方资源，让学校、家庭、社会成为一股合力，共同助推我们的小学生涯启蒙教育。教师将继续秉承以学生为本的理念，开展丰富多彩的职业生涯规划活动、创新优化活动方式、为学生的生涯规划提供助力。

（撰稿者：深圳市坪山区坪山中心小学　孙颖，黄雪霆，刘丰怡，莫海坍）

生涯智慧 3-3　探索梦想职业

一　背景与理念

生涯规划教育源于职业与就业理论指导，它并非一时的选择，而是贯穿人生始终的导向，从幼年、青年、中年直至老年，关系着人生的每一个阶段。在中小学阶段，生涯规划与心理教育的结合显得尤为重要。

《中小学心理健康教育指导纲要》明确提出了心理健康教育的目标，其中自我认识和规划意识也是生涯教育的核心内容。小学阶段是孩子们自我认识发展的关键时期，他们的自我意识尚未完全成熟，因此，通过生涯规划教育的启蒙，孩子们能够更清晰地认识自我、发现职业兴趣，为未来的职业道路奠定基础。结合中小学生的身心发展特点，运用心理教育学知识，我们不仅可以助力他们健康成长，更能培养他们面对现实问题的处理能力，使他们能更好地融入社会。

基于上述理论支撑，我们设计了"探索梦想职业"主题活动课，课程历时40分钟，参与对象为四年级学生。课程主要通过头脑风暴激发思维、绘本故事启发思考、情景练习模拟实践、展示亮相增强自信四个环节，引导学生明确自身的生涯目标及人生方向，同时培养他们的问题解决能力和克服困难的精神，为他们生涯教育的启蒙与发展奠定基础。

二　目标与追求

1. 深入了解当前社会上的热门职业，拓宽视野，对不同的职业有更全面的认识，并思考自己的兴趣和优势，探索自己的"梦想职业"。

2. 通过了解和探索自己的梦想职业，体验到"梦想实现"所带来的积极力量，增强了自信心和动力。体会坚持对人生梦想的重要作用，明白只有持之以恒地努力，才能实现梦想。

3. 学会制订明确具体的行动计划,在追求梦想的道路上学会克服困难和挑战,培养毅力和决心。

三 框架与内容

本课程主要以儿童发展为基础,融合生涯教育与心理课程的教学思路,设计并构建了以下课程教学框架,总计1个课时(如图3-3-1)。

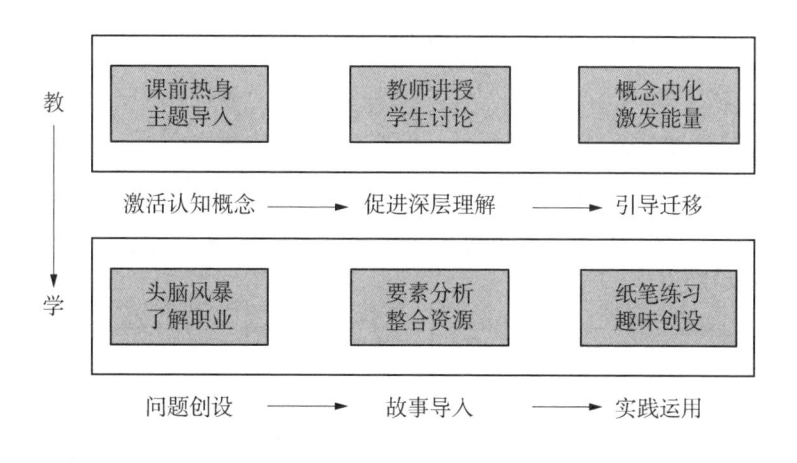

图3-3-1 "探索梦想职业"框架图

板块一:激活认知概念,整体感知职业种类

四年级学生在学科教育以及社会实践的熏陶下,对社会中的职业有一定的了解,知道一些职业的基本工作内容以及所需要具备的能力等。

考虑到学生已有的知识和生活经验是达成学习目标的基础,教师通过设计课前活动,采用更加高效的思维通路,以补充和激活当前概念。

板块二:促进深层理解,让学习真正发生

本环节的关键任务是将绘本故事中的主人公作为问题的分析对象,讲解为达成理想目标所面对的困难。教师应根据教学需要和学生当前的目标认知发展,通过层层深入的教学语言,引导学生进行概括和总结。在分析推理的过程中,学生将找到克服困难的方法;在总结归纳中,他们将提出合理的建议和方法。

板块三:引导迁移,结合自身实践运用

生涯教育最终应用于生活中,核心素养是在真实情境中解决复杂问题时才表现出来的素养。本环节通过纸笔练习和趣味创设,引导学生将所理解的知识和方法与自身的理想相结合,应用到真实情境中,从而促进学生在实践中提升应对能力。

四 流程与实施

本次课程实施主要采取情境教学法、课堂讨论法、互动式教学法来开展。首先,通过使用绘本故事来展示特定的情境,让学生通过第三方视角来进入情境,从而引发他们的思考。这种教学方法有助于营造一种与课程内容相关的氛围,让学生更好地理解课程内容,并激发他们的学习兴趣;其次,在情境中穿插教师提问和学生小组讨论来引导学生主动思考,使学生共同探讨问题,提出自己的观点,集思广益;最后,在整个主题课程中通过多边互动的教学环境,达到不同观点的碰撞和交融,进而激发教学双方的主动性和探索性。具体课程开展主要有四个环节(如图3-3-2)

课前导入——"头脑风暴"(7 min)
设计意图 激发学生的积极性、参与度;引导学生发现不同职业之间可能存在一些共同特点(能力、工作性质、品格……)为后续的纸笔练习做铺垫。

工作阶段——登顶我的梦想之路(13 min)
设计意图 通过纸笔练习的方式引导学生主动思考;对于自己的梦想如果要一步步去攀登、实现需要付出哪些努力,怎么去实施,对这些内容有一个大致的规划。

转换阶段——绘本介绍+总结讨论(12 min)
设计意图 通过绘本分享、第三视角的方式看到梦想实现道路上可能会遇到的种种困难,探究贝琳达最终梦想实现都有哪些原因,教师对此进行总结。

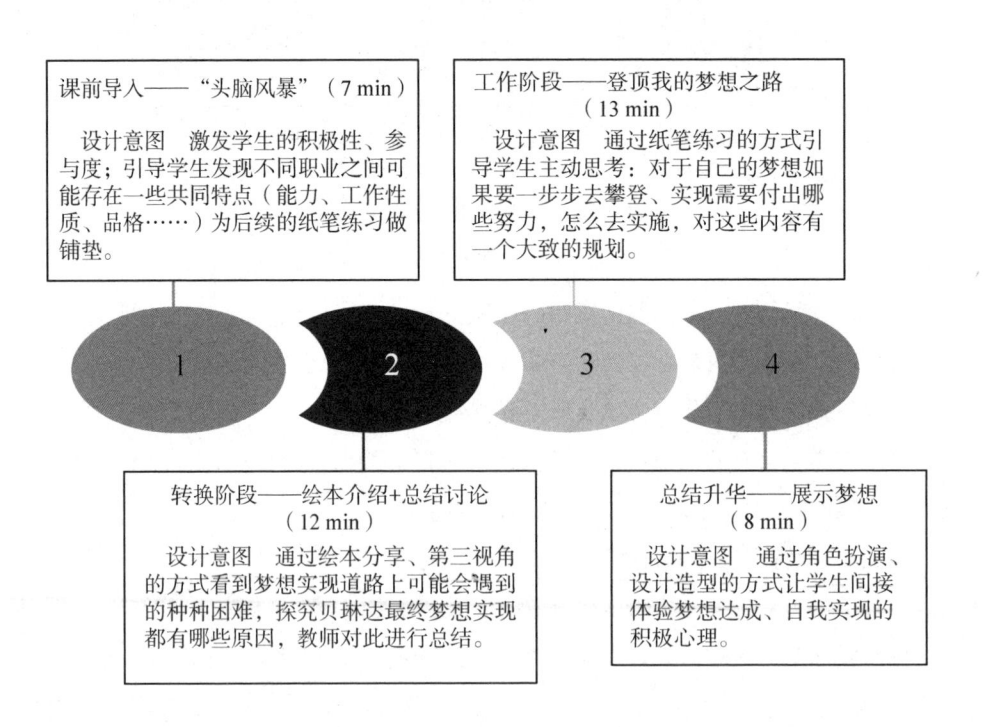

总结升华——展示梦想(8 min)
设计意图 通过角色扮演、设计造型的方式让学生间接体验梦想达成、自我实现的积极心理。

图3-3-2 "探索梦想职业"课程实施流程图

(一) 课前导入阶段——头脑风暴(7 min)

教师开场:首先,我们通过一个活动进入今天的心理活动课主题。活动的名字叫"头脑风暴",请同学们根据下列线索猜职业。

TA像个木头人 早晚高峰你会经常看见	TA能在火场奔跑	TA每天很自律 并且有非常多训练
TA每天与死神斗智斗勇	TA能吃到非常多美食	TA用文字与创作 赚钱
TA能体验到很多 不同的人生剧本	TA更多的时间是在空中	TA用镜头记录世界

图3-3-3 职业描述卡片

学生回答:保安、交警……

教师提问:大家说到的这些职业都非常符合,而且能够以发散思维的方式看到不同职业间的联系以及相似之处。通过这个活动,大家觉得老师今天会讲一个什么主题呢?

学生回答:职业、未来、理想……

教师总结:不错,大部分同学已经猜到我们今天的主题了。这堂课我们要讲的内容就是"关于梦想那些事"。每位同学心目中大概都有一个梦想职业,那今天我们就一起来探索每位同学心中那个梦想的世界吧。

设计意图:通过头脑风暴的方法能较好地激发学生的积极性、参与度。通过对现实社会中的一些热门职业的思考,引导学生去发现不同职业之间可能存在一些共同特点(能力、工作性质、品格等),为后续的纸笔练习做铺垫。

(二) 转换阶段——初识贝琳达:绘本介绍+总结讨论(12 min)

说到梦想,跟大家介绍一个新朋友贝琳达,我们看看她的梦想。

教师提问:

1. 贝琳达的梦想是什么?
2. 这条道路上都有哪些温暖的力量支持着她?

学生回答:

芭蕾舞者;餐厅老板的支持、乐团指挥家的欣赏、客人的鼓励、老板乐团的伴奏、自己的热爱与坚持。

教师总结:梦想的道路上必定充满了坎坷与荆棘,勇敢面对、不懈努力方能成功。对此,老师结合同学们的发言总结了一些梦想实现道路上的几个锦囊妙计,我们一起来看一看。除了PPT中的妙招以外,还有什么可以补充的?

1. 坚定内心,寻求帮助
2. 努力提升,虚心学习
3. 保持自信,大胆尝试
4. 制定计划,循序渐进

设计意图:通过绘本分享、第三视角的方式,看到梦想实现道路上可能会遇到的种种困难,引发学生思考贝琳达最终实现梦想都有哪些因素,并由教师总结。

(三) 工作阶段——登顶我的梦想之路(13 min)

刚才同学们了解了贝琳达的梦想实现之路,现在请大家思考一下自己的梦想之路。一会儿每位同学会领到这样一张练习纸,同学们能看到一个什么样的图形?

学生回答:像一座大山。

教师追问:有没有同学能想到为什么老师要把梦想比作一座大山呢?

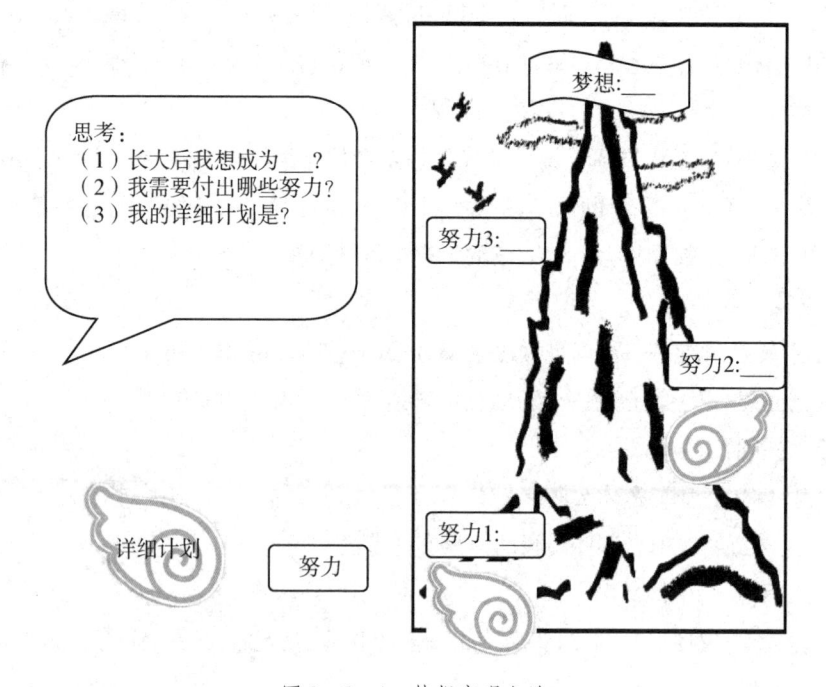

思考:
（1）长大后我想成为___?
（2）我需要付出哪些努力?
（3）我的详细计划是?

梦想:___
努力3:___
努力2:___
努力1:___
详细计划
努力

图 3-3-4 梦想实现之路

学生回答：练习纸上山的顶端写着"梦想"，而想要征服一座大山，成功登顶往往需要付出很多的努力和汗水。

教师回答：非常好，刚才这位同学解释得非常到位，我们的梦想登顶之路往往是曲折的，需要克服种种困难。一会儿请同学们拿到练习纸后，思考以下三个问题，并根据自己的实际情况写一写。

设计意图：通过纸笔练习的方式引导学生主动思考，对于自己的梦想如果要一步一步地去攀登、实现需要付出哪些努力，怎么去实施，有一个大致的规划。

（四）总结升华阶段——展示梦想(8 min)

在刚才的练习中，老师看到每位同学都有自己的梦想职业，现在给大家 1 分钟的时间在脑海中为你的"梦想职业"设计一个经典的造型，并在山脚处写上一句鼓励自己的话。希望在今后追梦路上遇到困难和挫折时，能回过头看看当初写下这句话的自己，并能重新给予你信心和力量。

完成后请同学上台展示，课后会录制成视频并剪辑成片，在下节课课前作为你们的"梦想"纪念礼物，播放给大家观看。

设计意图：通过角色扮演、设计造型的方式让学生间接体验梦想达成、自我实现的积极心理。

五 成效与反思

（一）表现性评价

主要包含两部分内容：作答者的任务，判断作答质量的标准。基于观察，来评判学生的过程性表现。

在本节主题课程设计环节三——纸笔练习中，90％的学生在确立目标梦想后，在书写以及分析登顶过程中能够认识到该职业需要具备的基本能力、性格特点、工作性质，能够结合自身现阶段的情况与发展进行合理的目标规划。从行为教学目标上也反映出有较好的达成效果。

（二）个别交流式评价

通过个别交流搜集关于学生的信息，包括在教学中单独提问、课堂讨论、课后个别访谈等形式。这种方法可以洞察学生的课堂收获情况，从而诊断问题并进行相应的教学方式调整。

在本节主题课程设计环节二中，学生在阅读完绘本后，针对贝琳达的人生道路上的坎坷，以及最终梦想达成的结局展开探讨和分析。学生能够准确地抓住绘本中梦想成功的因素，通过发言分享与聆听教师总结，初步形成一些正确合理的价值观。

(三) 情感和态度评价

重视学生的情感与态度评价是心理学科有别于其他学科较为明显的一大方面，它不仅关注到学生的学习成果，更重要的是关注到学习的全过程，极大地发挥了评价的激励作用。

首先，在本节主题课程设计的绘本阅读与探讨中，通过观察学生的参与情况以及发言总结情况，对学生的独立思维进行评价。靠自己独立思考、提出见解、补充发言这类学生为优秀；在旁人启发以及教师引导下基本完成正确价值观的形成与构建，这类学生为良好。其次，环节四中，梦想展示环节通过活动的方式调动学生的积极性，从整体课堂氛围以及最终视频拍摄成果来看，能够较好地达成情感与价值目标，帮助学生间接体验到"梦想实现"所带来的积极力量，为后续生涯规划主题课铺垫积极情绪。

除此以外，在教学课程实施的过程中应该注意以下问题，及时调整。

1. 课堂采取的是启发性教学，教师要时刻明确主题，始终围绕主题开展讨论，引导跑题的同学回到正轨。但对于学生提出的不同想法和意见，教师不应该忽视，而应该肯定学生独特的想法，鼓励他们勇敢地表达。

2. 教学过程中，教师可以针对梦想道路上的坎坷做出详细解读，通过示例，将现实中的挫折困难与技巧对应，但不是给学生标准答案，而是启发学生自主思考。

3. 关注体验和分享。从心理学上讲，体验主要是指人的一种特殊的心理活动，是体验者亲自参与活动，并用自己已有的经历和心理结构去理解、去感受、去构建。本节心理活动课上教师组织学生通过角色扮演、设计造型的方式间接体验梦想达成、自我实现的积极心理。

4. 教学内容灵活，满足学生的心理需要。根据学生年龄特点、认知规律、学识水平和已有的生活经验，自行增删、调整教学内容。

(撰稿者：深圳市坪山区坑梓中心小学　龙晓雯)

生涯智慧 3-4　职业模拟实践

一　背景与理念

2004年10月,教育部在全国七个县区的基础教育阶段全面推广生涯教育实验项目,这是我国生涯发展教育的首次规模化尝试。而在中小学生涯教育领域特别是在小学阶段实施生涯教育,还处于初级探索阶段。深圳市坪山区科源实验学校(原汤坑小学)自2020年12月参加区级生涯教育课程建设项目以来,立足学情和校情,积极探索、研究小学生生涯教育课程,成立了生涯教育课程建设与研究小组,先后采取问卷调查法、个别访谈法及文献分析法,对小学阶段职业生涯教育现状进行了比较细致的分析,从教师引领、学科融合、职业体验和社会考察等方面提出了相应措施,编印校本教材,初步形成了基于"幸福教育"理念的小学生生涯教育课程。

为了丰富和完善生涯教育课程建设内容,课程研究小组采取模拟体验法,开展了"职业模拟实践"主题教育实践活动,组织了中低学段小学生到体验基地——东莞"乐8小城"进行职业角色模拟体验,取得了非常不错的教育成效,积攒了第一手实践研究资料,为将来拓展生涯教育之路打下坚实的基础。

二　目标与追求

1. 走出校门,认识生涯教育特定场所的职业分类,了解社会上各种职业的特殊性质。

2. 发挥主观能动性,参与系列职业的角色模拟实践活动,学会沟通与协作,初步掌握职业基本技能,体验职业的艰辛与不易。

3. 通过体验活动,发现自身的发展潜力,培养自己的兴趣与志向,增加职业角色参与的获得感和荣誉感。

三 框架与内容

本案例共有四个板块(如图3-4-1)。

图3-4-1 "职业模拟实践"活动板块框架图

板块一是角色认识。从学生最初对职业角色的直观认识入手,引导学生观察各种社会典型职业的工作环境与特征。

板块二是发现潜能。带领学生参与具体的职业角色行为体验,发现自己的志趣与潜能。

板块三是齐心协力。在具体的职业角色体验活动中,引导学生团队协作,共同完成某项"职业任务"。

板块四是志存高远。在共同完成某项"职业任务"中,了解社会职业的特性及其内部管理,引导学生志存高远,逐梦前行,坚定自己的生涯理想追求,成就更好的自己。

四 流程与实施

为了更好地引导并实施"体验职业角色"活动,学校制定了总体方案,召开了校级领导、中层行政人员及年级组长、班主任的专项会议,自上而下通盘考虑每一项活动的细节安排,分为以下三个阶段稳步扎实推进。

(一) 活动前的精心策划阶段

活动前,由校级领导率领德育处、课题组做好充分的调研工作,实地考察了活动场所,共同制定了两份材料:《汤坑小学2021年春季一、二、三年级学生教育实践活动手册》及《汤坑小学一、二、三年级学生教育实践活动"亲子成长"作业》,让学生了解活动的目的与意义、参与项目的内容以及体验后的实践作业。

(二) 活动时的悉心指导阶段

"乐8小城"是新一代的儿童社会角色主题乐园,是全国新创的少儿育人模式特色教育基地。该乐园通过模拟社会不同的职业形态,使学生融入主题设计和角色游戏的体验活动中,提高职业认识、培养职业志趣、发掘内在潜能、提高协作能力,让学生更好地接触社会职业。结合小城场地各项活动设施,根据不同职业模拟体验项目特点,学校事先做好了组织分配,学生按照喜好自主选择,妥善安排体验项目,以求达到真实的教育效果。

1. "我是茶艺师"。学生身着茶艺师传统服饰,先仔细听茶艺师介绍中国茶文化和历史,然后亲手实践备茶、洗茶、泡茶、献茶整个流程,感受真正的茶艺与茶道。在这样的实践氛围中,引导孩子从小立下志向,努力传承和发展中国茶文化,让中国茶香弥漫世界!

2. "我是大厨师"。学生身着厨师服饰,参与厨房知识大挑战,动手揉面团、做点心,现场感受食材的色香味,品尝自己的"大厨杰作"。该角色活动主要是让孩子们体验厨师日常工作的艰辛与职业追求。

3. "爱心育婴师"。"身子往后倾一点,对了,拿好奶瓶,注意喂奶的力度……"你瞧! 参与育婴工作的学生打起了十二分精神,给婴幼儿喂奶时是那样一丝不苟,真让人欣慰!

4. "威武护旗手"。"起来,不愿做奴隶的人们……"随着庄严肃穆的国歌响起,在场所有人员无不挺直腰板,神情专注地参与升旗仪式。一群身着正装,踏着正步的护旗手,在辅导员老师的带领下参与了升旗活动,他们雄赳赳气昂昂,在活动参与中明白了护旗手肩上的重要职责,勇于担当!

5. "国学小学士"。"这一点要顿笔,那一横要细长一些……"小学生们身着素雅大方的国学礼服,参与了毛笔书法和国学礼仪活动。一笔一画,一动一静,俨然就是一群标准的小学士！博大精深的中华文明需要一代代的传承和发扬。

6. "校园美化师"。学校的文化墙属于孩童的世界哦！"你们看,墙上贴的这些都是我们的杰作,各种各样的打扮好看不？"稚嫩的脸上充满着被人赞许的期待。原来,彩笔可以如此装扮世界！

7. "未来建筑师"。"建筑重地,请勿擅自入内！"孩子们义正词严地告示旁人,这是属于他们的建筑世界。不过,为了建好心中的未来建筑,这些建筑师一刻都没有停下来,当然少不了互助、协作了。

8. "警察小卫士"。"别动,我是警察！""你好！我是警察,请问有什么可以帮助你的？"孩子们身穿警服,接受了不同的警察岗位工作,体验了发生警情时的处理过程,树立了"为人民服务"的崇高理想！

9. "考古小专家"。"考古虽累,但我喜欢啊！""或许有一天,我挖掘出一样东西,震惊了全世界哦！"几位拿着考古工具的小学生跟着辅导员老师,正在学习考古挖掘技能,不辞劳累地干着活……

10. "我是化学家"。"我知道水分子由氢和氧组成！""我知道酒精灯的用途""这是我们一起调制的全新色彩哦"……这群孩子显然对化学特别感兴趣！他们成了小小化学家,触摸到了各式各样的化学装置,参与了有趣的化学反应活动,收获还不少。

11. "我是中医药家"。"老师说,我们中国是世界中医药发源地,古代就有了用中药治病的故事！""我爸在家附近开了中药店,给病人治病。""这药材有股特殊的味道,我知道它叫甘草！""我将来也想当中医,给人治病！"孩子们七嘴八舌地谈论体验活动,看来他们的收获可不少！

12. "新闻主持人"。"现在播放新闻联播节目,首先是……"小主持目视前方,用略带稚气的语调宣读新闻节目内容。这样的锻炼时机对孩子们来说难能可贵！他们敢于面对直播镜头,有礼有节地说着新闻,这种体验真好！

(三) 活动后的收获分享阶段

职业角色扮演是一种综合性、创造性的互动活动,学生通过真实体验的角色扮演,既增加了对职业的初步认识,也分享了参与活动的心得体会,再通过完成《亲子成长作业》,进一步激发这些孩子对未来职业的向往与追求。同时,学校在社会实践活动后召开总结会时,还特别关注学生对职业生涯的体会与理解,开展班级分享会,引导学生志存高远、逐梦前行。活动过后,学校认真组织优秀实践作业评选,并在校级、班级展示栏给予公布表彰。

五 成效与反思

这次学校组织的主题实践活动,虽然取得了一定的教育成效,但是小学生的生涯教育探索之路仍在前方。对此,我们课程研究小组有了更深的认识与思考,尤其是在生涯教育与职业角色体验相结合方面,需要做出更多的探索与努力。通过这个案例,我们有了如下几点反思。

(一) 职业角色体验需要符合小学生心理成长规律

我们认为,职业角色体验是学生步入社会前的预备课,对学生未来可否很好地适应工作生活具有启蒙意义。这次主题实践活动,让小学生提前接触了社会各项职业,亲身体验了什么是工作,初步了解了未来要从事的工作特点。

总体而言,小学生尤其是中低段小学生,正处于心智快速发展的重要阶段,从本次教育实践活动中可以发现,孩子们的体验能力不强,协作能力欠缺,沟通互助也不多,这导致他们对职业的认识程度不高。这都是现实存在的问题,要想针对尚处于朦胧认识阶段的小学生开展生涯教育,就必须遵循他们的心理成长规律,倡导"玩中学,乐体验,得启发"的学习理念,积极引导学生对未来职业充满美好的憧憬,这才是我们需要进一步探索的地方。

(二) 职业角色体验需要明确生涯教育的目的与任务

职业角色体验不仅是一次单独的户外玩乐活动,更是有目的地实施生涯教育的一次有益尝试。基地从教人员应和小学教师之间形成育人合力,共同研究生涯教育的规律,实施起来就会取得更佳的效果。尤其是基地从教人员,首先要具备该项职业丰富的专业知识和应用能力,才能在正确引导学生参加体验时,让其切身体会到参与的目的与意义,更好地完成体验任务。

我们教育学生不是为了玩而玩,而是为了丰富其相关职业知识,感受职业的艰辛不易,懂得职业特征。简单地说,需要培养学生的职业道德和职业技能,采用社会中真实发生的事例去赞扬、歌颂职业道德模范,宣扬他们了不起的事迹,让学生从小树立崇高理想,从而提高对职业生涯的责任感与成就感;同时,也教育学生懂得社会分工带来的职业差异,使其尊重不同职业及从事该职业的人群。只有把握好生涯教育的目的和任务,开展体验实践活动时才能取得比较理想的教育效果。

(三) 职业角色体验需要形成团队化的成长模式

某些项目式的职业角色体验,不该只是蜻蜓点水般匆匆接触了事,而应该打造成团队化的成长模式,持续发力,不断开拓小学生职业生涯教育的精品课程,让每一堂课从主题的确立、内容的选定、学生的组成、场地的选择、工具的运用等方面加以综合考虑,从而为小学生生涯教育带来更加有利的成长体验。我们认为,把兴趣相近、有共同发展愿景的学生纳入团队培养,不断探索培养路径,增强团队实施的可操作性,都将为小学生的职业生涯发展奠定更加坚实的基础。

(四) 职业角色体验需要创新生涯实践的教育模式

学生的生涯教育不应该只是学校教育的一部分,而应该成为包括学校在内的社会教育体系的有机组成部分。纵观生涯教育发展历史,对比中外生涯教育实践情况,我们发现只有把学生生涯教育纳入未来职业教育发展的一揽子工程,才能发挥更好的社会效益。在这方面,美国、德国的职业生涯教育走在了世界各国的前面,有着明显的优势。但随着全球化进程的加快,人工智能迅猛发展,科技日新月异,各国发展已经面临诸多新的挑战。这就意味着,我们对学生的培养不能固步自封了,他们能否适应未来社会发展的需求,学校教育能否跟上时代发展的步伐,都将是全社会教育工作者亟须考虑的紧迫课题。

创新生涯教育的实践模式,或许可以突破目前的教育窘境,有效应对教育与社会协调发展的系列挑战。实际上,我们在家长学校沟通中也发现,有些家长专业素养极高,律师、医生、工程师比比皆是;有些家长专业技能强,在自己的工作领域表现出色。因此,学校在上级职能部门的统一规划下,将设置从幼小至大学各阶段的专门生涯实践课程,采取"走出去,请进来"的方式,灵活调用各种社会资源,邀请有资质认证的专业人员对学生进行生涯教育与实践指导,发挥专家、家长、社会机构、企业技管等资源,不断充实学生生涯教育内容,必将更加贴合实际需求,更加有利于规划学生的未来发展之路。

综上所述,本课程研究小组精心策划的"体验职业角色,规划未来道路"主题社会实践活动,有效推动了我校小学生生涯教育的研究,提高了学生对职业体验的认识水平,取得了一定的教育成效。针对不足之处,我们将加强研究与实践,持续推进小学生生涯教育研究,立足区情、校情和学情,敢于创新,努力打造精品课程,用心规划学生未来的发展之路,帮助学生提升自我,更好地服务于社会。

(撰稿者:深圳市坪山区科源实验学校　周景斌,周卓咏)

生涯智慧 3-5　职场体验之旅

一　背景与理念

随着经济与教育的飞速发展,面向社会、关注职业的生涯教育在教育领域得到了广泛的认可,其影响也渐渐渗透到教育的各个阶段。《国家中长期教育改革和发展规划纲要(2010—2020年)》中指出要"建立学生发展指导制度,加强对学生的理想、心理、学业等多方面指导"。从国家层面的生涯规划教育政策到各地方学校对生涯规划教育的逐步重视,生涯教育的内涵不断丰富,形式和手段也更加多样化。

基于以上背景,结合小学生身心发展特点,我们进行了生涯规划教育的初步探索,通过多种途径和教育方式对小学生进行生涯启蒙,帮助小学生初步形成职业生涯目标,引导学生合理规划并安排自己的学习生活,将自己的理想信念、未来期望与生涯规划相结合,在亲身经历和实际体验中获得感悟和知识经验。

"职场体验之旅"作为我们探索体验式生涯教育的实践形式之一,旨在通过课堂教学过程或课后主题活动创造系列情境,引导小学生在亲历实践的过程中认知、理解、体验具体的职业内容与特色,并通过这一形式学会探索自我、探索外界,尝试进行自我生涯规划与设计。

二　目标与追求

1. 通过参与不同形式的主题项目活动,认识、理解不同的职业内容及特点,掌握部分职业技能,体会各行各业的酸辛。

2. 在参与活动的过程中发现问题、解决问题,能够将活动所得以多种形式记录下来,提高观察分析能力、团结合作能力和思维创新能力。

3. 正确认识和悦纳自我,明确自己的爱好和特长,形成正确的职业观念,养成良好的劳动习惯,在实践中磨炼意志与品质,形成正确的职业价值观。

三 框架与内容

针对小学阶段学生的不同学情,本案例设计4个活动板块(如图3-5-1)。

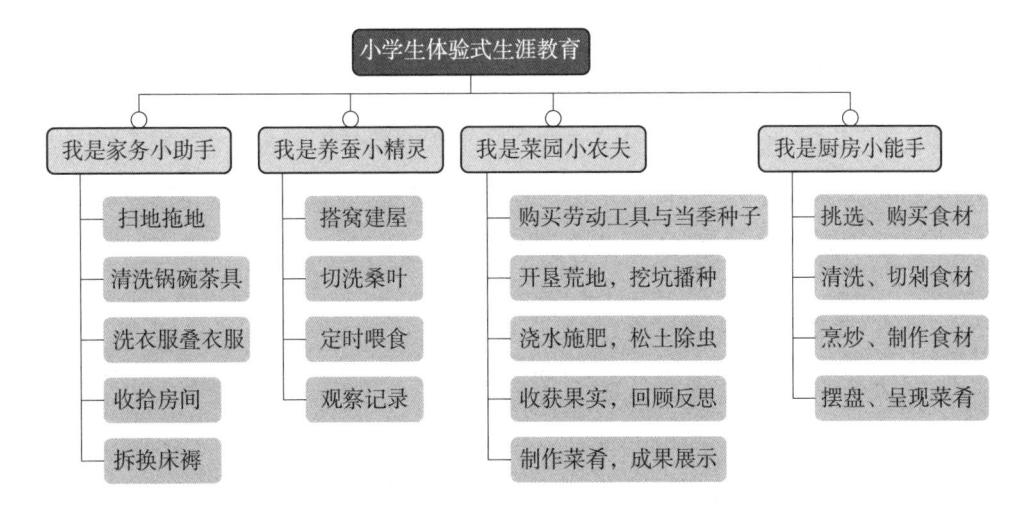

```
                    小学生体验式生涯教育
        ┌───────────┬───────────┬───────────┐
    我是家务小助手  我是养蚕小精灵  我是菜园小农夫  我是厨房小能手
      ├ 扫地拖地      ├ 搭窝建屋      ├ 购买劳动工具与当季种子   ├ 挑选、购买食材
      ├ 清洗锅碗茶具  ├ 切洗桑叶      ├ 开垦荒地,挖坑播种       ├ 清洗、切剁食材
      ├ 洗衣服叠衣服  ├ 定时喂食      ├ 浇水施肥,松土除虫       ├ 烹炒、制作食材
      ├ 收拾房间      └ 观察记录      ├ 收获果实,回顾反思       └ 摆盘、呈现菜肴
      └ 拆换床褥                      └ 制作菜肴,成果展示
```

图3-5-1 "职场体验之旅"框架结构图

板块一:对于低年段的学生来说,家务是其生活中所接触到的最自然的劳动场景,因此设置"我是家务小助手"活动。让孩子们在分担家务的过程中,逐步体验、认识人的社会价值,激发自主成长的动力。

板块二:步入中年段,我们设计"我是养蚕小精灵"活动,通过触摸远离现代城市的蚕桑,链接古代社会的"男耕女织"生活。

板块三:同样在中年段,设计"我是菜园小农夫"活动,通过种植活动,开启趣味职业体验,增强学生的社会实践能力。

板块四:高年段的同学可以逐步尝试"我是厨房小能手"活动,回归到与生活密切相关而又力所能及的实际操作中,激活他们的创造力,唤醒他们的生命力。

四 流程与实施

基于语文、数学、科学、美术等学科知识,在设计活动主题时我们围绕教材现有内容,从日常生活、生产活动、服务性劳动中积极挖掘职业活动项目,结合学生学情选择开放的、趣味的、具有挑战性的内容进行主题情境创设,具体安排如下。

(一) 我是家务小助手(低中年段)

一屋不扫何以扫天下?一个人的居家环境越干净整洁,越容易感到幸福,进而创造成功。如何引导学生积极整洁家庭环境,也成为此次活动的子课题。我们和孩子们一起协商讨论,开发出一些适合现年龄段开展的活动内容,如扫地拖地、清洗锅碗茶具、洗衣服叠衣服、收拾房间、拆换床褥等。通过这些实践活动,我们希望学生能在挥洒汗水的过程中积极参与家务劳动,共同构建和谐家庭,并且能掌握基本的劳动常识与劳动技巧,磨炼意志、锻炼品行、担当责任,真正成为家庭的主人(见表3-5-1)。

表3-5-1 "我是家务小助手"活动计划表

研究主题	整理个人及家庭内务	时间	3个月
活动过程	活动任务 1. 扫地拖地:按照一定顺序将地面清洁干净,尽量做到无纸屑、无污渍、无死角;能在清洁完成后将劳动工具摆放整齐。 2. 清洗器具:能将碗筷、茶具杯具、果盆菜盆等器具清洗干净,尽量做到无油渍、无残余;及时晾干后摆放整齐。 3. 收拾房间:整理书桌书柜,课本及书本按一定种类摆放整齐;整理床铺,叠好被子;收纳衣物,清理衣柜。 4. 拆换床褥:在家人的协助下一起拆卸床单被单并套好。 5. 洗衣服叠衣服:清洗自己的单衣、内裤、袜子并及时晾晒;收好衣物后自己折叠整齐,放入衣柜。 6. 注意活动过程中及时记录(图文),最后整理各项资料,准备成果展示。		
探究方法	1.采访调查 2.实地考察 3.拍摄记录 4.观察日记 5.动手实践 6.图文创作:撰写日记作文、活动报告、手抄报、倡议书等。		
成果展示	张贴活动照片及手抄报展板、撰写活动日记及家长评价报告。		

(二) 我是养蚕小精灵(低中年段)

"野蚕食青桑,吐丝亦成茧。无功及生人,何异偷饱暖。我愿均尔丝,化为寒者衣。"蚕的一生虽然短暂,但是却把自己最宝贵的年华凝聚在白白的丝线上。蚕的精神,曾获得过许多仁人志士的赞美,无数文人为此讴歌吟诵。结合语文课程内容"观察日记"与科学课程内容"蚕的一生",我们举办了"我是养蚕小精灵"系列观察记录活动。从蚕的诞生、卵的孵化,到蜕皮长大、吐丝结茧、破茧成蝶直至生命终结,它的一生本身就是一个奇迹。孩子们需要做的就是为它们搭窝建屋、切洗桑叶、及时喂食,并且认真观察它们的成长变化,理解蚕的蜕变过程,感悟生命的神奇与可贵(见表3-5-2)。

表3-5-2 "我是养蚕小精灵"活动计划表

研究主题	蚕的一生	时间	2个月
活动过程	活动任务 1. 学习养蚕知识,准备蚕卵并找到合适的器皿为蚕宝宝搭窝建屋。 2. 采摘或购买桑叶,切洗好桑叶,为蚕宝宝制作美食。 3. 定时喂食,观察蚕的变化。 4. 及时记录蚕生长的过程,尤其注意观察记录蚕宝宝孵化、蜕皮、结茧、化蝶等重要时间节点。 5. 注意活动过程中及时记录(图文),最后整理各项资料,准备成果展示。		
探究方法	1.采访调查 2.查找资料 3.拍摄记录 4.观察日记 5.动手实践 6.图文创作:撰写观察记录手册、手抄报、倡议书等。		
成果展示	阶段性实物展示、张贴活动照片及手抄报展板、撰写观察记录手册。		

(三) 我是菜园小农夫(中高年段)

"种植有良法,曾闻老圃辞。灵苗如已茂,恶草自然萎。根本须培养,生枯勿顾思。修身亦如此,于理足堪推。"古人将种植的过程与修身相提并论,可见种植过程的意义和内核值得品味。而植物的播种、发芽、开花、结果,这些曾经只在书本当中出现过的生长奇迹,如今处在高楼林立的城市里的孩子们是否能亲眼见证、亲手实现? 由此我们和孩子们一起策划组织,开发了"我是菜园小农夫"主题活动,旨在让孩子们了解瓜果蔬菜的种植步骤、养育过程以及相关的农业知识,在劳动实践中见证生命的成长。学生可以选择一种自己喜欢的蔬果,利用学校的劳动园地或者家里的旧石槽、旧花盆等容器培育自己的小菜园、小果园,亲身体验"采菊东篱下,悠然见南山"的田园生活(见表3-5-3)。

表3-5-3 "我是菜园小农夫"活动计划表

研究主题	植物的生长过程	时间	3—9个月
活动过程	活动任务 1. 前期准备工作： （1）查找资料：查找收集种植果蔬的相关方法资料；查找种植所需物品器具的相关资料；查找适合当季种植的果蔬种类资料。 （2）购买物品：购买适用的劳动工具与当季种子。 （3）准备好播种场地或器具。 2. 前期活动：开垦荒地，挖坑播种。 3. 中期活动：浇水施肥，松土除虫。 4. 后期活动：收获果实，回顾反思。 5. 注意活动过程中及时记录（图文），最后整理各项资料，准备成果展示。		
探究方法	1.查找资料 2.实地考察 3.拍摄记录 4.观察日记 5.动手实践 6.图文创作：撰写观察记录手册、手抄报、倡议书等。		
成果展示	阶段性实物展示、张贴活动照片及手抄报展板、撰写观察记录手册。		

（四）我是厨房小能手（中高年段）

自古以来中国民间有着"民以食为天"的说法，上至帝王将相的玉盘珍馐、下至布衣平民的粗茶淡饭，中国人在饮食上从不含糊。各类餐食的营养俨然已经成为中国传统饮食文化中不可分割的一部分，饮食在人们心目中的地位可见一斑。"日出又日落，深处再深处，一张小方桌，有一荤一素。一个身影从容地忙忙碌碌，一双手让这时光有了温度。"孩子们能否学习为辛苦工作的父母做一顿饭，体会劳动给自己和家人带来的幸福与快乐？本次"我是厨房小能手"的活动就此拉开序幕。我们于课堂上及课堂外指导学生如何挑选食材、购买食材、清洗食材、制作食材，包括摆盘上桌，期待孩子们能为家人呈现一道可口的美味（见表3-5-4）。

表3-5-4 "我是厨房小能手"活动计划表

研究主题	烹饪制作	时间	2个月
活动过程	活动任务 1. 挑选、购买食材。		

（续表）

	2. 清洗、切剁食材。
	3. 烹炒、制作食材。
	4. 摆盘、呈现菜肴，回顾反思。
	5. 注意活动过程中及时记录(图文)，最后整理各项资料，准备成果展示。
探究方法	1. 查找资料 2. 采访调查 3. 拍摄记录 4. 观察日记 5. 动手实践 6. 图文创作：撰写活动报告、手抄报、倡议书等。
成果展示	张贴活动照片及手抄报展板、撰写活动日记及家长评价报告。

五 成效与反思

每项任务在完成开题及策划活动后即可围绕职业主题，依据活动计划，以小组或个人的形式利用课余时间开展相关实践活动。

对于学生来说，此类职业实践活动与书本里学到的抽象知识相对脱节，是具有一定陌生性的。随着活动的不断展开，学生面临的问题和挑战也在不断产生、增多。因此在实操阶段，教师除了要面对全体学生上好方法指导课，更要根据学生在活动过程中生成的问题进行一对一的辅导。有时需要理论知识的收集与整合，有时也需要跨学科知识的融合与各科教师的教导。

（一）我是家务小助手

在我是"家务小助手"的系列活动中，孩子们主动帮助父母承担力所能及的家务，亲力亲为，分担家长们的压力和负担，用实际行动证实自己是爸爸妈妈的贴身小棉袄。在"家务照相机"活动中，学生通过拍照、日记或绘画的形式，留心并记录父母在工作之余还要顾及家务，他们承包了收拾房间、扫拖地板、洗衣服叠衣服等辛劳的家务活动；在"小鬼当家"活动中，引导学生通过角色扮演来体验父母的一天，自主设计周末居家家务活动，围绕扫地拖地、清洗器具、收拾房间、拆换床褥、洗衣服叠衣服等内容进行家庭劳动；在"争夺劳动章"的活动中，学生于课堂上进行缝衣服、收拾书包、"废物利用show"的比赛，激发学生参与活动的兴趣与信心……

通过家务系列的项目式活动，学生不仅能感恩父母的勤劳付出，同时也可以做到爱家护家、掌握基本的生活技能，还能培养其良好的劳动观念与劳动品质。在拿起拖把一遍又一遍擦拭地板时，在踩着板凳努力拆卸窗帘时，在厨房里奋力擦洗灶台时，同学们的劳动意识和家庭责任感正在被悄悄唤醒。

（二）我是养蚕小精灵

"晓夕采桑多苦辛，好花时节不闲身。"为了培养孩子们的动手操作能力、观察能力与责任感，让孩子们能更好地感知生命的神奇，结合科学课程《动物的一生》这一单元，开展了生命教育实践活动——养蚕。这一历时一个多月的养蚕活动为孩子们搭建了一个动手实践、体验蚕农职业的平台，他们悉心照料蚕宝宝的饮食起居，仔细观察、认真记录蚕宝宝成长的每一个细节。从卵到孵化、蜕皮、结茧、蛹化、成蛾，同学们通过对蚕的喂养与养殖、观察与记录，认识到了蚕在不同时期的形态结构及其相适应的生命活动现象。

养蚕课程也是学科融合的过程。在介绍蚕桑文化的同时，教师可结合历史学科"丝绸之路"的知识点，渗透中华传统文化；养蚕中的喂食过程可以运用到数学知识，如计算十只蚕宝宝需要多大的蚕屋、需要喂食多少桑叶，多少桑树的栽种可以供给自家的养蚕计划，等等；养蚕的观察记录需要与语文知识结合运用，做好观察记录与养殖日记；在成果展示的阶段则可以和美术学科充分融合……

养蚕的过程不仅能增加学生的职业体验与劳动收获，还可以从蚕的一生拓展到昆虫的一生及更多动物的一生，让孩子们了解并感悟生命的多彩与珍贵，培养他们热爱自然、热爱生命的意识和社会责任感。

（三）我是菜园小农夫

除了让学生回家后在阳台上利用旧石槽、旧花盆等容器培育自己的一方天地之外，还有没有其他方法能允许孩子们在学校开展集体劳作活动呢？我们在校园植物园等地方搜寻无果后，将视野从"地面"转向"天空"——借用学校教学楼楼顶的空间开垦荒地、开拓菜园，这样一来不仅提高了孩子们在此项劳动项目中的参与度、确保老师进行有效指导，还形成了一道独特的"空中菜园"风景线。

在种植的过程中，孩子们撸起袖子、走向田间、辛勤劳作、巧用智慧，积极参与菜园劳作，在与果蔬植被建立起亲密联系的同时，学会了运用不同学科知识解决问题。例如顶楼的荒地形状不规则，同学们运用数学知识测量土地面积，根据测量的数据进行土地均分,编写相关的数学题;在种植过程中,同学们遇到什么季节该种什么种子,菜种为什么不肯发芽,有关干旱、鸟害、虫害等自然灾害等问题时,及时寻求科学老师的指导与帮助,选择以危害最小的方式保护农作物生长;结合语文课上所学的四年级的观察日记,可以让同学们在植物生长的关键时期认真观察记录,不拘形式地写下见闻、想象和感受;擅长绘画的同学也可以利用美术课上学到的绘画技巧形象地记录下果蔬成长的色彩、形状及状态变化,直观地反映生长过程;喜欢唱歌的同学们在舒缓劳累身心的时候一起对着幼苗唱"太阳当空照,花儿对我笑"……

在"我是菜园小农夫"种植活动如火如荼进行的同时,班级内也相继举行了手抄报比赛、小农夫经验分享会、优秀日记展示、优秀植物成长手册评选、小农夫果蔬分享会等活动。这一系列实践活动不仅连通了各学科之间的桥梁,还让他们品味到农耕生活的辛劳与快乐,初步培养了学生的劳动意识和劳动能力,同时增强了他们的团队协作能力,推动了学生各项能力的全面发展。

(四) 我是厨房小能手

由于学校的场地和设备有限,此次活动主要以家庭实践性作业的形式布置,让同学们回家完成,各位小吃货们在此次活动中可谓大显身手。他们积极走进超市、农贸市场等场所,探究适合当下时令的食谱与材料。在菜市场里,他们了解了不同蔬菜瓜果的种类与价格;在厨房里,他们从最简单的做起,先自行清洗食材,在长辈们的指导下学习切菜及炒菜的基本方法,用心制作每一道菜肴。有的学会了自己最爱的、中华食谱里最为人津津乐道的经典佳肴——西红柿炒鸡蛋;有的想要在爸爸妈妈出差的日子自行解决伙食问题,合理运用家里的食材制作出简单又好吃的蛋炒饭;有的敢于挑战自我,学会了炸鸡翅、客家酿豆腐,甚至剁椒鱼头这种高难度的菜品……菜肴成品后,同学们还不忘精心摆盘,把美味可口、精致美观的一道道大菜端上了餐桌,供家人享用。

当然活动中也出现了不少问题,如有的孩子个子太小,无法够到炉灶上的锅把和锅铲;有的孩子力气很小、炒锅太重,拿不起来;有的家长不放心孩子独立做菜,因此不允许他们进厨房用炉灶……针对这些同学的困难,老师及时给予指导:个子太小的同学可以试试垫个矮凳子,力气较小的同学要寻求家人的协助,不敢用刀用油可以从学习一些简单的水果拼盘或凉菜做起……

在此次实践活动中,大部分学生学会了去触碰这个鲜活的世界。他们走进集市,关心粮食和蔬菜；他们走进厨房，拿起菜刀与锅铲；他们完成菜肴，收获快乐与自豪。学生们不仅感受到了市场、厨房等情境下的职业特征，而且学会了正确使用劳动工具、掌握基本的生活技能，还体会到了这些劳动带来的快乐和价值。

(撰稿者：深圳市坪山区坪山实验学校　李晗)

生涯智慧 3-6　少年享"职"趣

一　背景与理念

生涯教育的目的在于帮助学生优化知识结构,丰富社会实践,强化能力培养,是我国教育质量改革的重要体现。小学阶段的学生,人生观、世界观初步形成,开展生涯教育有助于他们更好地认识自我、发展兴趣,这对其未来职业发展,乃至整个人生都有不容忽视的意义。[①] 在学校"五育并举"综合课程育人体系和立体式育人框架的支持下,我们开展了以"少年享'职'趣"为主题的职业体验生涯教育系列活动,将生涯教育融入学科教学和校园文化实践活动中。

本次活动历时一学年,参与对象为小学一到三年级学生。他们年龄小,好奇心旺盛,不拘泥于传统环境,喜欢接受具有挑战性的事物,对事物的认识处在表象阶段。基于小学生的这些特点,我们通过创设氛围浓厚的职业生涯教育环境,从日常生活技能、个人社交技能入手,逐步提升学生的能力,引导学生初步了解一些职业的特点和要求。通过形式丰富的体验与实践活动,提升学生的参与热情,帮助学生发现自己的兴趣爱好和优势,发掘自身潜力,增强对自我的正向认知。

二　目标与追求

(一) 认识自我

通过与自我、同伴、教师、家庭的互动活动,了解自己的兴趣、能力以及优缺点,学会欣赏和认可自己,从而增强学习和生活的信心,实现自我认知和自我觉察。

---

① 秦斌.生涯教育须从小学抓起[J].教学与管理,2015(23):15.

(二) 认识职业

通过职业启蒙课程的指导与体验活动，了解各种职业的工作流程、内容以及技能要求，从而提高对职业的认识，产生职业探索欲望，并对自己的未来有初步的设想，努力成为有理想的人。

(三) 获得最真实的情感体验

通过"环保宣传员""我是小导游""小记者在行动""东湾小教师"等实践活动，增强自身的社会情感能力，学会换位思考，深刻体会工作者的辛勤努力与付出，努力成为有担当的人。

三 框架与内容

本案例主要分为三个板块，分别是职业意向初探、职业岗前培训和职业探访初体验(如图 3-6-1)。

板块一是职业意向初探。通过调查了解学生的职业意向，学校基于此成立职业生涯活动项目组，结合学校活动的规划对学生开展职业岗前培训和实践安排。

板块二是职业岗前培训。通过与学科课程相融合，充分挖掘学校课程中蕴含的职业教育要素，期间通过优秀作品展评等方式正面鼓励学生，提升学生的内驱力，促使学生进一步积极尝试。

板块三是职业探访初体验。分设"环保宣传员""东湾小教师""我是小导游"和"小记者在行动"四类职业体验岗位，分别指向社会公益、文化提升、探索与组织、人际交往。根据不同岗位特色，在校内开展与学校主题活动相配合的课程，提供培训引导及真实的实践场景。利用假期积极开发设计活动期间所需的实践指导手册和学习活动单，为学生提供职业体验指引。活动全程注意过程性评价和结果性评价相结合，引导学生在活动过程中增强社会责任感，发展其社会情感能力，在内心种下职业生涯的小种子。

四 流程与实施

活动伊始，我们在初步调查了解学生的职业认知情况及兴趣意向后，基于该学段学生喜爱动手操作、具有较丰富的想象力和创造力的特点，优先开展了"环保宣传员"

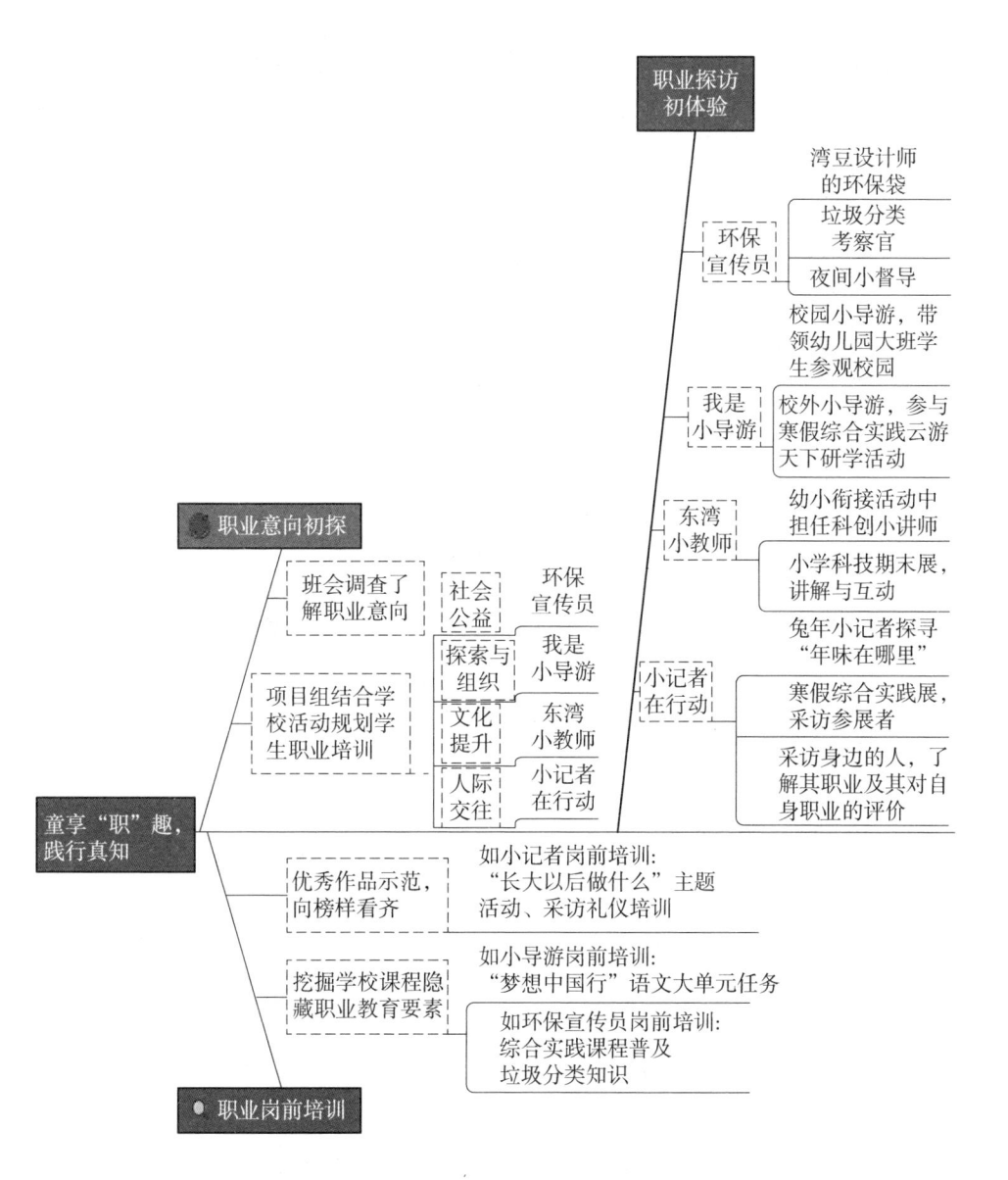

图 3-6-1 "少年享'职'趣"活动设计思路图

的岗前培训及职业体验,通过实践活动来宣传环保理念,帮助学生培养环保意识和环保技能,让他们了解环保工作的意义;随后进行的"东湾小教师"活动,主要以科创普及教学环节来锻炼他们的表达能力和教学技能;"我是小导游"活动通过将校内学习与校外实践活动相结合,知行合一,逐渐培养他们的语言组织及沟通能力。"小记者在行动"中学生经历从家庭、学校、社会三方不同个体的采访活动,期间学生需要克服"拒绝""尴尬"等心理,体验职业带来的挑战。由此,让学生在不同活动中初步形成对不同职业的认识,渗透职业生涯意识(如图3-6-2)。

职业意向初探
· 调查了解学生对不同职业的认知情况及初步的职业意向。

"东湾小教师"岗前培训及职业体验
· 幼小衔接科创小讲师,带领幼儿园学生体验科创课堂;
· 科创大讲堂做科创小讲师,以赛促思。

"小记者在行动"岗前培训及职业体验
· 结合职业畅想分享活动,采访身边"大朋友"的职业,了解他们对自身职业的看法;
· 在校内主题活动开展校园小记者采访活动;
· 在校外结合节日主题,加深对传统文化节日的认识,走上街头,采访他人的看法,大胆与陌生人沟通。

"环保宣传员"岗前培训及职业体验
· 结合学科课程加强对垃圾四分类以及环保意识的渗透,锻炼低段学生动手操作能力;
· 通过"湾豆设计师的环保袋"、"垃圾分类考察官"及"少先队社区蒲公英"活动,用实际行动向亲邻好友积极宣导。

"我是小导游"岗前培训及职业体验
· 以"梦想中国行"单元任务对小导游进行培训,通过三个主线任务,了解景点背景及导游程序,积累词句表达,掌握基本的表达和沟通技巧
· 在手册的引导下收集旅行地点、景点、风貌等相关材料,准备介绍词,以小导游的身份介绍旅游地点及其特色。

图3-6-2 "少年享'职'趣"活动流程图

(一) 职业意向初探阶段

教师结合"长大以后做什么"这一口语交际主题展开调查,了解学生对不同职业岗位的认识及自己偏好的职业。在此阶段,通过实际调查发现学生对职业认知存在局限,但他们心中承载着梦想的种子,内怀对未来的憧憬。根据调查,科学家、教师、医生、画家、军人是二年级学生的热门"理想"。为了拓宽学生对职业的认知,在课堂上可通过活动充分调动学生的思维,如观察职业活动场景、角色扮演等,进一步了解职业类型,同时鼓励学生了解父母及周围人的职业特征,知道大人们的职业需要用到的工具、必备的技能及相应的工作场所,与同伴开展交流,互相掌握一些职业的基本信息。

(二)"环保宣传员"岗前培训及职业体验

通过"湾豆设计师的环保袋""垃圾分类考察官"及"少先队社区蒲公英"活动,用实际行动向亲邻好友积极宣传,既能培养学生的人际沟通能力,又能结合活动主题培养学生的创新和环保意识。

1. 湾豆设计师的环保袋

利用旧衣物制作环保袋,实现家中闲置物品的再次利用,延长旧物的使用寿命;配合宣传标语,设计彰显个性的环保袋,将多余旧衣物捐赠至回收箱内,延长旧物的使用寿命,用行动贯彻并宣传环保理念。创作完成后,学生带着自己制作的环保袋与父母去超市、菜市场买菜,并在路途中向他人宣传自己的环保袋理念。

2. 垃圾分类考察官

学生通过参与与亲邻好友、同学的"垃圾分类考察官"趣味游戏,模拟垃圾分类,在游戏中加强正确辨别"四分类"垃圾桶的能力,扩大环保宣传范围。学生饭后和家人根据垃圾桶的颜色和logo正确分类投放垃圾,从自身做起,践行垃圾分类。

3. 夜间分类小督导

鼓励少先队员们发挥榜样模范作用,开展"夜间分类小督导"活动,做垃圾分类的宣传员、示范员、监督员,带动大家积极参与垃圾分类督导活动,强化对垃圾分类的认识,培养良好的垃圾分类习惯。

(三)"东湾小教师"岗前培训及职业体验

在日常教学活动中教师设置相关课堂活动,鼓励更多学生站上讲台,在课堂的一些子环节中担任"小老师",发挥生生互评的引导作用。此外,我校还积极为学生搭建课外的教师职业体验平台,借助"幼小衔接"活动和"科创大讲堂"活动,助力东湾小教师之路。在幼小衔接活动期间,在东湾老师的协助下,一年级学生做好充足准备,带着幼儿园大班的孩子们体验了创造思维训练、万能程小奔、3D打印笔、探秘UKIT世界等课程,让幼儿园的小朋友们在东湾"小老师"的指引下沉浸在学习的世界里。

在科创大讲堂活动中,学生基于自身所在的科创社团特点,精心准备科创演示并讲解。将"小老师"的培训与科创社团的学习相结合,引导学生在日常科创社团学习活动中合作、交流与分享,获得仪态、语言组织能力的锻炼。最后,东湾学子们在科创社团期末展等大型活动上做讲解时毫不怯场,自信大方地发布自己的"智能产品",大胆地邀请现场的老师和家长学习并体验他们的作品。

(四)"我是小导游"岗前培训及职业体验

"小导游"这一职业采取了"知识技能培养＋实践"的模式,鼓励学生知行合一,向内主动摄取知识,向外积极探索世界,开拓视野,锻炼语言组织与表达能力。

1. 与现有课程相结合进行小导游培训

学校课程教材与课外资源中有许多涉及中外名山大川和历史文化的内容,都可以成为小导游们的实践素材。学生在"梦想中国行"单元任务驱动下,进行小导游岗前培训。学生分别通过"我多想去看看"之绘制火车票及路线展评、景点我知道、请到我的家乡来三个主线任务,了解景点背景及导游程序,积累词句表达,掌握基本的表达和沟通技巧,为后续的实践活动打下坚实的知识技能基础。

任务一:绘制火车票,并展开路线展评活动。由此感知中国的地理位置、地形地貌。学生根据驱动任务,自主思考可从哪些方面介绍家乡。

任务二:景点我知道。学生了解课本中提到的鹳雀楼、庐山瀑布、黄山奇石、中国台湾日月潭、新疆吐鲁番葡萄沟等著名景点的地理位置,积累描写景物的词句,并通过课文学习描写景物的修辞手法、句式结构及介绍景物的思路,致力于为"导游"工作打下语言表达的基础。

任务三:请到我的家乡来。能运用前期积累的词句向伙伴或老师介绍自己的家乡,吸引他们来自己的家乡游玩。

2. 全方位构建小导游体验平台

在校内,小导游通过学习校园文化建设内容,在多次活动讲解中锻炼职业能力,如在幼小衔接活动中通过自己亲身体验"导游"一职,一年级小导游指引盘龙幼儿园大班的孩子们有序地参观学校各地。在校园科技节活动中介绍活动特色,锻炼口才与胆量;在校外,结合"云游天下"微视频活动,寒假期间小导游带领同学们"云"旅行,学生在前期确定研学地点后,认真收集研学地点的景点风貌等相关材料,准备介绍词,以导游身份介绍研学地点及其特色。

(五)"小记者在行动"岗前培训及职业体验

小记者以开放的态度,与不同群体积极交流,传播真实的声音。学生经过学习小记者的工作内容、采访前的准备、开展采访,到采访后总结闭环的活动过程后,锻炼了实践能力、社交能力、语言表达能力,从而提升了综合实践素养。

1. 在校内,东湾学子以学校开展的各类校园活动为依托,如学生结合"长大以后做什么"的主题,在教师的示范与采访作业的指引下,走出课堂、走进校园,勇当小记者;在"寒假综合实践成果展评会"及"校园科技节"活动中,选派优秀校园小记者代表对同学们进行观后体会采访,在真实需求下履行了职业要求,运用前期学习到的职业技能服务于校园。

2. 在校外,同学们通过实践前的采访培训,提前设计好采访问题,做好充分准备。学生走上街头,通过采访他人对新春佳节的看法,大胆与陌生人沟通,加深对传统节日的认识,锻炼自己的社交能力和语言表达能力。

(六)评价方式说明

本活动分别利用微信公众号、腾讯 QQ、美篇等线上开放交互平台,供家长及广大群众参与互动。过程中遵循自评与他评相结合的多元化评价原则,注重过程性评价,并以此激励师生参与活动的积极性。"学生自评"利用特色活动学习单实现反馈;"同伴互评"则通过班会交流分享、校园展评活动发挥互赏互学成长作用;"教师点评"采用指导、鼓励的方式,帮助学生明确努力方向;"家长参评"则体现在学生准备、职业体验过程及相关特色活动学习单中参与评价。此外,社会公众也可在微信公众号等线上交流互动平台参评。

五 成效与反思

本活动案例根据前期对学生职业认识的调查结果,积极挖掘学校课程中隐藏的职业教育要素,构建基于社会实践主题的多种职业体验活动,并在过程中针对不同职业岗位对孩子们进行了"岗前培训",增强了学生对自我能力及对职业的正向认知,提供真实的实践场景让学生"在活动中学,在行动中悟",并在活动过程中重视过程性评价与总结性评价相结合,提升了教师及家长群体对于生涯教育的重视,在小学生低段生涯教育中迈出了积极探索的步伐。

(一)增强学生对自我及职业的认知

学生通过"环保宣传员""东湾小教师""我是小导游""小记者在行动"四类职业岗

位,得到了基础的技能培训,包括基本的社交礼仪,搜集、活用信息的能力以及表达时的语言逻辑能力等。学生在此过程中认识到了自身的兴趣爱好和优势,同时也通过亲身实践对职业本身的工作内容和技能要求有了初步的认识。在活动中,学生们不断向外交际,不论是宣传环保理念,亦或进行街头采访,知行合一,开拓视野,不仅锻炼了语言组织与表达能力,并能在交际中获得情感体验,学会换位思考,理解不同职业的人们的辛苦努力和付出,促使学生成为有担当的人,为社会做出积极的贡献。

(二) 挖掘学校课程中隐藏的职业教育要素

生涯教育活动不仅顺应了国家政策要求,也提高了学校的教育质量。在基础课程的学习中,向学生渗透职业规划的意识,培养其基本能力,为职业发展做准备。如设计"梦想中国行"大单元系列课程,通过模拟开展导游解说、角色扮演等方式,让孩子们了解不同景点的文化特点以及需做的相关准备,既传播了文化知识,使学生感受到中国地大物博的特点,也使其对导游职业有了进一步的认识。

(三) 提升教师及家长群体对生涯教育的认知

学校的职业体验活动周期较长,因此,要通过结合趣味主题活动以及家校联动的方式,在课内外引导学生进行职业体验,实现长期的职业体验渗透。在校内,通过活动研讨会提升教师对生涯教育的认识,再由教师结合学科特征将生涯教育融入日常教学中,加深学生的职业认识,丰富生涯教育的学习形式。教师引领学生们从课内走向课外,从课本走进社会,去亲身体验工作的不易和生活的艰辛,真正理解"每一个职业都有自己的价值,每一个职业都可以创造未来。"同时,家长们也全程参与到了孩子的实践活动之中,使得生涯教育成为一个更完整的教育体系。

本次生涯教育系列活动的开展还可做进一步完善。根据学生的身心发展阶段,细化不同年级的生涯教育目标,使职业生涯教育更加系统化;继续积极探索职业生涯教育与更多学科有机融合的可行性,再通过各门学科教学渗透职业观、职业素养、职业意识等;此外,也要充分利用校外优质资源,充分发挥家长群体的作用,形成校内外教育的合力。

(撰稿者:深圳市坪山区东部湾区实验学校 杨玉,余东儒)

生涯智慧 3-7　跟着爸妈去上班

一　背景与理念

一年级学生刚刚完成从幼儿到小学生的转变,正处于树立人生志向的起点。我校在一、二年级开展了"走进职业世界"的单元课程,其中"跟着爸妈去上班"先从引发一年级学生兴趣、了解父母职业入手,启蒙其职业规划意识。

二　目标与追求

1. 通过游戏板块竞猜相关职业,激发对各项职业的兴趣,深入探索职业世界。
2. 通过职业探索活动,从认识自己爸爸妈妈的职业内容和特点入手,形成初步的职业认知。
3. 在对爸爸妈妈的职业认知的基础上进行职业深入拓展,认识到更多领域的职业性质和特点以及工作范畴,同时通过拓展一些趣味职业,增强职业兴趣。

三　框架与内容

本课程共 4 课时,分为三个板块,分别是游戏导入板块、职业探索板块、职业拓展板块(如图 3-7-1)。

板块一:游戏导入。通过游戏"职业猜猜猜"调动学生对职业认知的积极性,增强学生探索职业世界的兴趣。

板块二:职业探索。首先引导学生了解什么是职业。其次,组织学生分享所知道的职业,先从自己父母的职业开始,了解身边的职业类型。再次,教师渗透职业概念和类型等基础知识。最后,了解我国职业分类,形成初步的职业认知。

板块三:职业拓展。教师介绍一些有趣的职业,增强学生对各种新鲜职业的好

游戏导入 —— "职业猜猜猜"

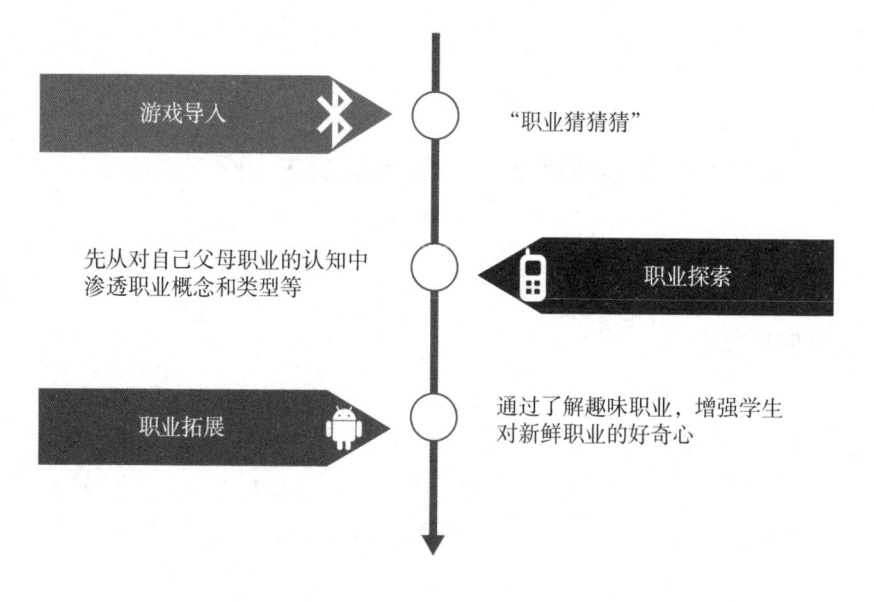

先从对自己父母职业的认知中渗透职业概念和类型等 —— 职业探索

职业拓展 —— 通过了解趣味职业，增强学生对新鲜职业的好奇心

图 3-7-1 "跟着爸爸妈妈去上班"板块结构图

奇心。

四 流程与实施

学生在对父母的职业角色有了初步了解后，可以引导他们了解身边的各类职业特色，让学生通过本课程对自己的职业生涯有了初步的规划概念。具体流程与实施办法如下。

（一）教学策略选择阶段

让学生了解并介绍其父母的职业角色和简要工作内容；以父母为自己的职业榜样；参观体验、访谈、讲座（手抄报、照片、录像）。

（二）教学资源选取阶段

选择需要参观的学生父母的职业，并和相关单位取得联系，争取得到其支持；寻找需要访谈的相关职业人员（学生家长）进行访谈；寻找需要讲座的相关职业人员（学生家长）举办讲座；保存好相关照片和视频资料；让学生制作相关职业手抄报。

(三) 教学过程分析阶段

首先是游戏导入，组织同学们玩"职业猜猜猜"的游戏。游戏规则是：请大家根据屏幕上的提示，猜出其对应的职业。图片包括公交车、公交站牌、方向盘（公交车司机）、餐厅、白色衣服帽子、山珍海味（厨师）、偶像、屏幕、表演（明星）、工地、盖楼、安全帽（工人），等等。通过游戏导入，调动学生积极性。

然后，在游戏基础上，学生带着对职业认知的热情，开始进入职业探索。

1. 知道什么是职业。在这个环节，学生先自己说一说什么是职业，然后教师进行补充规范。

2. 学生分享父母的职业及自己所知道的职业。这样学生既通过提前询问父母和查阅资料，了解到自己父母和所知道的职业，又能通过他人的分享知道更多的职业。

3. 了解身边的职业类型。以"教师"这一职业为例，教师出示"教师"图片，先让学生说一说对于这个职业的认识与了解，然后教师在其基础上进行补充。很多学生原本对教师的了解仅仅局限于上课、改作业，通过教师的补充，明白了教师这份职业并不简单。教师的职责是教书育人，培养人才，最主要的工作包括备课、上课、辅导、批改作业、考核学生的成绩、对学生进行思想道德教育、组织学生开展活动、参与教育科学研究活动等。想要当一名教师需要具备良好的文化素质，比如专业的学科知识、广博的文化知识、教育理论知识等；具有较强的能力素养，如教育教学能力、语言表达能力、创新能力、科研能力、组织管理能力等；具备较高的职业道德素养。在此基础上借助图片，向学生介绍身边的职业，丰富学生对职业的认识。

4. 我国的职业分类。《中华人民共和国职业分类大典（2015年版）》将我国职业划分成了8个大类，75个中类，434个小类，1481个细类。在这一环节中，教师向学生介绍我国职业的分类，使学生感受职业的多样性。

最后，在了解了自己父母和同学父母的职业，并对职业有了基本概念的基础上，我们再进行针对职业认知的课外拓展。教师介绍深受人们欢迎和喜爱的几种职业：熊猫饲养员、酒店试睡员、旅游体验师、大礁堡看守员、奥运会游泳项目救生员、巧克力试吃员。这几项职业都是比较有趣的，通过职业拓展，激发同学们对职业世界的好奇心。

五　成效与反思

通过"走进职业世界——跟着爸爸妈妈去上班"的课程学习，让学生对自己的生涯规划有了初步的认知,并达到了一定的教学效果。

舒伯认为,人的生涯发展可以分为五个大的阶段,小学阶段属于第一个阶段——生涯发展的成长阶段,这个阶段的任务是要形成对个人职业兴趣的认知和对职业特征的了解,而非制定生涯计划,做出职业选择或决策。因此,我们在设定生涯启蒙教学目标的时候考虑了学生成长和身心发展的特点,让学生通过生涯教育活动建立起初步的职业认知,培养学生的职业兴趣,在具体的教育实践活动中锻炼学生生活和解决问题的能力。

(撰稿者:深圳市坪山区坪山中心小学　孙颖,王利丽,胡洁瑜,黄雪霆)

第四章

精神的共鸣:与未来世界照面

共鸣者,彼与己志趣相投,心灵相通。建立精神共鸣首先是主体感觉到自身被外部某一客体所触动和影响,在摒弃工具理性目的后有寻求认知丰满的动机;其次是与客体建立积极、主动的情感联系,回应当下现实;最后是在与客体的互动中,相互影响,产生转化;最终通过共鸣,解决异化困境。初中生涯教育经历"认知—回应—转化"三个环节,最终在与自身、与现实、与生活的精神共鸣中,与未来世界照面。

有学者认为,生涯与教育都是社会学视野下的时间性事件,学习主体需搭建生涯与教育所共存的同时性的时间结构,做到学习主体发展与时间轨迹的耦合。① 因此,初中生的生涯教育要从"知识共振"走向"精神共鸣",让学生在教育过程中体验共鸣,在心灵深处与未来交流和契合,实现生涯富有诗意的升华。

精神共鸣是自身可能与认知审美的延展、丰满与融通。法兰克福学派第四代代表人物罗萨认为,后现代的推力导致社会变化和生涯取向受制于不确定性的加速度中,即现代性进程加快。这种加快带来了个体身份趋于开放,愈发富有开放性与实验性,也带来了自我预期的碎片化和阶段化,罗萨将现代性进程加快所导致的个体身份称为情境性身份。② 初中生正处于情境性身份认知过程中,其对自我预期的碎片化带来了对自身认知的局限性与阶段性,表现为对生涯内涵的认知禁锢于职业选择本身;对未来价值的审美限制于工具理性领域;富有可能的成长因固态化的认知结构而停滞不前。因此,初中生生涯教育需打破学生认知中的枷锁,让学生在多维探索中体验自身的可能性,在充分体验后瞄准价值的定位线,实现个人的深度发展。体验式教育成为初中生涯教育的必由之路,它建构了一种真实、互动的社会与心理环境,实现学生在特定的时空环境下,亲身经历、感悟、分享、提升,融合对生命以及生活的知性理解和感性体验,产生与社会认知的精神共鸣,让自己的价值再次发生意义。价值序列的重组使得学生精神成长的认知熔铸了价值的元素,演绎为趋向自我实现的价值认同,而灵魂和精神的延展和融通最终丰满了学生的认知,提升其对生涯的审美情趣。

精神共鸣是情感图景与当下现实的映照、对话与交融。主体与现实之间存在着一种关系,这种关系因个体与世界的发展不断迭代与更替。在加速的世界中,这些关系

---

① 姜大源. 职业与教育的契合:基于时间结构的共鸣[J]. 中国高教研究,2023(8):94—101.
② UNGER T. Zeitstrukturen von Beruf und Pädagogik: Beitrag zu einer kritischen Berufs bildungs for schung [M]//ZIEGLER B. Verallgemeinerung des Beruflichen-Verberuflichung des Allgemeinen Bielefeld:W. Bertelsmann Verlag, 2015:114 - 116.

异化为"无关系的关系",表征为主体认为世界之于他们毫无意义,因而对世界变得漠不关心,"甚至感到厌恶,尽管在积累资源的意义上取得了非常大的成功"。① 在这种无关系的关系下,个体认知与当下世界的差异体现在精神上时则表现为感知错位。世界成为主体的对立面,主体和世界的关系退化为功利的关系。因而,帮助未入世的初中生突破这种无关系的关系就需要引导初中生在接触现实的初期,作为主体去体验与现实客体之间主动的、具有对话性的关系,将自己的认识性因素介入到事实体认中,并通过具有回应性的情感体验,达成对当下现实具身性存在的情感转换。正如尼采的那句"当你在凝视深渊的时候,深渊也在凝视着你",②对话性关系的形成要扬弃对物的单向审视,需引导初中生以更具有诗意的方式待物,发现、欣赏并体验物的差异性,在物之中投入情感进而认识到物对主体的建构作用。这就要求在初中生涯规划中将当下现实化为真实情境,让初中生融"我"入境,在解决真实问题的过程中生发情感、共鸣情感,实现心灵与现实情感的同频共振。

精神共鸣是个体实践与美好生活的转化、共振与融通。美好生活作为人们理想生活的图景,成为无数哲学家、政治家研究的内容,"何为好",成为论争的核心。新一代现代性批评学者罗萨认为,主体置于世界中必然会体验一定的世界关系,当这种社会关系是具有回应性的共鸣关系时,它就超越了异化生活,逐步走向美好生活。③ 将社会关系的共鸣作为衡量美好生活质量的标准意味着个人的主观感受成为美好生活的重心。那何以实现共鸣,罗萨进一步提出"需要主体与世界之间产生内向的情感上的触动、外向的自我效能感和双向的革命性转变"。④ 落实在个人层面,就是要求个体在与他者的构成性关系中相互影响、相互映射。因而指向引导学生走向美好生活的初中生涯教育,需将以生命影响生命,感悟精神上对等的交流和契合作为教育的意义;将学会互动、体验与分享,体验"我的感受"转化为"我们的感受"所带来的支持感和归属感作为工作的重心;共同建构出"迷你社会",让初中生在其中表现出自然的生活状态并接受多元的刺激,透过不断真实的体验与互动分享,体悟与客体的共鸣关系,提升在现

---

① 闫高洁."无关系的关系"——拉埃尔·耶吉的异化理论述评[J].当代国外马克思主义评论,2019(1):332—335.
② 尼采.善恶的彼岸[M].朱渌,译.北京:团结出版社,2009:90.
③ 张彦,李岩."共鸣"何以超越"加速":罗萨批判性美好生活观的逻辑演进[J].浙江社会科学,2021(10):87—95+158.
④ 闫高洁."无关系的关系"——拉埃尔·耶吉的异化理论述评[J].当代国外马克思主义评论,2019(1):332—335.

实生活中有效回应的能力,最终引导学生走向美好生活。

  坪山区生涯教育初中阶段立足学生需要,采用体验式的学习方法、多形式落实共鸣的生涯教育目标。本章选取了坪山区各校具有代表性的生涯教育案例,以实际情况展现坪山区生涯教育的发展之路。

(撰稿者:深圳中学坪山创新学校 程紫琪)

生涯智慧 4-1 探索未来的领导者

一 背景与理念

孩子对于学科的自主选择直接关系到其未来的职业走向,通过生涯教育课程唤醒他们的生涯规划意识、提升其生涯规划能力,是初中德育的重要内容之一。面对前瞻性的生涯教育课题,我校与本土研学公司共同合作开展了以"生涯领导力"为主题的研学活动,将考察探究、设计制作、职业体验等综合实践活动方式融入项目中,形成了适合本校学生的教学实践案例。

本课程注重心力、脑力、行动力的协同发展,关注自我与他人及社会的连接关系,强调以学生为主体的体验式学习,通过多元评价主体、质性评价方式与动态评价过程来构建以激励学生发展进步为本的评价体系,使学生在体验中学习、在行动中学习,达到参与社会互动、巩固课堂所学知识的目的。

"生涯领导力"研学课程导师团队由校外研学公司与学校的生涯指导老师共同组成,在走访过程中邀请到知名高校、企业人士作为兼职导师为学生们授课,参与对象是我校七年级的全体学生,课程总计 30 课时。

二 目标与追求

(一) 深度体验学习,激发自我觉察

通过素质拓展活动让学生对生涯发展和领导力有深度体验,理解生涯发展与领导力的核心内涵;通过项目挑战发掘自己的领导力潜质,挖掘成就动机,提升自我认知与生涯意识。

(二) 聆听校企分享,规划职业方向

走进高校,通过与高校学长的经验交流,了解专业职业发展,提前规划学业与职业的目标方向；走进企业，通过对话企业HR，了解企业用人标准，定位自我提升的目标和方向；了解知名企业运营管理模式，洞悉行业发展动态，深度体验学职衔接，确立职业发展方向。

（三）立足本地文化，寻找职业定位

通过对城市文化遗产和传统客家围屋的探访，思考传统文化在传承和保护中可能遇到的问题及可行的解决方案，深度了解文旅产业发展趋势，探寻新的就业机会，培养创新思维及文化意识。

（四）参与团队协作，培养综合能力

以小组合作的形式的活动贯穿课程始终，专业导师全程伴随指导，最大程度上提升学生的团队意识、发展其领导力，激发其批判性思维。

三 框架与内容

本课程案例分为五个板块，板块一是生涯启航，板块二是大学探索，板块三是城市探索，板块四是企业探访，板块五是生涯建构（如图4-1-1）。

生涯启航：开营仪式、团队融合、学职探索

大学探索：招生官面对面、学长分享、赛车实验室参观、社团体验

城市探索：大鹏所城徒步、地质博物馆参观、3D创新展览馆探索

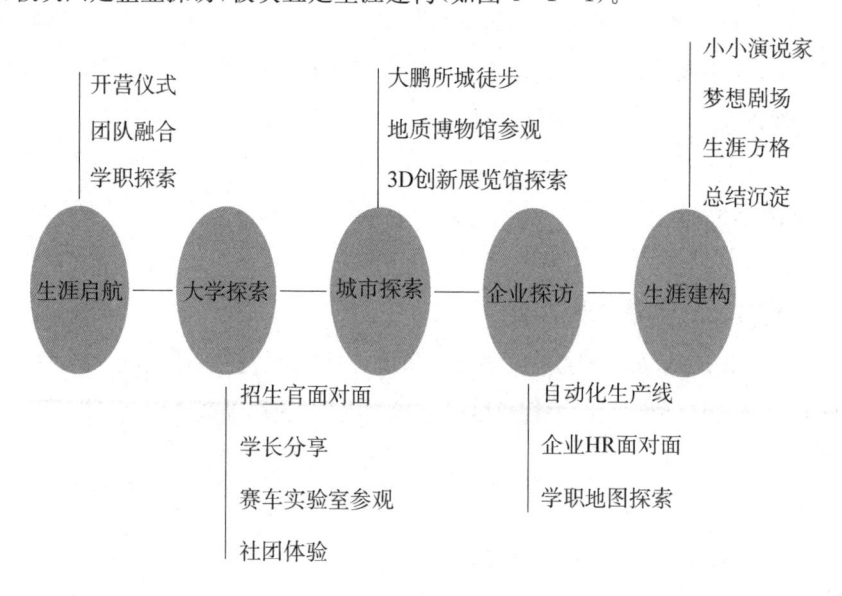

企业探访：自动化生产线、企业HR面对面、学职地图探索

生涯建构：小小演说家、梦想剧场、生涯方格、总结沉淀

图4-1-1 《探索未来的领导者》框架图

(一) 生涯启航板块

在导师的带领下,学生从"领导力"和"学职探索"两方面进行体验式学习。每个体验项目结束之后,导师带领学生进行反思、讨论、分享、总结,并联系生活实际迁移运用。

(二) 大学探索板块

拜访知名学府,通过实地参观深圳技术大学,了解招考政策、听大学生学长分享、参与大学社团活动,感受大学氛围,开启大学探索的种子。

(三) 城市探索板块

通过对大鹏所城和大万世居这一独特的城市名片进行参观和学习,深入了解本土文化特色;通过参观 3D 创新博物馆和城市发展规划馆了解最新的技术创新和未来城市的模样。古今结合,开启未来职业畅想。

(四) 企业探访板块

参观两家本地企业,在实地参访、互动交流之后,引导学生透过一个行业去看相关产业,通过绘制行业学职地图加深对学科—专业—职业的贯通理解,并掌握学职探索的有效方法,为将来的升学求职做好准备。

(五) 生涯建构板块

通过"小小演说家"活动,让大家将学习体会讲出来,通过"梦想剧场"活动,让大家将未来职业演出来,通过"生涯方格"活动,让大家将未来职业需求勾画出来,最后在老师的引导下总结学习所得,探索个人生涯建构。

四 流程与实施

本课程的五个板块分为六个阶段予以实施,其中生涯启航板块为第一阶段,大学探索板块为第二阶段,企业探访板块为第三阶段,城市探索板块分为第四和第五阶段,生涯建构板块为第六阶段。具体的课程内容及实施方案如下(见表 4-1-1)。

表 4-1-1 "生涯领导力"研学课程内容及实施方案

名称	时间及课时安排	课程主题及内容
开课动员大会	2月24日晚上(2课时)	活动介绍、开营仪式
第一期： 大学参观、 校园探索	3月3日下午(3课时) 3月8日下午(1课时)	学校介绍、招考政策宣讲 学长经验分享、社团活动体验
第二期： 企业探访	3月10日下午(3课时) 3月15日下午(1课时)	企业人力资源面对面,自动化生产流水线参观、中医药基地参观、小组合作
第三期： 大鹏所城、 客家围屋行走	3月17日下午(3课时) 3月22日下午(1课时) 3月24日下午(3课时) 3月29日下午(1课时)	大鹏古城文化寻访、客家文化学习 小组合作交流,视觉呈现与表达 制作一枚大鹏所城主题书签,完成一件大鹏国家地质博物馆周边
第四期： 3D创新展览馆、城市发展规划馆走访	3月31日下午(3课时) 4月7日下午(1课时) 4月14日下午(3课时) 4月19日下午(1课时)	探索未来城市 巧手绘造明天构建学职愿景 小组合作交流,视觉呈现与表达 作品包含但不限于科创作品、职业图谱
第五期： 汇报演出、 生涯建构	5月5日—5月19日 (4课时)	职场情景剧、小小演说家、作品展示等

1. 第一阶段。通过举办开营仪式、开展学职探索活动,向学生传递课程理念和要求,计划用2个课时启航"生涯领导力"教学实践。

2. 第二阶段。计划用4个课时参观深圳技术大学,开启高校探访实践。首先,由深技大的老师介绍办学定位、办学理念、师资规模、培养特色、招生政策等详细信息,随后由学长分享自己的学习生活经历并与学生交流。接着,来到交通物流学院赛车实验工作室参观体验社团活动。通过此行,学生对于未来的职业有了更加清晰、长远的规划。

3. 第三阶段。计划用4个课时分别参观齐心股份有限公司和中医药基地。在齐心智能工业园,学生与资深人力资源主管、产品设计师进行了深入交流,使其对文具行业的发展以及人才需求有了较深入的认知。随后,大家参观了产品展馆、仓储、车间以及自动化流水线。在中医药基地,学生通过参观车间,参与种植、采摘药材,了解中医药的制作全过程。经理介绍中医药的销售、应用市场,让大家对于中医药行业有了总体了解。参观结束后,师生之间继续进行了学职探索的延伸交流讨论。

4. 第四阶段。计划用 8 个课时参观深圳文化名片——大鹏所城和大万世居。学生在导师的引导下开始古城印象探索和客家文化寻访。在正式出行前,导师给大家上了一堂以"视觉呈现与表达"为主题的媒介素养课,通过欣赏海报引导学生探索好的海报设计在构图和色彩方面需要考虑的因素。接着向学生发布任务:完成知识学习任务单的同时设计一张大鹏所城书签或客家文化手抄报。本次活动既让学生观察了深圳本地文旅产业的实际情况,也深入了解了本地文化对文旅产业的影响,深度了解了文旅产业发展趋势,培养了学生的文创素养和对新职业的认同感。

5. 第五阶段。计划用 8 个课时以创新科技和未来城市为主题,参观 3D 打印创新展览馆和城市发展规划馆。学生首先来到了 3D 打印创新展览馆,馆内老师介绍了 3D 打印技术及其工作原理,并且串联起大家当前所学的学科知识,学生了解了 3D 打印技术的飞速发展及其在各个领域的广泛运用。接着,在集科学、历史、地理、文学和艺术等一身的城市发展规划馆,通过实物欣赏和接触,聆听讲解等途径,学生了解了城市的过去、现在和未来,也感受到了城市规划的独具匠心;通过有趣的"角色扮演"体验城市规划的过程,变身为"关注规划,参与规划,监督规划"的"小小规划师"。行程结束返校后在导师的组织下,进行写作练笔和展示分享。学生在练笔中写下了对创新技术、未来城市以及自身职业的各种设想。

6. 第六阶段。研学的最后一期活动,计划用 4 个课时让学生回到校园,通过回顾整个主题项目并综合学习所得,探索个人的生涯建构。首先,各组同学在组长的带领下,从自己的兴趣、职业取向等角度出发,共同讨论了本小组将要研究并解决的未来问题,并在导师的指导下,明确了各自的研究主题,且就未来问题设计解决方案和制作未来产品。接下来,每组代表向大家讲述了自己的产品故事,并回答了学生的质疑,然后大家又将自己的产品功能、特色、使用对象等以产品地图的形式呈现出来。在产品地图展示与答辩结束后,学生又发挥了创意与想象力,从自己的职业角色出发,以"梦想剧场""小小演说家"、音乐剧等形式呈现了对未来职业的畅想。在项目完成之后,研学导师带领学生进行了"生涯方格"建构。大家从自己喜欢的职业出发,通过不断筛选对比,探索自己的职业价值观、厘清决策框架、探索生涯愿景,为将来的学习和生活提供方向上的指引。

五 成效与反思

"生涯领导力"研学课程主要通过多元评价主体、多维度评价内容与多样化的评价方式来构建真正促进学生反思与进步的评价体系。课程的实施过程主要涉及学校、企业、社区等多个主体,以"行走的课堂"的研学方式激发了学生的学习兴趣,保证其能在课堂中投入精力。教学中以自我思考、小组探索为主要结合形式,创造了较好的学习氛围。选择的教学方式既符合该年龄段学生的心理年龄和心理特点,又满足了生涯教育的教学实际需求,实现了知识讲解、实际体验、小组探讨相结合,在教学时间、教学方式、组织形式、教学模式上进行了创新,也完成了理论认知、实践探索、思想升华的教育目的。

1. 多元化的评价主体。"生涯领导力"课程的核心目标之一是激发学生的成长意识,让学生充分觉察自身的个性特质,明晰优势潜能与发展不足,激发成长动机。学生的自我评价与反思始终是课程评价的重要组成部分。无论是每次行走结束之后的反思分享,还是对整个活动的整体回顾与评价,都由每个学生结合自己的独特体验与思考,完成对自己的全面剖析,从而增进自我觉察;在自我评价的基础上,导师进一步引导学生关注团队中同伴的表现,给予对方真实客观的评价;同时,研学导师和兼职导师也会在每次活动中针对学生的表现,给予及时的反馈评价。

2. 多维度的评价内容。在评价内容方面,导师会根据每次活动中具体的任务要求给出明确的评价标准。此外,在所有活动中,还会重点评价学生的团队合作、批判性与创新思维、表达展示等多方面的综合能力,从而让学生关注综合素养的发展。

3. 多样化的评价方式。在评价方式方面,研学课程主要采用基于任务的表现性评价,通过设计任务单、调研问题、海报制作、角色扮演等多种形式的挑战性任务来全方位收集学生的表现情况,开展过程性与总结性评价。

4. 不足之处。前期虽在课程标准、课程规划、课程开发等多方面做了很多研究,提升了生涯教育的服务品质,保障了课程的整体服务水平,但仍需要跟进学生的身心发展变化、国家发展政策、行业发展趋势等问题,做到不断创新,优化教育形式和教学内容,针对不同学生的心理特点开展有针对性的教育活动,实现对整体教育目标的落实。

5. 未来展望。"生有涯而学无涯"是智慧,"学有涯而生无涯"是现实。学生的成长伴随着各种各样的考试,得到了家长和社会最广泛的关注。但是,学业总会阶段性地结束,而未来的人生之路却很长。从关注学业到试图关怀整个人生,是教育理念转变的结果。学校作为社会最基本的组织单位,在生涯教育中起到了至关重要的作用,但生涯教育不能仅仅依靠学校完成,更要将社区、企业的技术协助和相关服务资源利用起来,与学校形成合力。利用外部社会提供的基于工作的学习和联系活动,为学生提供"从学校到工作"的学习机会,为学生走出课堂、接触社会实践提供有力的支持。

将研学与生涯课程融合的教学实践仍处在不断探索和发展的阶段,具体的开展形式和开展内容也有待进一步的完善和优化,这既需要参与的教师结合实际情况不断进行教学方法的创新,更需要社会和学校的大力支持。

(撰稿者:深圳市坪山区东部湾区实验学校　周琦)

生涯智慧 4-2　影视剧人物评述

一　背景与理念

唐纳德·舒伯于 20 世纪 50 年代初提出了关于生涯发展的新思路，即生涯彩虹理论。他认为每个人在其一生中的不同时间里承担着一个或多个角色，每个生活角色的强度随时间而变化，各种生活角色的结合及其强度构成了每个人的生涯基础。对于初中生而言，生涯规划不仅是职业选择的基础，还包含对自身及其在生活中所扮演的角色的剖析。班会课作为学科教育的延伸，融入了浓厚的思想教育元素，并将生涯教育与社会热点相结合，是促进生涯教育发展的有效途径。本课程学习者主要是八年级学生，他们有一定的知识储备和问题解决能力，对学习、职业有基本的了解，能够运用已有的学习经验和生活经历就相关话题发表自己的见解；有合作意识，能够合理分工、群策群力，共同解决相关问题。本课程共 1 个课时，主要形式为主题班会分享，通过课前准备、课中实施与总结完成，学生通过评述《狂飙》剧中人物明辨是非和确定职业的价值选择。

二　目标与追求

（一）树立道德与法治并重的生涯价值观

理论指导实践。学生只有树立积极的价值观才能为生涯规划树立正确的方向。通过从道德与法治角度评述影视剧《狂飙》人物，学生懂得感情、正义、廉洁、法治的重要性，由此牢固树立注重道德、重视法治的内在理念。

（二）确定未来职业生涯规划的初步目标

目标引导实践。《狂飙》中的人物都具有自己的职业身份，学生可以通过对典型人物的了解、分析和评述，对他们的特点、职业、事迹有自己的认知和辨析，不论是正面的赞扬还是反面的警示，都可以让学生初步确立自己的职业目标。

（三）明晰生涯成长条件并为之不懈奋斗

实践点燃理想。学生通过评述《狂飙》中的人物和相关剧情，认识到职业形成的条件以及达到目标的途径，这为他们的学习点燃了动力，为生涯发展提供了强大的精神动力和可期待的成长之路。

三 框架与内容

整个课程分为三个环节，分别是课前准备——走进人物角色，课中实施——剖析人物选择，课后总结——分享内心收获（如图4-2-1）。

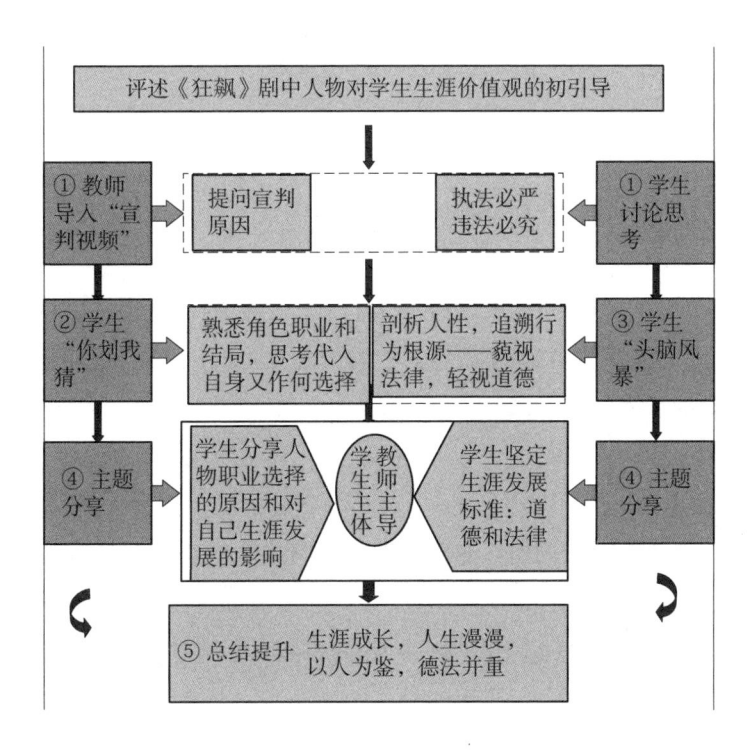

图4-2-1 "评述《狂飙》人物"课程框架与内容图示

（一）课前准备——走进人物角色

1. 教师问卷调查学生的个人生涯价值观和职业规划。

2. 教师采访学生对《狂飙》的了解程度,以及这部剧传达的价值观和剧中人物对本人的影响。

3. 学生提前观看《狂飙》电视剧、小说或网络视频,了解剧中主要人物的事迹和性格特点,并从中选取一个人,从道德与法治的角度思考其对自己的人生理念和预期发展的影响。

(二) 课中实施——剖析人物选择

1. 教师展示《狂飙》人物,以小组为单位进行你划我猜大比拼。

2. 教师播放《狂飙》的视频简介,学生观看视频后进行剧情概述。

3. 学生通过 PPT、书面文字或视频,展示自己所选取的人物,并阐明原因、分享感悟。

4. 学生以小组为单位,运用道德与法治知识,交流讨论《狂飙》剧中主要人物对生涯发展的教育意义和职业规划的指导作用。

(三) 课后总结——分享内心收获

1. 各小组派代表进行阐述总结。

2. 教师点评学生和小组的表现,对其发言进行归纳总结,最后利用《狂飙》典型人物剧情,结合马克思《青年在选择职业时的考虑》片段,进行生涯价值观的情感升华和学生职业规划的点拨引导。

(四) 实施方式

1. 教师通过讲授法、谈话法、情境教学法进行基本内容的呈现和生涯价值观的引导。

2. 学生通过演示法、小组合作法展示思考成果,在小组思维碰撞中对价值观和未来规划有更清晰的认知。

四 流程与实施(见图 4-2-2)

(一) 第一环节:视频导入,激趣凝神

教师播放《狂飙》中"高启强一众团伙被审判"的片段,并提出问题:请同学们谈谈

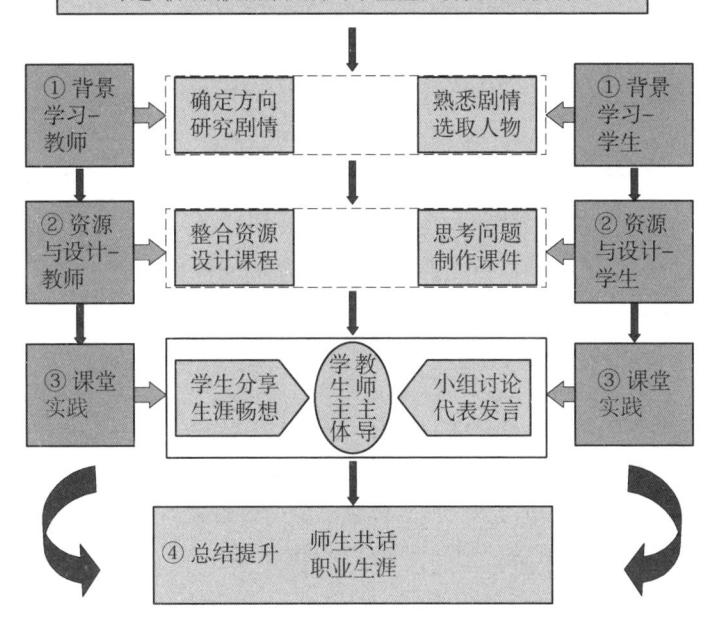

图 4-2-2 "评述《狂飙》人物"流程与实施

法官如此判罪的原因。学生以小组为单位思考并讨论,最后请代表进行发言。学生认为,高启强一众团伙严重违法犯罪,严重突破道德底线,给个人和社会造成了极其恶劣的影响。教师以视频的方式迅速吸引学生的注意力,尽快进入本节课情境,为后面的分享讨论环节打下了基础,更重要的是奠定了本课程崇尚道德、遵守法律的基调。

(二)第二环节:对比选择,剖析人性

1. 你演我猜

教师展示《狂飙》主要人物,以小组为单位,一个学生根据人物特征或台词表演,一个学生说出人物的名字。在规定时间内猜出人物多的小组获胜。人物包括安欣、高启强、高启胜、陈书婷、高晓晨、孟德海、李响等重要角色。以游戏的形式活跃课堂气氛,加深学生对《狂飙》中人物的了解,清楚他们的特征和人生选择以及最终结局,同时增强同学之间的默契感和共同体意识。

2. 头脑风暴

小组从"你划我猜"中猜中的人物里选定一个,共同思考和讨论此人物的特质、信

仰、职业、行为、结局等各方面对自己生涯成长和职业价值理念与目标确定的影响。此过程让每位学生都参与到生涯教育过程中，共同树立道德与法治并重的观念，确定职业目标并为之努力；同时，提高小组合作和探究能力，增强团结意识和集体观念。

3. 主题分享

准备的同学报名上台展示和分享。请其中三位同学进行主题分享，介绍人物情况，从道法角度说明选择的原因和对自己生涯发展的影响。三位同学分别选择了高启强、安欣和高启胜，先是介绍人物职业，接着说明他们的性格和职业特点，以及各自截然不同的结局。同学们因此懂得正义与邪恶的较量是一个漫长但会逐渐走向光明的过程，邪不压正，正义终会抵达，遵纪守法是每个人成长的基本原则。

此分享是重点环节之一。首先，让展示的学生深刻领会到剧中人物的成长生涯，树立正向的生涯价值观；其次，让非展示的同学通过代入自身，更有体验感，以旁观者的理性坚定正确的生涯价值；最后，增强展示学生的资料整合能力、样本分析能力和语言表达能力，提升其综合素质。

(三) 第三环节：总结反思，德法并重

在总结反思阶段，展示马克思《青年在选择职业时的考虑》选段，请两位同学谈谈这节课自己的收获或者《狂飙》剧中人物对自己生涯价值观的影响。学生通过总结更加深刻地认识到这节课的重要意义，体会到道德修养和法治精神对自己一生的发展至关重要，是为人、成才、成功的首要因素，从而坚定崇尚道德、信仰法治的信念。

青松因其挺拔而令人敬佩，杜鹃因其艳丽而令人注目，苔藓因其鲜嫩而令人怜惜，生命旅程因规划而坦途有盼、弯路可免。这一切在于我们首先拥有正确的价值观，拥有道德修养和法治观念，才能尽展人生最美妙的风采。

五　成效与反思

生涯教育是学生教育的重要组成部分，是为学生的职业定目标，为学生的未来作谋划。本次生涯教育主要将社会生活和职业信息融入学生的学习生活中，帮助他们认知自我、探索外部世界，发展个人兴趣、性格特点，挖掘自身能力、职业认同，为职业生涯、个人生活做好准备。在此次生涯教育的过程中，不断激发学生的自主性，使他们积极关注自我和社会，将学习的外部动力转变为内部动机，变"要我学"为"我要学"，促进生涯教育与职业生涯教育的有效衔接,实现初二学生职业生涯价值观念的成型与成长。

(一) 强化综合能力,培育价值追求

通过评述《狂飙》中的人物这一活动,学生选取一个自己将要分享的人物,先介绍人物的基本情况,再从道德与法治学科的角度说明为什么选择这个人物以及此人物对自己的影响和职业选择的启示。由此一系列活动,以学生为分享的主体,展示自己的所思所获,既训练了他们的资料筛选和语言组织能力,也强化了向上向善的价值追求和崇德崇法的价值观念。这不仅是职业发展的价值引导,更是人生长路上的指向明灯。

(二) 拓展知识边界,提升核心素养

通过将道德与法治学科的知识储备与理论素养融入《狂飙》人物评述主题班会中,最后展示马克思《青年在选择职业时的考虑》选段,注重启发学生"选择"所带来的启示,从而对学生进行初步的生涯教育。通过具体可感的方式,使他们确立了崇尚道德、遵纪守法的生涯价值观,树立了长远的人生目标,并规划了自己的学习和生活,致力于形成科学的实践路径。

职业生涯教育是一个长期的过程,需要量的积累。目前的实践仅仅是小小的一环,学生受到的影响有限,所形成的价值观必须在后续的学习中不断深化,才能巩固此次成果、得到更好的实践。在后面的工作中,我们将继续探索如何更好地利用自己的专业优势,在学校开展面向学生的生涯教育,为他们的初中学习和未来职业规划持续注入道德与法治学科所特有的鲜活力量。

(撰稿者:深圳市坪山区坪山中学　吴京红,李娜)

生涯智慧 4-3　走进家长故事荟

一　背景与理念

中国学生发展核心素养以"全面发展的人"为核心，落实到生涯课程中，则主要表现为自主发展与社会参与两个方面。自主发展，重在强调能有效管理自己的学习和生活，认识和发现自我价值，发掘自身潜力，以有效应对复杂多变的环境，成就出彩人生，发展成为有明确人生方向、有生活品质的人。社会参与，重在强调能处理好自我与社会的关系，养成现代公民所必须遵守和履行的道德准则和行为规范，增强社会责任感，提升创新精神和实践能力，促进个人价值实现，推动社会发展进步，发展成为有理想信念、敢于担当的人。

聚焦学生学情，八年级学生一方面对于初中生活的新鲜感减弱，同时也没有明确而紧迫的目标，正处于迷茫、松懈阶段，急需一些生涯探索活动帮助他们了解外部职业世界、明确学习方向。另一方面，在生涯教育中家长是非常重要的一环，校家社协同教育是提高学生生涯适应力水平的有效路径。因此，面向八年级的学生，我校利用 5 课时开展家长生涯故事荟活动，采取项目式学习的方式进行推动，在充分尊重学生意愿的前提下，引导学生做负责任的决定，进一步提高学生解决问题的能力。

二　目标与追求

1. 通过互相合作，共同完成任务和解决问题，学会倾听他人的意见和想法，尊重不同的观点，学会欣赏和尊重每个人的个性和才能。

2. 通过自由分工、民主投票等环节，提升公民意识，并进一步感受到选择伴随着责任。

3. 通过聆听家长职业导师的生涯故事，从他人的人生抉择中积攒能量，发展生命的无限可能。

三　框架与内容

本活动共有六大板块,采取任务驱动的形式,给学生提供必要的框架与支持,共同推动项目的完成(如图 4-3-1)。

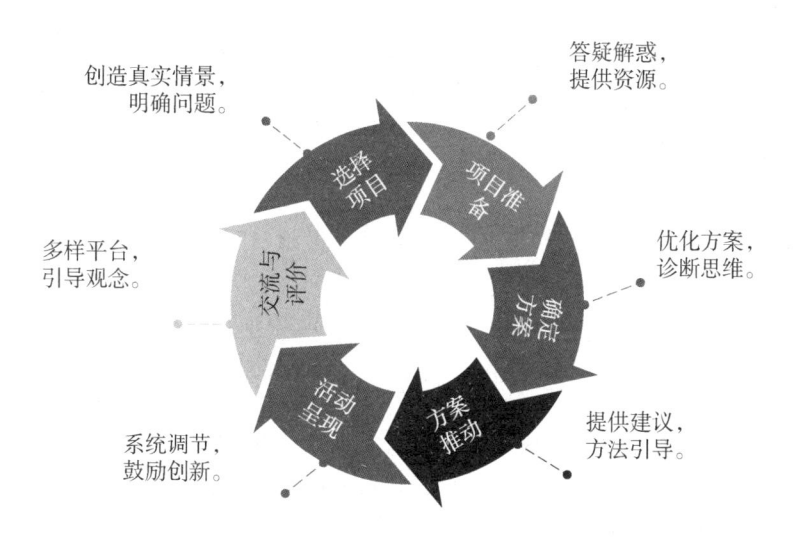

图 4-3-1 "家长生涯故事荟"框架图

板块一是选择项目。结合现实需求和学生现阶段发展的需要,创造真实情景,明确要解决的问题,且确保该问题符合学生的最近发展区。

板块二是项目准备。全员对于问题达成共识后,针对完成路径展开热烈讨论,指导教师在此过程中,需要为学生答疑解惑,提供必要的支持。

板块三是共同确定班级的解决方案。学生对现有的资源进行盘点,结合路径初步形成方案,指导教师对方案的可行性进行分析,并诊断思维。

板块四是解决方案的推动。推动需要班级每一位学生的加入,整合资源明确分工,形成高效的运作体系。指导教师需要全程进行方法引导,及时提供可行的建议。

板块五是活动成果的呈现。此次《家长生涯故事荟》活动将以故事分享会的形式展出,指导教师需做到不同班级的系统调节,鼓励学生进行创新。

板块六是交流与分享。及时对过程进行总结反馈,学生交流与分享在此次活动中的收获和不足之处。指导教师积极营造安全氛围,引导学生多维评价。

四　流程与实施

(一) 选择项目,明确问题阶段

项目式学习倡导以学生为中心,通过创设真实情境,以任务驱动的方式,共同解决开放式问题。聚焦本次"家长生涯故事荟"活动,以班级要举行生涯活动为切入口,设计项目式实践活动,充分调动学生的学习积极性与热情。在实际开展中按照以下步骤进行。

1. 回顾

回顾前两届生涯活动的精彩瞬间(第一届"我说职业"比赛、第二届"生涯游园"),唤醒学生前期积累的相关知识,调动学生积极的情绪体验。

2. 宣讲

宣讲第三届生涯活动——"家长生涯故事荟"。主要内容为同学们充分利用班级资源、家庭资源以及社会资源,邀请同学们信服的、感兴趣的人员作为班级的职业导师进行生涯故事的分享。人员可以是来自各行各业的,整个活动由全班同学自主策划、推动和实施,老师只提供指导和必要的支持。

3. 小组讨论及分享

(1) 职业导师可以是谁?怎么确定?

生1:职业导师可以是社会上各行各业的从业者,这些均能帮助我们了解社会职业的丰富多样,如果能够结合班级同学的兴趣爱好最佳。

生2:职业导师的确定可以分为两个阶段,首先每位同学先结合自身资源和家庭资源盘点职业导师的预备人选,再进行民主投票确定想邀请到的职业导师。

(2) 活动怎么组织?

生3:我们是一个班集体,活动的组织和开展需要所有同学都参与进来,我们可以先讨论整个活动有哪些需要完成的工作,再结合个人能力和兴趣进行分工,每位同学各司其职。

(二) 项目准备阶段

前期宣讲帮助全体学生明确问题,通过小组讨论帮助学生对于活动开展与实施达成一些共识,项目准备阶段将进一步明确班级同学的需求。每个班级的统筹人员是活动的重要推手,是教师的重要助手,做好各班级统筹人员的培训至关重要。具体分为以下两个步骤。

1. 采取民主投票的方式确定家长职业导师人选,班级自主推荐班级统筹人员。

2. 指导教师开展班级统筹人员培训大会。参会对象为每个班级的学生统筹人员,会议主要内容为学生统筹人员分享班级项目推动思路以及需要的资源,不同班级相互交流和借鉴,教师总结发言并赋能各班的统筹人员。

(三) 确定活动方案阶段

聚焦问题和班级需求,各班提出各具特色的活动方案。教师对各班级的活动方案进行初步诊断和调整。同时,活动方案确定阶段将进一步明确学生分工、项目推进方式。具体分为以下阶段。

1. 各班级活动方案的提交。各班的统筹小组积极讨论,主动协调班级资源,初步确定班级的方案,提交给教师,教师进行可行性验证和指导。

2. 明确通过小组合作的形式推动活动,经过学生讨论将全班同学大致分为统筹组、宣传邀请组、纪检组、活动组和后勤组等组别。

3. 全班同学在班级统筹人的带领下共同完成活动分工表,每一位同学结合自身的能力和兴趣进行申报,可申报三个意向志愿。统筹人员基于大家的意向进行分工,并将分工表在班级公示栏中进行公示。

(四) 方案推动阶段

按照各班级的方案有条不紊地推动活动的进行,每个小组按照不同的分工各司其职,统筹协调推进各项进程。利用学校的教师资源,学生及时请教不同学科教师,各学科教师协同为学生及时提供指导与帮助。

1. 语文学科教师提供协助,指导各班的宣传组设计用心的文案、诚意满满的邀请信、新颖的海报等。

2. 学校礼仪老师提供协助,指导各班邀请组的同学邀请职业导师的礼仪以及注意事项。

3. 信息技术老师提供协助,指导学生制作会场 PPT、摄像机的使用以及后期的修图与制作。

4. 音乐老师指导主持组的学生排练以及选择背景音乐。

（五）活动成果呈现阶段

经过前期的准备，学生自主邀请职业导师、设计活动方案、准备活动现场，最终各班顺利地举行"家长生涯故事荟"活动。活动现场主要分为以下两个环节。

1. 各班邀请到2至3位职业导师分享生涯故事。不同班级邀请到的职业导师各不相同，分别有大学生、律师、公司员工、超市老板等行业，每位职业导师分享的时间控制在30分钟左右，各班的主持人进行串场。

2. 现场的答疑分享环节。每位职业导师分享完毕后，预留15分钟进行答疑。同学们会积极主动提问，问题主要集中在行业入职的要求、发展空间、就业方向等。

（六）交流与评价阶段

活动开展后，各班利用一课时的时间进行盘点和总结，一起讨论交流三部分内容，分别为此次活动的感受、活动推动过程中做得好的部分以及需要进一步提升的部分。

五 成效与反思

本次探究活动以提升学生生涯适应力为目的，通过创设真实情境，以任务驱动小组合作的形式进行推动，利用家长资源，采取生涯故事分享的形式提升了学生自主发展和社会参与的能力。

1. 有效地激发了学生的学习动机，明确了未来的成长方向。本次"生涯故事荟"活动邀请到的分享嘉宾均是学生身边的人物，在聆听生涯故事的时候，学生能够从中汲取力量，"生活中的榜样"也能够增强学生对于未来的信心。

2. 项目式学习的方式有效地提高了学生的积极性。通过创设真实情境，一起解决真实问题，全班同学高标准地完成了一场主题活动。全程以任务驱动、小组合作的形式推进，不仅提高了学生的团队协作能力和班级凝聚力，也锻炼了学生的问题解决能力。

3. 让学生深刻地感受到了多元智能。"人人有事做，事事有人做"是"家长生涯故事荟"活动开展的原则，每个班级的分工均是根据学生的能力与兴趣，在相互协助中，学生对自我的能力与兴趣进行了进一步的探索，也对学习与生活中的多元智能有了更加深刻的理解。

总体而言,此次活动提高了学生对于多元智能理论的认识,帮助学生进一步进行了自我探索;班级成员通过小组合作提高了团队协作能力,体会到了团队合作的重要性;学生聆听各行各业的生涯故事,感受到职业的多样性,积攒了成长的能量。

(撰稿者:深圳市坪山区外国语文源学校　肖如艳,李利群,陈素珊)

生涯智慧 4-4　乘红色教育公交

一　背景与理念

爱国主义是中华民族绵延不绝的精神基因,是中华文明源远流长的精神财富,也是中国人民团结奋进最强大的精神动力。中共中央、国务院印发的《新时代爱国主义教育实施纲要》围绕实现中国梦的奋斗目标,明确提出新时代爱国主义教育的指导思想、总体要求及基本内容,并对开展新时代爱国主义教育作出重要部署。党的二十大将加快建设高质量教育体系,推进教育高质量发展,建设教育强国确立为中国式现代化的重要内容。高质量生涯教育体系作为高质量教育体系的一个重要方面,是教育高质量发展的重要保证,也是"十四五"乃至更长一段时期内我国生涯教育实践发展的基本目标与努力方向。

唤起儿童的生涯意识,让孩子预见未来的自己。对于年龄比较小的孩子来说,他们对世界充满好奇,对未来充满美好的想象。当问起"你将来想做什么"时,孩子们会有各种各样的回答,这正是对他们开展生涯启蒙教育的契机。加强中小学生涯教育,是促进学生全面发展和终身发展的重要举措,也是深化教育综合改革和实施德育与心理健康教育的必然要求。因地制宜,挖掘资源,身边世界即孩子探索生涯的最好资源。因此,开展生涯教育应与学生的生活相连接,充分挖掘本土资源,让学生首先从身边的世界入手,扩充生涯认知。

为大力弘扬东江纵队革命精神,传承红色基因,深圳市东部公共交通有限公司开通了"东纵精神"红色教育公交专线。为培育学生爱国爱党情怀,培养学生的社会责任感,共建家校社育人环境,我校德育处、少先队联合东部公交,共同开展了"乘红色公交,走历史足迹"主题活动。

二　目标与追求

生涯教育的目标应该是帮助学生认识自我、探索职业世界、培养生活技能,最终实现自我价值。针对小学生的特点，我们设定以下课程目标。

1. 了解身边的红色线路，参观红色景点，学习红色精神。
2. 接受革命传统教育，学习东纵精神，培养爱国主义情怀。
3. 弘扬雷锋精神，培养劳动意识和社会责任感。

三 框架与内容

通过整体设计，在学生接受生涯教育发展方面，我们设计了八个板块，涵盖不同主体和内容（如图4-4-1）。具体为通过建立以文化引领生涯发展，以管理规范生涯制度，以"贤能之师"传授生涯知识，以课堂教学提供生涯动力，以实践活动进行生涯体验，以校本课程提升生涯品质，以基地校体验打造生涯品牌，以家校结合助力生涯发展的生涯教育体系，确立"生涯实践—职业体验—自主内化—主动践行"的生涯发展模式，通过小学职业启蒙的实践活动，让学生树立"我的学习我做主，我的未来我设计"的意识。

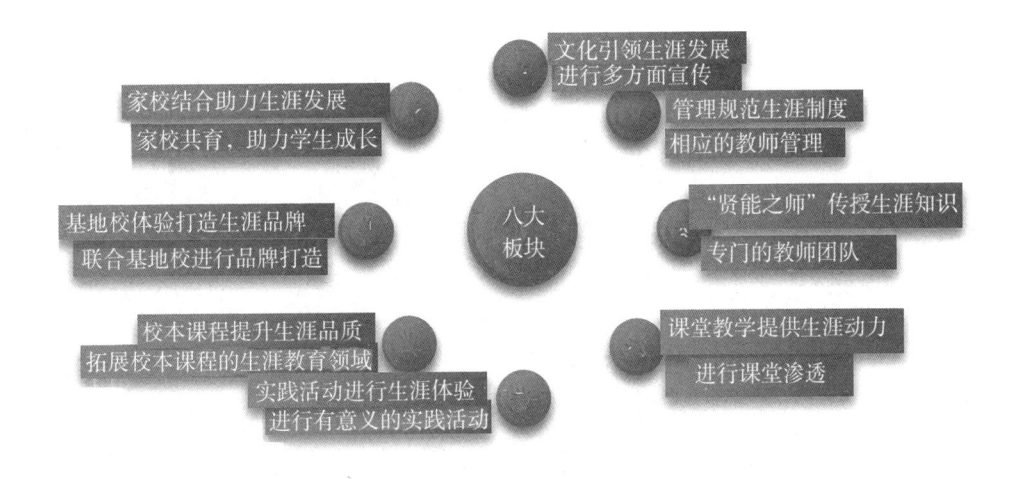

图4-4-1 "乘红色公交，走历史足迹"项目板块图

百年征程波澜壮阔，百年初心历久弥坚。坪山的"红色线路"是党鲜活的革命传统资源和宝贵的精神财富，每一件红色革命文物都是一本内容丰富的"教材"，每一个红色旅游景点都可以给学生带来常学常新的生动"课堂"。为庆祝建党100周年，我校开展了爱国主义教育，恰逢学习雷锋精神月，我们联合东部公交公司，设计了一条适合我

校学生参观学习的专属"红色线路":红色公交停靠学校——红色志愿者讲解公交盲区——大手拉小手打扫"红色公交"——红色志愿者讲解东纵精神——参观党群服务中心——感受党的百年辉煌——返校学习交流。活动中充分挖掘出"红色线路"的"红色内涵",充分发挥出"红色线路"的"红色价值"。让学生感受到一个时代有一个时代的主题,一代人有一代人的使命。无论岁月如何变迁,根植于我们血脉中的红色基因永远彰显着蓬勃的力量、闪烁着耀眼的光芒,为谱写新时代新篇章积蓄精神力量。

四 流程与实施

"立德树人"的教育宗旨揭示了教育实践的本质,渗透着关注受教育者全面发展的教育追求,体现了对教育对象深度的人文主义关怀。在学生生涯发展中,我校贯彻立德树人根本任务,引领学生建立学校学习与未来发展的关联,实现个人与社会发展的统一,积极适应新时代的发展要求,引领学生实现"我的梦"。在生涯体验板块,设计了以下四个环节(如图 4-4-2)。

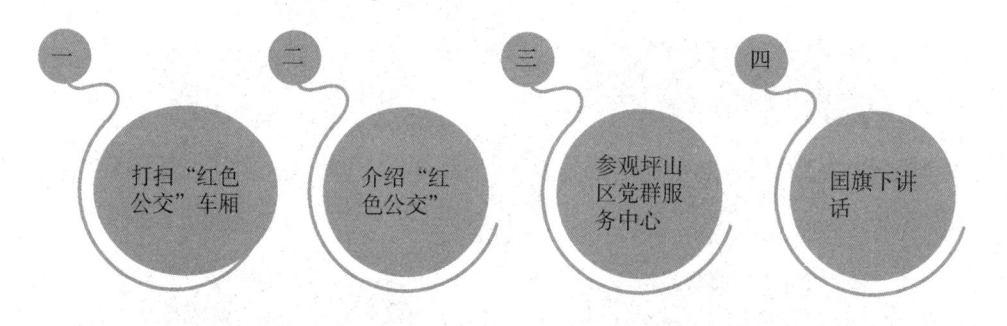

图 4-4-2 "乘红色公交,走历史足迹"活动流程图

(一) 打扫"红色公交"车厢

学校通过生涯课程实践活动对学生进行自我发展、生涯探索和生涯管理的引领,增强学生生涯发展的意识、知识与技能。学校主动为学生的生涯发展搭建平台,为学生的自主发展服务,让每位学生充分展示自己的技能。通过职业体验指导学生了解职业技能,对不同职业的价值产生认同,为未来升学择业奠定基础。在坐上"红色公交"之前,二外队员们大手拉小手,和志愿者叔叔阿姨们一起打扫车厢,细心地擦拭座椅、

扶手,认真地给车厢消毒,即便是满头大汗,也没有一丝懈怠。在劳动中锻炼自己,增强社会实践的能力,为共建文明城市尽一份自己的力量。

学生通过志愿者服务活动体验服务他人的辛苦和快乐,促进和睦的人际关系,提升幸福指数。学校在班级管理中开展"人人都是管理者"活动,即每名学生根据自己的爱好和特长在班级管理中选择适合自己的岗位,为同学和班级服务。通过实践活动进一步树立学生的生涯发展意识,展示学生的生涯发展特长,提高学生的生涯发展能力,增强学生的生涯发展自信。

(二) 介绍"红色公交"

2018年7月,东部公交公司与坪山区合作开通全省首条"不忘初心东纵精神红色教育公交专线",有效串联起坪山区党群服务中心、坪山革命烈士纪念园、东江纵队纪念馆、"不忘初心、牢记使命"主题教育馆等辖区红色资源,打造出一条爱国主义教育的重要路线和移动的党性教育基地。

东部公交的党员志愿者黄继承同志为同学们介绍"红色公交"的开设意义;介绍辖区及沿线的红色历史、红色故事;还讲解了交通公共安全知识,让队员们树立安全交通意识,倡导共同营造平安、和谐的交通环境。以路为媒,以美为介,建党103周年,重新认识"红色公交",建设的丰硕成果也充分体现了习总书记建设战略的科学性和可行性,具有广泛的群众基础和充分的实践基础。重走来时路,学生亲身感受城乡基础建设一体化带来的变化,感受新时代的"中国式现代化"。

(三) 参观坪山区党群服务中心

坪山区党群服务中心是深圳首个以解读红船精神与新时代党建工作相结合的党群服务中心。整个空间以"红船引航,创新坪山"为主题进行打造,将"红船精神"与党史学习教育紧密结合,营造出了浓郁的"红色氛围"。坪山区党群服务中心充分利用党群服务中心内部的空间,呈现出一条"红船精神"路展示区,分为"首创精神"区与"奋斗精神"区,以浮雕的形式,充分展现出了中国共产党的红色传统和红色基因;同时还设立了"首创光辉史迹",主要展示了12件中国共产党具有首创精神的事迹。

学校带领学生到坪山区党群服务中心进行参观,为学生的生涯发展提供有力的支持和帮助。在志愿者们的指导下,乘坐整洁干净的"红色公交"前往坪山区党群服务中心参观,了解坪山区党群服务中心。"党群服务中心只有用起来,活起来,成为服务群众阵地,才能避免成为华而不实的摆设",坪山区委组织部相关负责人表示:通过"党委'搭台',党员群众'点单',社会组织机构'唱戏',坪山区还将不断深化拓宽党群服务中心功能和便民体系建设,真正把党群服务中心打造成为凝聚党心民心、服务党员群众的主阵地。"

(四)国旗下讲话

德育为先,育德为本。利用升旗仪式和国旗下讲话,对学生进行爱国主义教育、思想道德教育等,其庄重的仪式感和强烈的情感蕴藏了深厚的教育张力,将"敬毅勇新、家国情怀、使命担当、全面发展、追求卓越"——我校所倡导的学生发展取向,进一步具体化、生动化、个性化,让简约的言行润物细无声地内化为学生的自觉意识,外显为优秀的行为习惯。

"生命究竟有没有意义并非我的责任,但怎样安排此生却是我的责任。"做好"怎样安排此生"的思考、规划、探索和实践,职业生涯有规划,寻梦脚步才会坚定,人生之路才不迷茫。也许未来的路上还有更凛冽的寒风和更困难的抉择,但相信只要找准方向,提前蓄能,人生的彼岸必定春光无限、灿烂热烈!

习近平总书记勉励广大青年:"当代中国青年生逢其时,施展才干的舞台无比广阔,实现梦想的前景无比光明。"生逢伟大的时代,面对广阔的舞台,对于未来走向何方,应该早做规划。

五 成效与反思

生涯之学乃应变之学,生涯教育是将生命教育、生存教育、生活教育、生涯教育融于一体的幸福教育——支持人们更全面深入地了解自己、了解他人、了解社会,并历练出面对变化的决策能力和行动能力,面对纷繁复杂的变化更具灵活性,内心更安然笃定。通过学生生涯发展的实践探索,学校积累了一定经验,取得了一定成果。[①]

(一)坚持生涯理念

坚持"育孩子九年,为孩子一生"的生涯教育理念,发挥学校优势,在小学开展职业

---

① 田明.坚持体验式生涯教育,为学生成长导航[J].中小学心理健康教育,2023(17):50—52.

启蒙,为学生规划中学、大学和未来的生涯发展奠基。

(二) 突出生涯体验

通过职业体验,学生了解了不同职业的内容、特点、性质和需要的知识、技能等,对自我发展有了新的认识和思考,为进一步规划自己的生涯发展起到积极引领作用。

(三) 重视家校结合

在给学生提供生涯教育的过程中,可以通过家长志愿者的专业讲解,对学生进行职业启蒙教育,增强学生的生涯意识,引导学生的生涯体验、职业探讨等,为学生的生涯发展提供指导和帮助。

"年年腾跃一江春水重重浪,岁岁攀登百尺竿头节节高",深圳市坪山区第二外国语学校将继续通过生涯实践、职业体验等方式,引领中小学生生涯发展,促进学生健康、全面、个性和可持续发展,做学生锤炼品格、学习知识、创新思维的引路人,为进一步提高学生自我认知、自我探索、自我成长、自我实现的生涯发展助力,为培养"中国根、红色魂、具有广阔视野的二外学子"不懈努力。

(撰稿者:深圳市坪山区第二外国语学校　李澈)

生涯智慧 4-5　燃烧意象火柴

一　背景与理念

中学生逐渐进入自我同一性探索阶段，如若无法确立自我同一性，将会陷入迷茫、担忧、焦虑或自我放任的状态，久而久之，心理困扰激增，进而影响学业发展、教育和职业选择以及生活状态。相反，确立自我同一性的学生能够意识到自我既与他人紧密相关，又与他人是独立的；过去、现在、未来的我都是我，自我是同一连续且发展的；自我与社会集体是同一的，自我能够适应社会，从而被社会所认可。

自我同一性的探索要求人们对自我的需要、情感、能力、目标、价值观等进行思考和选择。[①] 在这个过程当中，需要对过去、现在和未来的自我进行整合。这种连续发展观、整体观，与舒伯的生涯彩虹图概念是相一致的。在生涯发展过程中，具有多个人生发展阶段，每个阶段都具有多种角色，彼此之间相互影响。因此，这一阶段学生的心理辅导与生涯辅导是相辅相成的。

本案例中的来访者正是将自我陷入在单一时间点下的单一角色中，无法将自我从与父母的恶性关系中分离出来，尚未认识到自我是独立的个体且有多种角色，也对自我的过去、现在和未来缺乏整体、连续、发展的认识，因此陷入负性情绪，甚至产生轻生想法。因此，本次采用了生涯辅导的方式，唤醒来访者的生涯意识，为来访者注入生命动力。

二　目标与追求

使用中山大学程乐华博士以及谢杨帆硕士的专利产品：意象火柴（春华版），[②] 进

[①] 郭金山.西方心理学自我同一性概念的解析[J].心理科学进展，2003，11(2)：227—234.
[②] 程乐华，谢杨帆.一种带有燃烧物主体的标识件：201020121083.7[P].2010-2-11.

行生涯辅导,本次辅导总体目标为探索自我,珍视生命,对未来保持希望。在辅导过程中,期待来访学生能够达成的具体目标为:

1. 能够根据个人理解对大部分意象(价值观)进行诠释。
2. 意象火柴摆放与取舍结束后,来访学生对于自我价值体系的认识清晰化。
3. 梳理价值观后,来访学生能够回望过去,观望当下,展望未来,从中汲取积极支持资源。
4. 在摆放意象过程中,能够从心出发,放下防御。在取舍意象的过程中,能够同时激发情绪的波动与理智的思考,最后平复情绪。

三 框架与内容

本次生涯辅导的框架和内容包含:收集来访学生的基本信息,厘清来访学生的主要困扰问题,确定来访学生生涯探索方向。

(一) 收集来访者的基本信息

小桃是一名初一女生,被列于学校开学的心理普查中的关注名单中。经过前三次的辅导,了解到小桃一家共四口人,除了小桃以外,还有爸爸妈妈和弟弟。家庭经济状况较好,父母均为公司职员。小桃在四年级时,父母的关系出现裂痕,经常吵架。小桃妈妈与小桃的爷爷奶奶关系不佳,因此,婆媳矛盾又激化了夫妻矛盾。

小桃四年级的时候开始讨厌父亲,认为父亲虚荣。另外,父亲奉行专制型的教育方式,小桃和弟弟如果犯错了,就会被要求跪地受训。小桃六年级时曾与父亲顶撞,被父亲打过一巴掌。

(二) 厘清来访者的主要困扰

近一个月来,小桃常表达烦躁情绪,看什么都不顺眼。能觉察自己处于烦躁状态,但并不想改变。小桃一方面表达"烦就烦",另一方面又否认自己不在乎这种情绪,因为自己一哭就停不下来,直到哭累了才会躺下来。六年级开始有过割腕的自伤行为。近期辅导过程中常表达轻生想法,认为这是对父母的报复,小桃把自己当作报复工具。因此,小桃的主要困扰是对父母的不满,以及延伸至对自身的厌恶。

(三) 确定生涯辅导方向

利用意象火柴进行生涯辅导,主要引导来访学生认识和审视自我、整合积极支持资源、调动理性与调适情绪。之所以确定这些方向,一方面是评估了来访学生目前的状态,另一方面是因为意象火柴本身具有的特点能够达成以上目标。意象火柴包含了16个重要的价值观,在摆放、燃烧、调整过程中,可以帮助来访学生梳理自我的价值观体系。除此以外,意象火柴中的部分意象是资源的体现,例如:亲情、友谊、爱情、时间、金钱等人际和物质资源。可以通过这些意象了解来访学生目前所拥有的资源,并引导来访学生关注到自身的积极支持资源。在意象火柴的梳理过程中,来访学生的理智脑也会被调动,学生能够从负性认知—负性情绪的恶性循环中跳出,从而更好地调整心态和情绪。

四 流程与实施

利用意象火柴进行辅导的过程如下(见图 4-5-1)。

查看意象 → 首次摆放 → 二次调整(根据需要进行) → 意象自下而上逐层取舍、调整与解读

图 4-5-1 "燃烧意象火柴"活动流程图

(一) 查看意象

首先对意象火柴的摆放规则进行了说明:将意象火柴按照重要性顺序摆成金字塔形状。然后允许小桃在摆放前,先将所有意象平放于桌面观察一遍。

(二) 首次摆放

查看意象后,小桃按照意象重要性顺序摆放意象火柴,第一次摆放见图 4-5-2。通常在第一次完成摆放后,会询问来访者是否确定,是否还需要调整。如若无需调整,则直接进行意象的逐层取舍。

(三) 二次调整

由于小桃第一次摆放没有满足第二层比第一层数量多的要求,因此进行了第二次调整(见图 4-5-2)。

首次摆放　　　　　　　　　二次调整摆放

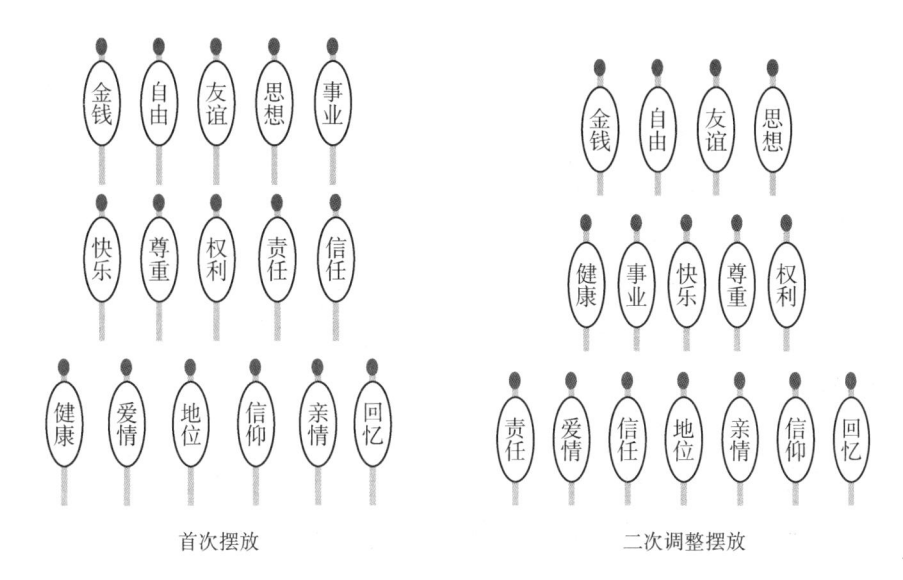

图 4-5-2 "首次摆放"与"二次调整摆放"

(四) 意象取舍、调整与解读

在摆放完成后,会要求来访学生从第三层开始依次选择可以舍弃的意象,舍弃的意象会被燃烧掉,燃烧意象前,允许反悔,调整摆放位置。每一层只有来访学生最难以舍弃的一两个意象可以暂时留下,如来访学生没有强烈的请求保留意愿的意象则会被燃烧。燃烧销毁的过程中注意观察来访的情绪状态变化。小桃对于意象的取舍结果如图 4-5-3 所示,图中火柴火焰越大,表示越早被舍弃、燃烧,没有火焰表明意象被保留。具体的取舍、调整和解读过程如下。

在第三层意象中,小桃首先舍弃的是地位、亲情、信仰、回忆、爱情,在选择的过程中,小桃没有表现出纠结,反而比较迅速地做出了选择。之所以舍弃这些意象是因为:地位可以通过金钱和

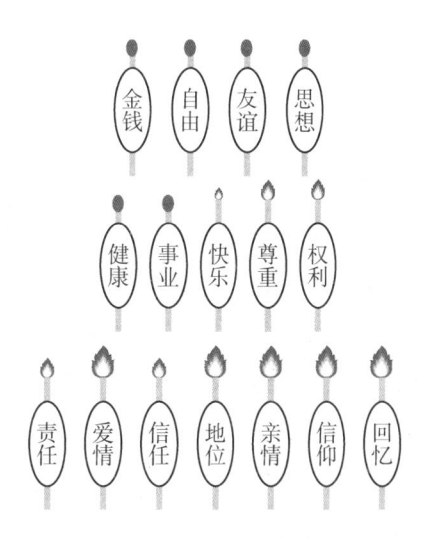

图 4-5-3 意象火柴燃烧顺序(来访对意象的取舍顺序)

注:火焰越大,表示越早被舍弃、燃烧,没有火焰表明意象被保留

事业获得,舍弃亲情是因为家庭并不美好,舍弃信仰是因为不重要,舍弃回忆则是因为过去的事情本就不记得了,舍弃爱情是因为不想结婚成家。接着,小桃舍弃第三层剩下的两个意象,责任和信任。舍弃责任不代表不愿意承担所有责任,而是不喜欢某些责任,例如帮邻居家看孩子。舍弃信任是因为假如自己与朋友关系破裂,自己会努力挽回。值得注意的是,这两个意象的舍弃与第三层第一批被舍弃的五个意象有所不同,小桃对于这两个意象的态度仍然认为是重要的,且愿意拥有一部分或者愿意用自我努力去获得。

在第二层意象中,小桃首先舍弃的是事业和权利,认为有金钱就有事业,但在提醒有金钱不一定有事业后,小桃换成了尊重与权利,其次是快乐。第二层意象在经过一番取舍后,留下了事业与健康。

师:"为什么宁愿留下事业与健康,也没有留下快乐?没有快乐,代表剩下的事情拥有了也不会快乐,你能接受吗?"

小桃:"可以,因为没有事业,我会无聊死。"

师:"你在调整摆放时,把健康从第三排提高到第二排,你是怎么看待健康的呢?"

小桃:"因为我不想成为植物人。"

师:"你对自己目前的健康状态是否满意呢?"

小桃:"我经常熬夜和不吃早饭可能会影响健康。"

梳理完第二层的价值观,我开始询问小桃对于第一层各个价值观的看法。小桃对于金钱的看法是有花不完的钱,但认为金钱也是需要靠自我努力获取的;对于思想,小桃希望自己并非人云亦云的状态;对于自由,小桃认可自由不是绝对的自由。

师:"我发现只有'友谊'这一个与'情'有关的意象出现在重要性较高的位置,在刚才的'信任'意象的诠释中,你提到了与朋友关系的破裂,你一定会努力挽回,听起来你是个很重'情'的人。"

小桃沉默着,继续听我表达我的感受。

师:"能感受到你的本质是重情重义的,虽然你把'爱情''亲情'放在相对不重要的位置,但是我不会认为你的未来真的不想要恋爱、结婚,你现在对于亲情的态度,只是因为自己的'情'与你认为父亲对家庭的'无情'产生了冲突,所以你暂时把对亲人的情藏了起来,也对爱情没有了期待。老师接纳你目前不需要亲情、爱情,这是你的自由,但未来也许你重新摆放意象火柴,这些又会发生改变。"

小桃认真地听着,点点头表示肯定。

师:"请你看着剩下的意象(金钱、自由、友谊、思想、事业、健康)表达你的感受。"

小桃:"如果以后我的生活中,有这些东西,我会好受一点。"

师:"心里会舒坦一点?"

小桃:"不是会舒坦一点,是会没那么不舒坦。"

师:"嗯~确实,还有别的感受吗?"

小桃摇了摇头。

师:"那我说说我的感受吧。除了友谊以外,剩下的意象围绕着你个人,能看出你有目标、有追求、有想法,未来努力想要成为一个独立的人。老师感觉到你的力量很强。"

小桃没有说话,挺了下腰。

师:"今天的辅导到此结束,我们下学期再约。"

五 成效与反思

在本次生涯辅导中,小桃能够放下负面情绪,相对客观地梳理自我价值观。对价值观的重要性排序以及解读,反映出小桃对于未来有向往、对自我有追求,以及对生命有态度,并不像前三次心理辅导中所呈现的那般消极厌世。这一节生涯辅导结束后,我第一次感受到小桃走出辅导室时步伐的坚定与有力。可见,利用意象火柴进行生涯辅导,不仅适用于对于未来、对自我迷茫的来访学生,也适用于正处于青春期,因为童年创伤而诱发负面情绪和行为的学生。本次利用意象火柴进行生涯辅导的起效原因具体如下。

(一) 意象火柴——沟通桥梁

在对有自杀意念的来访学生进行辅导时,常常面临的一种困境是,一类学生精神低迷,面对老师问话只有只言片语,另一类学生情绪波动,沉浸在消极想法中难以自拔。意象火柴工具的使用,一方面可以让来访学生有话可说,心理老师可以针对某一意象让学生进行诠释和表达,以间接方式了解学生的过去、当下及未来信息,能够有效避开学生的防御。另一方面可以让来访学生从消极思维循环中跳出,启动理智思维。例如,在进行生涯辅导前,小桃表现出强烈的厌世情绪,这导致了沟通受阻,也不接受改变的建议。但在意象火柴的取舍中,她却留下了"健康""事业"这两个意象。"厌世"与关注健康、打拼事业显然是相互矛盾的。前者的出现是因为小桃沉浸在家庭的影响中,而后者的出现是小桃作为一个独立的个体,不受情绪主导,思考个人发展的结果。

(二)价值梳理——积极赋能

通过意象火柴,帮助小桃理清自我价值观体系。而这些价值观既与当下有关,又与未来紧密联系,既与现实自我有关,又与理想自我挂钩。在理清自我价值体系的过程中,不涉及对价值观好坏的评判,而是仅仅认识当下的自我价值观构成,达到认识和接纳自我的作用,增强当下自我力量,注入对未来的憧憬。例如,小桃最后留下的多数意象,都体现出她个人未来的目标和追求。虽然过去的经历是她所无法改变的,但她明晰了自我目标和追求,自然会反观当下,尝试思考与行动,并且思考当下所拥有的资源,这无疑给予她跳出过往、奔向未来的动力。此外,在小桃毫不犹豫抛弃"亲情"和"爱情"这两个意象时,心理老师对此不进行批判,理解小桃此刻选择的原因与家庭有关,正常化看待小桃的选择,并适当表达心理老师个人的理解。最后,还会告知小桃价值观是会发生变化的,给予价值观体系变动的可能和空间,避免小桃给自己贴上"无情、冷漠"的标签。

(三)目标转变——起效关键

当然,小桃的心理辅导最终有所成效,首要原因是及时改变了辅导目标(情绪调节→探索自我)。这是因为在前几节的心理辅导中,心理老师发现小桃常常抵触改变认知的行为,以至于不能引导情绪调节。小桃破罐破摔的心理是因为她认为自己仅仅是报复父母的工具,仅认识到自身是父母的子女这一角色,忽视了自我的其他角色及其角色任务,忽视了自我也是一个独立的个体,这导致小桃沉浸在对父母的怨恨情绪中,因自身的弱小,只能将愤怒的情绪内化,从而进行自我攻击,产生轻生念头。意识到这个问题后,心理老师尝试改变辅导目标,利用生涯辅导技术,帮助小桃跳出角色限制,引导小桃进行自我探索,增强自我力量。

综上所述,生涯辅导和心理辅导相辅相成,生涯意识被唤醒,生命动力也随之被激发。经过本次生涯辅导的实践检验发现,意象火柴在中学生生涯辅导中起到重要作用,且操作简单、灵活,适宜推广使用。

(撰稿者:深圳市坪山区坪山实验学校　林艳如)

生涯智慧 4-6　从"孔乙己"谈起

一　背景与理念

舒伯认为,0—14岁处于职业生涯发展的成长阶段。这个阶段的特征是,人开始考虑和关心自己的将来,并愿意通过某些活动初步探寻工作的意义,进而建立起良好的人生态度。《中小学心理健康教育指导纲要(2012年修订)》也规定,初中年级学生应培养正确的学习观念,发展学习能力;把握升学选择的方向,培养职业规划意识,树立早期职业发展目标。[①] 在此背景下,我们结合初中生乐于关注社会新颖话题的特点,从社会焦点议题"孔乙己文学"谈起,引出学习与职业选择的相关话题,同时融入一系列活动,让学生在活动中认识自我,厘清自己的学习观和职业价值观。

课程主要面向八年级学生,共3个课时。第一个课时是:"孔乙己文学,我讲你说大家谈"第二个课时是:"学习的意义,是为找到好工作?"第三个课时是:"认识你自己,初探生涯价值观"。课程旨在让学生在各抒己见、充分互动的过程中更新知识储备,提高问题解决能力。更为重要的是,通过交流问题、辩论话题、明晰自我几个环节,帮助学生认识到学习、职业与未来密不可分,以更好地立足当下,增长自身才干。

二　目标与追求

1. 在主题展示交流的过程中,理解学习的价值,培养乐学善学的意识,正确认识自我,提高自我管理、自我教育能力。

2. 通过"一分钟职业联想",认识与厘清自己的职业价值观,意识到职业价值观在个人生涯中的重要意义,让个人价值观内化为学习和成长的动力。

[①] 教育部. 中小学心理健康教育指导纲要[EB/OL]. (2012-12-7)[2024-01-21]. http://www.moe.gov.cn/srcsite/A06/s3325/201212/t20121211_145679.html.

3. 在展示、交流、讨论中,培养问题意识,提高多角度辩证分析问题的能力,养成批判质疑的科学精神。

4. 学生能够将个人的学习成长与未来的生涯发展有机结合起来,从而更好地完成初中学业。

三 框架与内容

课程共分为三个板块:"孔乙己文学,我讲你说大家谈""学习的意义,是为找到好工作?""认识你自己,初探生涯价值观"(如图 4-6-1)。

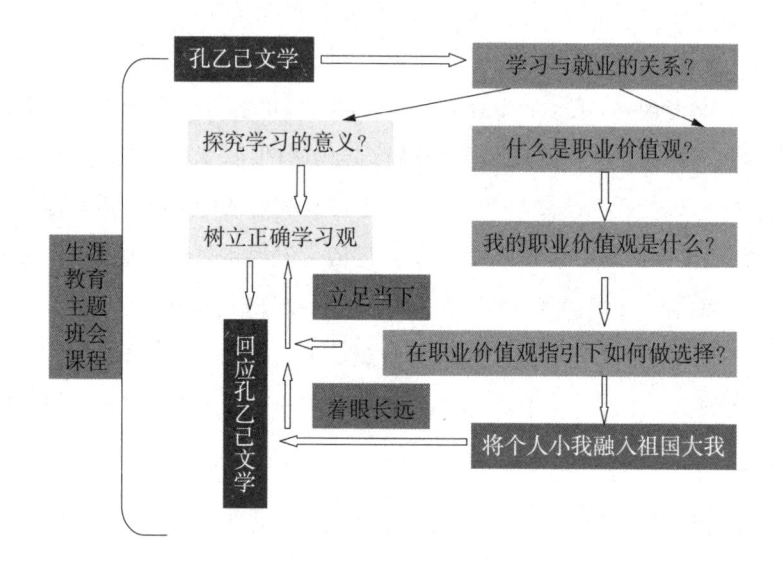

图 4-6-1 "从'孔乙己'谈起"课程框架与内容图示

板块一主要是由一位同学结合社会热点话题"孔乙己文学"作主题分享,其他学生畅谈"如何看待年轻人脱不下长衫"。

板块二是结合上一课时学生讨论的内容,确定本课时需要解决的核心问题:"学习与找到好工作之间的关系"。而后,教师引导学生树立正确的学习观。

板块三是通过一系列课堂活动的开展,帮助学生明确自己在选择职业时更看重什么。根据学生的职业价值观,教师做进一步引导,激励学生将个人小我与祖国大我相融合。最重要的是,回归课程开设初衷,引导学生更好地立足当下,在职业价值观指引下努力学习,奋发向上。最后,教师与学生共同回应"孔乙己文学",将学习、就业、青年担当等话题串联起来,得出结论:依靠学习,走向未来。

四　流程与实施

本次生涯教育主题班会课程的起始话题是"如何看待孔乙己文学",也就是第一课时的课堂教学,后两次的课程教学都是立足于上节课的讨论内容之上。三个课时教学既独立,又统一(如图 4-6-2)。

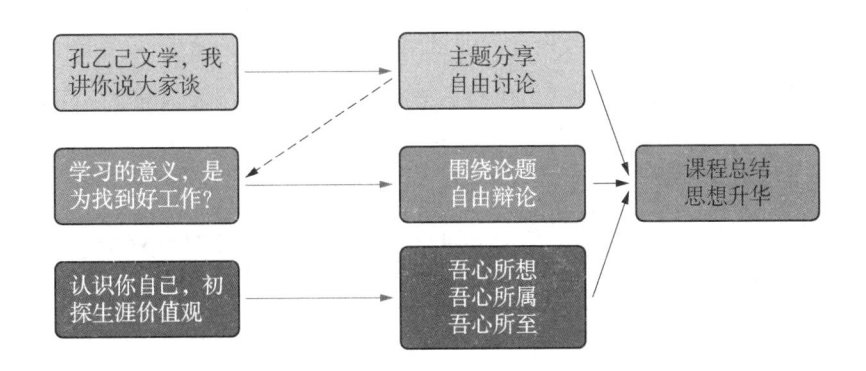

图 4-6-2　"从'孔乙己'谈起"课程实施流程图示

(一) 第一课时:孔乙己文学,我讲你说大家谈

视频导入,激趣凝神。播放话剧《孔乙己》的部分片段,请学生描述视频里穿着长衫的读书人是怎样的人物形象。学生认为,孔乙己是一个穷困、爱面子的读书人。接着,展示当代年轻人的"孔乙己"式自嘲,帮助学生理解孔乙己文学的基本含义。通过这次跨越时空的联结,引导学生思考"孔乙己文学——如何看待年轻人脱不下长衫",激发学生的学习兴趣。

主题分享,热烈讨论。由欧阳同学作"孔乙己文学——如何看待年轻人脱不下长衫"的主题分享。学生从孔乙己本身、孔乙己文学的产生原因、孔乙己文学的含义、各方对年轻人脱不下长衫的看法、改变此现状的解决策略、自己的观点几方面进行了详细阐释。学生分享完毕,教师组织其他同学自由发表意见。有的认为年轻人脱不下长衫,找不到心仪的工作,主要是自身问题,有的认为是社会问题,有的结合学历与职业的匹配度来谈,有的从职业价值观、社会价值观、教育政策来谈。

提炼问题,设置悬念。教师在总结学生观点的基础上,糅合自己的观点。孔乙己文学虽是年轻人的自我揶揄,但我们应关注其产生的诸多原因,同时思考如何借助各方力量解决此问题。同时,教师提炼学生发言中出现最多的两个词:"学习"和"好工作",抛出问题,自然引出下一课时的讨论内容。

(二) 第二课时:学习的意义,是为找到好工作?

自由辩论,明晰关系。由课时1延伸出本节课的核心议题:"学习的意义——学习与找到好工作的关系",学生根据事先分好的两大组展开自由辩论。学生认为,好好学习不仅能增加知识储备,还能改变我们的思维方式和看问题的角度,这些隐性品质的提升能进一步帮助和指导我们的工作和生活。因此,好好学习是找到好工作的前提,是为了以后有更多的就业选择。但,好好学习并不是找到好工作的唯一前提条件,个人能力、社会环境、社会关系、国家政策都可以成为影响因素。而且,我们并不是为了找个好工作而学习的,不是只有变现的知识才叫有用,也不是只有有用的知识才值得学。

加深理解,重视学习。立足学生的思想认知,教师播放董宇辉的相关视频,分享学生感兴趣的人物的主要观点,作升华总结,让学生认识到学习的目的是修炼自己,学习的态度应认真踏实,学习的时间应伴随一生。经此,学生对学习的意义有了更加深刻的认知,更愿意关注学习本身的价值。

(三) 第三课时:认识你自己,初探生涯价值观

吾心所想——什么是职业价值观?教师展示两种工作。A工作:晋升机会大;月薪较丰厚;经常在外出差。B工作:晋升空间小;工资中等水平;离家近。由学生选择一种心仪的工作。结果显示,选A工作的同学明显多于选B工作的同学。教师再展示补充条件。A工作:加班多;996;竞争激烈。B工作:假期多;工作稳定。学生再做一次选择。很明显,再次选择A工作的学生少了很多。教师小结,你在选择职业时更看重什么,更期待从工作中获得什么,这其实就是职业价值观。

吾心所属——探索自己的职业价值观。教师组织活动"一分钟工作联想",让学生书写以下内容:1. 你未来理想的工作是什么样的?请在一分钟内写下你联想到的所有短语。2. 请对自己所写的短语进行排序。接着,学生自由分享。该环节,学生分享

的内容十分丰富,如:工资高或中等偏上、有五险一金、福利多、有竞争性稳定性安全性、晋升空间大、有周末和适当假期、带薪休假、少出差、少加班、工作压力小、工作强度合适、自由度高、离家近、工作环境好、同事之间和谐融洽、工作内容不单调、与自己的兴趣爱好有关(如:自媒体、运动、心理学、农场主、摄影师、画师等)、开心快乐、对个人社会国家有一定意义、有成就感、能提升自身能力……其中,薪资高、工作稳定、工作环境好、有适当假期最受学生喜爱。活动结束后,学生认识到自己在选择职业时会考虑哪些方面,而且也明晰了这些方面的先后排序,明确自己在选择职业时更看重什么。

吾心所至——在职业价值观指引下做负责任的选择。教师播放黄文秀等一批优秀青年的视频,让学生了解到通过好好学习找到的好工作,也可以是最能够为广大人民群众服务的工作。接着,教师引导学生立足当下,谈谈在职业价值观指引下作为中学生能够做什么。通过观看视频,学生感悟到从事利他助人的工作更能创造社会价值,实现人生意义。谈到现在,同学们大都认同要好好学习,不仅要学习科学文化知识,还要增强自身才干。

课程总结,思想升华。作为中学生,我们享受着父母、老师、社会、国家的关爱和馈赠,今后,在选择职业时理应将个人小我融入祖国大我,更好地实现人生价值,升华人生境界。当然,前路漫漫,坎坷必存,或许未来我们也会成为孔乙己,有着迷惘和彷徨,但,不要怀疑学习本身,它终将带我们走向远方。对于职业,我们当然可以有自己的选择,这是我们的自由和权利,我们可以做到的是,不断增长自身才干,让能力与职业相匹配,让选择权牢牢握在自己手中。同时,我们要相信未来属于年轻人。我们应不惧改变,包括改变社会和改变世界。

五 成效与反思

本次生涯教育主题班会课程从社会热点话题"孔乙己文学"谈起,既关注社会现实,又贴近学生的生活和经验,学生参与度很高,表达欲很强,老师看到了学生的不同面,看到了学生的成长。

学生分析问题的能力有所提高。在第一课时的自由讨论环节,学生在老师的引导下能多角度分析问题。尤其在探讨年轻人脱不下长衫的原因时,学生从自我、社会、教育政策等方面进行剖析且能联系具体的生活实际。同时,学生在第二课时的自由辩论环节学会了辩证分析问题。部分同学认为,好好学习是找到好工作的前提;另一部分同学认为好好学习并不是找到好工作的必要前提条件。在不同观点的碰撞中，学生也学会了深入、全面地思考问题。

学生对学习意义的认知更加清晰。课程一开始，大部分同学都将好好学习与找到好工作等同。通过讨论、辩论、引导，学生更加关注学习的终极意义，更加认同学习对人生发展的支撑作用。抛去施加在学习意义上的各种外在因素，学生把注意力转向学习本身，如此，学生学习的内驱力也在增加。当然，对学习自身价值的探讨并不是否定学习与职业发展的关系，当我们选择更能创造社会价值、更能实现人生意义的工作时，学习的重要性也就不言而喻了。

当然，课程实施过程中也存在不足。一方面，教学时间安排、教学内容设计有待改进；课程教学时间略显仓促、教学内容略显单薄，今后可以继续完善，增加课时量，增加学生认识自我、生涯体验等教学内容。另一方面，教师升华、总结、引导能力有待增强。在引导学生树立正确价值观以及进行职业选择时将个人命运与国家命运相结合部分，教师发挥的作用还有提升空间。对"孔乙己文学"的回应是否能让学生认同并指导自己的生活，还有待观察。

（撰稿者：深圳市坪山区坪山中学　李娜，吴京红）

生涯智慧 4-7　职业"新"发现

一　背景与理念

《义务教育课程方案（2022年版）》指出，学生的学习活动可更大程度地强化学科内知识整合，与学生经验、社会生活相联系。[1] 初中阶段是学生生涯发展的关键时期，呈现出"对职业产生关心或兴趣——对感兴趣的职业进行了解探索——开始对倾向的职业具体化、目标化"的一般规律。[2] 为此，学生可在老师的进一步鼓励、引导和支持下参与多种生涯实践，树立方向感、目标感和自信心。

基于本校学生现状，我们为七年级学生创设了5课时的职业探索主题学习活动。学生通过纪录片观影、职业生涯访谈、成果展示等环节加强对职业信息的判断与整合，重点探究影响职业选择的因素以及明确作为初中生可以做到的职业准备，进一步明确当下学习的意义。

二　目标与追求

1. 掌握职业生涯访谈的流程与要点，培养生涯实践能力。
2. 增进对职业世界的了解，感知访谈对象在其职业领域中的个性品质与职业价值。
3. 明白当下学业对生涯发展的重要性，能主动思考并规划自己的生涯发展道路。
4. 通过合作学习、实践探究和交流分享培养勇于实践、主动探索的精神，增强综合素养。

---

[1] 教育部.义务教育课程方案（2022年版）[M].北京：北京师范大学出版社，2022.
[2] 王一敏.中学生生涯教育理论与实务[M].广州：广东教育出版社，2016：13—14.

三 框架与内容

本案例由三大板块组成,分别对应本次课程的三个阶段,即:前置学习、实践探究和展示交流(见图4-7-1)。

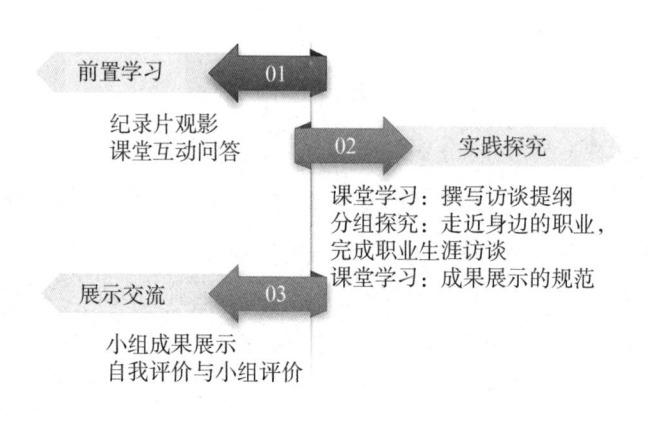

```
前置学习 ← 01
纪录片观影
课堂互动问答
              02 → 实践探究
              课堂学习:撰写访谈提纲
              分组探究:走近身边的职业,
              完成职业生涯访谈
展示交流 ← 03   课堂学习:成果展示的规范
小组成果展示
自我评价与小组评价
```

图4-7-1 "职业'新'发现"活动结构图

板块一是前置学习,组织学生进行《Hi,新职业》纪录片观影。通过课前调研,了解学生对职业的关注程度和认知水平。明确本主题学习任务,使学生做好学习准备。

板块二是实践探究,为学生创造职业体验的机会,重在活动体验、信息搜集与整理,使学生增强对职业的理解。

板块三是展示交流,各组进行小组展示,在班内交流与分享,并完成自我评价与小组评价,巩固实践成果,整合经验。

四 流程与实施

(一) 前期准备

一是前期调研。了解学生身边人群的职业,有助于教师有针对性地设计探究任务,把关活动细节。据了解,大部分七年级教师为近几年入职的青年教师,不少七年级学生家长在本土从事与生物医药、新能源汽车、电子信息等高新技术领域相关的工作。二是选取内容。生涯教师立足本学科"探索职业世界"主题模块,整合本年级课程资源,将语文、劳动、信息技术等学科的知识灵活地融入学生活动的各个阶段,如访谈提纲的撰写、访谈中的语言表达、摄影基础知识、视频及 PPT 制作等。三是沟通协调。生涯教师提前与年级组以及学生家长联系,告知本次学习活动的内容、目的和程序,推动他们为积极参与实践的学生提供适时的鼓励和支持。

(二) 教学过程

1. 前置学习阶段

教师组织学生进行《Hi,新职业》纪录片观影,初步调动起学生的积极性,激发他们的求知欲和实践动机。在本阶段,学生能够进一步理解职业内涵,明确任务,做好学习准备。随后,教师围绕纪录片的内容开展互动问答,鼓励学生用流利的语言表达观看视频后的感受和思考,并根据提问表达对自己父母职业的认识。

2. 实践探究阶段

为进一步促进学生通过亲身实践来加深对职业世界的认识,学生在本阶段主要通过小组合作的方式完成职业生涯访谈。第一步,方法学习。了解访谈的流程、步骤与礼仪,掌握提问的技巧,能自主调整问题的顺序和问法。第二步,课后实践。任务小组明确分工,从身边的人(亲属、老师、邻居等)中自由选择 1 位调查对象(有正当职业),利用课余时间搜集相关材料,共同完成职业生涯访谈。借助学习单记录相关职业信息(工作内容、工作环境、职业所需专业知识与技能等)。同时,教师鼓励学生自行拟定更多访谈问题去了解访谈对象的工作感受。第三步,动态指导。在课堂中,教师带领学生学习摄影基础知识,认识景别和构图方式,学会用视频、图片记录访谈过程。例如,教师展示近期学校活动新闻照片,让学生进行景别的判断,巩固摄影知识,学会在访谈活动中用恰当的构图拍下精彩的照片或视频。以访谈报告的要素切入,让学生学会用简洁且有逻辑性的语言重整访谈信息,懂得如何将访谈成果用于手抄报、PPT 汇报、视频等形式。

3. 展示交流阶段

学生以小组为单位进行展示,自选 PPT、视频、手抄报等形式向全班介绍本组活动的经过、成果与感悟。随后,教师提供指导语,鼓励全体学生参与活动反思,帮助学生结合自己的思考与同伴交流,真诚地表达自己的感受,多角度理解、提炼活动的意义。教师通过查阅各组作品及全班学习单了解学习过程,明确学生职业探索成果的效果。教师具体结合成果作品、课堂观察、活动评价表等对学生的生涯认知、生涯实践、合作沟通等方面进行综合评价,检验学生是否在参与活动后有所成长。[①] 最后,教师作适当的"自我暴露",讲述自己的职业成长故事,鼓励学生带着活动经验进行具体的学业、职业规划。

五　成效与反思

探索职业世界的主题课程是本校七年级学生首次多维度地参与生涯教育课程。通过课内外相结合的形式,为学生创设真实的生涯体验机会,加强教师在生涯实践中的指导作用,使学生获得更多的实践技能,提升综合素养。

(一) 形成"人人闪亮"的学习共同体

以小组合作为基础,体验式生涯课堂给予学生充分的自主性。以共同的任务驱动,让每位学生都能结合自己的兴趣和能力在小组中为实现共同目标作出贡献,并获得了关键技术和能力,如摄影技能、信息技能、口头表达能力、人际沟通能力等。

(二) 进一步提升学生生涯自主意识

通过纪录片观影、阅读资讯、生涯访谈等途径,学生了解了更多探索职业的方式,丰富了生涯体验,增进了对职业世界的了解,并能从对职业的思考中回归到对自身的探索中来,如有计划走艺术生路线的学生开始想要了解更多关于艺术生升学的资讯,做好专业规划准备。

(三) 注入学生生涯发展的动力

学生通过访谈感知访谈对象在职业领域中的个性品质与职业价值。学生能更深刻地明确当下的学习是职业生涯的重要基础,也是个人生涯发展的关键部分,将更重视现阶段各学科的学习,珍惜学生时期的实践机会,为自己的职业梦想打下坚实的基础。

当然,本主题课程还可进一步完善。如及时加强学习内容的衔接,尤其可以借助

[①] 沈之菲.扬起理想风帆:中小学生涯教育活动方案设计[M].上海:华东师范大学出版社,2020:66—67.

一定的工具让学生对自己的兴趣、价值观、能力和性格特征进行挖掘与觉察,深入了解自己,厘清当下状态与理想职业之间的关系与距离。鼓励学生在自己向往的职业中选择多位生涯人物,涉及更多领域、更多级别,或让学生结合互联网资源、影视作品、书籍、实地参访等形式更全面地了解一个职业,了解当今社会对人才的要求与标准。

总的来说,本次课程活动丰富,趣味性强,难度适中,全年级学生参与度及完成度较高。遵循学生学习发展的规律,环环相扣,推动学生获得了"沉浸式"的体验。有学生表达了自己的感受:"即使将来未能从事自己喜欢的职业,仍要保持一颗热情和努力追求的心,或许只要保持乐观和热情,你也能从中获取快乐。"也有学生谈道:"教师这个职业既困难又伟大,我想多了解一些教师职业的相关内容,为自己多找一条路。"从学生的反馈中,我们发现学生拥有了新的体验和发现,一定程度上能够相信本次主题课程在他们成长中的积极意义。

(撰稿者:深圳市坪山区新合实验学校　吕冰羽)

生涯智慧 4-8　学生的创业之旅

一　背景与理念

《义务教育课程方案（2022 年版）》强调，要充分利用地方特色教育资源，强化实践性、体验性和选择性，以多种课程形态服务学生个性化学习需求。[①]《中小学综合实践活动课程指导纲要》指出，"课程实施要注重学生的主动实践和开放生成"，[②]鼓励学生主动参与并亲身经历实践过程。同时，依据舒伯的生涯发展理论、金斯伯格的职业发展理论，八年级学生（14—15 岁）处于职业探索期，逐渐形成自我概念与职业概念，实现职业偏好，开始尝试把兴趣与能力统一到自己与职业的关系中。为此，我们带领学生实地参观真实的工作环境，为学生亲自体验工作流程、挖掘个人职业兴趣和能力制造更多机会。同时，邀请企业职员把自己的"生产车间"搬进校园，以职业导师的身份与学生团队一起策划、经营自己的职业体验摊位，让学生获得丰富而真实的职业体验。

二　目标与追求

1. 通过实地探索，学生能够观察并初步了解真实的职场生活。
2. 学生可以亲自操作各种生产工艺和流程，体验创业当老板的过程和乐趣。
3. 学生将自己的兴趣与能力统一到自己与职业的关系中，逐渐发展出清晰的自我概念和合理真实的职业偏好，形成积极的劳动观念和态度，养成初步的生涯规划意识和能力。

[①] 中华人民共和国教育部. 义务教育课程方案（2022 年版）[M]. 北京：北京师范大学出版社，2022：6.
[②] 教育部. 教育部关于印发《中小学综合实践活动课程指导纲要》的通知[EB/OL]. (2017-9-25). http://www.moe.gov.cn/srcsite/A26/s8001/201710/t20171017_316616.html.

三 框架与内容

本活动一共分为三个板块(如图 4-8-1)。

3 — 自我概念与职业概念的统一与协调
将自己的兴趣与能力统一到自己与职业的关系中,逐渐发展出清晰的自我概念和合理真实的职业偏好

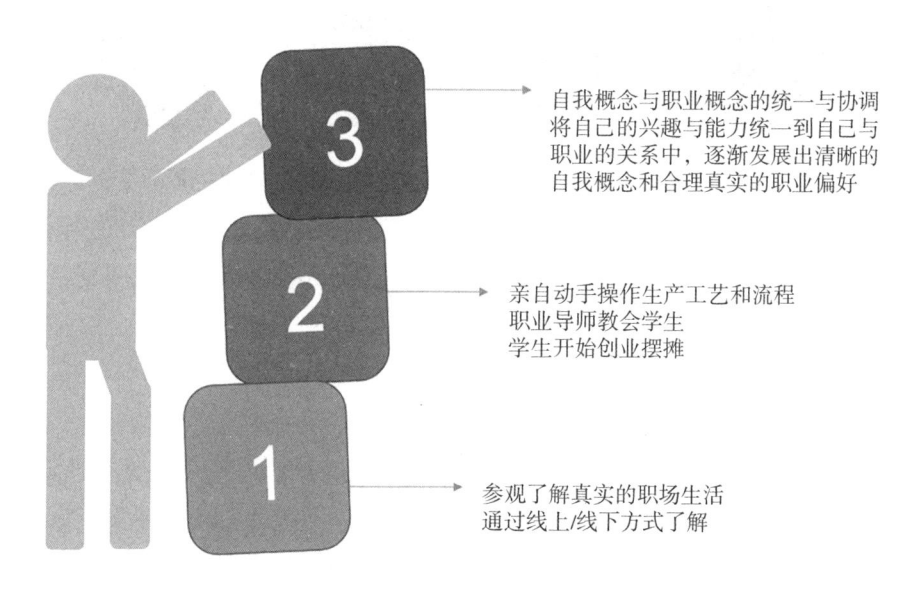

2 — 亲自动手操作生产工艺和流程
职业导师教会学生
学生开始创业摆摊

1 — 参观了解真实的职场生活
通过线上/线下方式了解

图 4-8-1 "学生的创业之旅"活动框架与内容

板块一是通过线下实地参观、线上搜集图文资料的方式,引导学生了解真实的职场生活,包括工作时间、工作环境、工作内容、工作要求等。

板块二是为学生创造实践实操的机会,鼓励学生亲自动手操作相关的生产工艺和制作流程,期间,企业职员作为职业导师手把手指导学生操作,学生学成之后再教会其他人。

板块三是活动收尾阶段,学生对活动过程进行总结和心得分享,在此过程中,引导学生将自己的兴趣与能力统一到自己与职业的关系中,逐渐发展出清晰的自我概念和合理真实的职业偏好。

四 流程与实施

为了丰富且深化学生的职业体验,既要为学生提供具体而生动的职业参观和体验

机会,又要引导学生内化吸收外在的职业信息,最终引导学生将外部的职业世界与内部的生涯探索结合起来,深入思考自己的职业规划,特设计了如下活动流程和实施环节(如图4-8-2)。

图4-8-2 "学生的创业之旅"活动流程图

(一) 亲自实地参观企业

通过前期的企业调研和学生兴趣调查,确定了五家合作企业,生涯老师带领学生团队去企业参观,包括办公环境和生产车间观察、生产流程和技术工艺观摩等。学生可以身临其境,置身于真实的工作环境中,沉浸式地观察、感受真实的职业生活。

(二) 体验生产流程和制作工艺

学生以小组为单位选择一项自己感兴趣的生产流程或制作工艺,在企业职员的指导下,亲身体验并学习。如制作口红(包括口红原料配比、口红调色、口红脱模、口红质量检测等环节)、制作头盔(包括外壳和内胆材质选择、五金装配、安全测试等环节)等。

(三) 职业导师面对面访谈

沉浸式观察和体验结束后,学生可以邀请企业职员作为自己的职业导师,在公司的休闲空间里进行一对一、一对多的深入访谈,进一步了解导师的工作情况和工作感受,如导师的求学经历(院校和专业)、求职经历(实习、找工作和换工作)、当下的从业感受(如工作中最有成就感的事情、工作的瓶颈或矛盾等)。通过面对面访谈的方式,进一步绘制职业蓝图。

(四) 学生与职业导师共同创业摆摊

为进一步将学生的职业蓝图落地，学生将和职业导师结对子，共同组成创业团队，在校园里设置摊位，向所有同学介绍职业内容、操作工艺流程、展示工艺成品，从而赚取校园币。让学生体验用自己掌握的职业技能成功创业的职业成就感。同时，完整参加完活动且拥有真实职业体验的学生也成为其他学生的职业导师，以学生的力量去影响更多学生，点亮更多学生的生涯。

五 成效与反思

此次活动突破了学校围墙，引导学生在真实的社会环境中学习，鼓励学生通过实践和体验获得必要的知识和技能，生成对社会生活具体而生动的生涯感悟。活动更关注学生生涯探索的自主性和实践性，尊重每个学生的兴趣和特长，注重培养学生的自我探究和生涯规划意识，强调培养学生的自我觉察、动手实践和社会适应能力。

(一) 活动成效

1. 增强了学生的实践能力

通过参观自己感兴趣的企业，观摩并亲身参与生产流程和制作工艺，拓展了学生的生产实践，尤其是工业生产实践视野，切实地增强了学生的实践能力，使其深刻体悟了实业生产背后的劳动价值和意义，树立了积极的实践观念和劳动精神。

2. 提升了学生的生涯规划能力

突破课堂和课本的局限，学生能够亲临工作现场，获得真实的职业见闻，并就此与职业导师面对面交流，获得了丰富且深刻的生涯体验，从而激发学生自我职业生涯规划意识，并做出切实可行的行动规划。

(二) 活动反思

1. 负责讲解的企业讲师需提前培训

活动中，由企业讲师向学生介绍公司产品和生产工艺，他们不太了解中学生的知识基础和学习风格，讲解时习惯用专业术语或抽象概念，学生容易一知半解。为此，在活动准备阶段，学校需要对企业讲师一对一培训和共创，根据学生的年龄特点和学习基础，协助讲师把专业化的表达转化成学生易于理解的语言。

2. 时间和环节安排需灵活调整

此次活动共四个环节,活动前期,学校和企业会共同确定每个环节的内容和时长。经过实践,学生年龄和性别的不同、参观企业类别的不同、参观制作工艺内容的不同等因素都会影响学生参观学习的投入程度和学习质量,如参观化妆品企业时,学生对打扮靓丽的企业职员更感兴趣,参观五金制造企业时,学生对动手实操制作五金零件更感兴趣。为此,活动要以满足学生个性化的学习需求为核心,灵活调整活动环节和时间。

(撰稿者:深圳市坪山外国语学校　刘欢)

第五章

梦想的天空:超越当下的自己

不满足是神圣的,不满足是人性的。[①] 人是追求理想的动物,人有想象力和梦想。一个人的想象力越丰富,便越不能感到满足。有理想有抱负的人,是值得称赞的,是高尚的。对于高中生来说,帮助他们追求梦想,实现远大理想,是教育的重要任务。

---

① 林语堂.论梦想[J].语数外学习(高中版中旬),2022(5):4.

人类具有超越性,这是人类历史发展的根本动力。其中,超越性又可以分为意识的超越性与实践的超越性,两者相辅相成。意识的超越需要通过实践才能获得其展现与完整内涵。①

意识的超越,是面对茫茫未来之路时的运筹帷幄。想打赢梦想之仗,赤手空拳胜算不高,提前谋划才是明智之举。每个人都要思考该如何度过这一生。高中阶段的学生由于自我意识的迅速发展,对自我的探索也逐渐多了起来,他们需要理性思考自身生活中重要的内容,并对这些内容进行管理,对未来进行规划。这就要求他们从意识层面进行更多的准备,即培养和发展生涯规划意识。生涯规划意识是成功人生必备的意识,也是生涯规划的开始。按照斯金伯格的职业发展理论,11—17 岁是个人职业生涯发展的尝试阶段,高中阶段正处于生涯探索期,是生涯规划的重要时期,也是世界观、人生观和价值观形成的关键期,可塑性极强。②增强学生生涯规划的意识,能辅助学生进行生涯探索,尽早培养生涯发展所需的各种能力,收集更全面的生涯资讯。在决策的时候能够更客观,更全面。

意识的超越,是基于国家教育宏观视野下的潜心探索。生涯规划既是为莘莘学子探索适合自己的成长的道路,更是为祖国寻求未来发展的栋梁。《国务院关于基础教育改革与发展的决定》强调基础教育应使学生具有职业意识和创业精神;③《广东省深化普通高校考试招生制度综合改革实施方案》也指出,到 2021 年基本形成多元录取的考试招生模式,初步构建起衔接沟通各级各类教育的人才成长"立交桥"。④坚定理想信念、立志为国成才的种子理应在每个学生心中种下,如何引导当代高中学生厚植家国情怀,踏实走好新时代的长征路;树立正确的世界观、人生观、价值观,积极践行社

---

① 金民卿. 意识超越性与实践[J]. 求是学刊,1994(1):19—22.
② 余瑶嫣. 中学生职业生涯规划教育分析与创新设计[J]. 青年时代,2020(35):244—245.
③ 中华人民共和国国务院. 国务院关于基础教育改革与发展的决定[Z]. 2001 - 05 - 29.
④ 广东省人民政府. 广东省深化普通高校考试招生制度综合改革实施方案[Z]. 2019 - 04 - 24.

主义核心价值观;做好个人职业生涯规划,做一名有理想信念、有爱国情操、有一技之能的高中生已经成为高中教育的当务之急。在国家的教育政策引领下,学校开展生涯教育,带领高中生了解当地社会、经济、科技的发展,培养学生的担当意识和社会责任感,激发学生奋勇当先的斗志,让爱祖国、爱学习成为高中生发展的重要动力与核心情感。

意识的超越,为实践的超越铺路,是迈上梦想征程前的厉兵秣马。高中阶段的学生在面对未来种种选择与挑战时,受限于自身经验,很难做出适合自己的决定。哪怕已经了解了诸多生涯规划的知识,却仍旧没能在现实生活中获得切实的感受与反思。纸上得来终觉浅,绝知此事要躬行。意识的准备最终需要实践的推动。高中生在学校学习和了解了生涯规划知识之后,需要到社会中积极接触和尝试感兴趣的领域,了解社会和职业,为将来进入职场做准备。社区服务、职业走访、工作坊学徒、假期实习、研学之旅等都是可以为学生争取的职业体验机会。

坪山区高中阶段生涯教育聚焦于学生梦想的探寻,让学生从意识和行动上完成超越。本章选取了坪山区各校具有代表性的生涯教育案例,既有学校的生涯规划课程群建设——"追梦图强,勇探未来",也有学生个人的时间管理技巧和职业探索尝试——"珍惜时间,赢在起点:做自己的首席时间官""从芯出发的职业走访""生命之花的生涯计划"。我们相信只要孩子们心怀梦想,以热爱为帆,在这片广阔的未来海域上,都可以追寻到属于他们的远大前程,超越当下的自己。

(撰稿者:深圳市坪山区高级中学 刘芳)

生涯智慧 5-1　做自己的首席时间官

一　背景与理念

进入高中后，随着学业任务难度和作业数量的增加，大多数学生不知道要如何合理地安排自己的时间，缺乏对日常学习和生活进行协调安排、高效处理的意识和能力，也时常因为学习状态不佳，学习效率低下，出现拖延行为或厌学想法，导致其无法很好地适应高中的学习和生活。

本节课以管理学家史蒂芬·科维提出的"时间四象限法则"及弗朗西斯科·西里洛创立的"番茄工作法"为活动主体理念，面向高一学生开展，活动时长为一课时（40分钟），内容主要从某院士的一段四日行程的例子导入，引发学生对于个人发展中时间管理能力重要性的思考；围绕"时间四象限法则"中的"事情的性质与类别划分"，帮助学生发现自己在日常学习、生活中时间安排上的不良习惯，逐步掌握时间管理的基本方法，并结合"番茄工作法"进行实践，综合考虑自己的实际情况，进而优化个人的时间安排，合理规划学习时间，提高个人的执行力。

二　目标与追求

1. 了解时间管理的含义及其重要意义，树立时间管理观念。
2. 学习"时间四象限法则"的原理，学会运用"时间四象限法则"进行自我时间管理。
3. 运用"番茄工作法"，逐步掌握时间管理方法，提升合理规划的时间管理能力。

三　框架与内容

本节课一共分为四个环节（如图 5-1-1）。

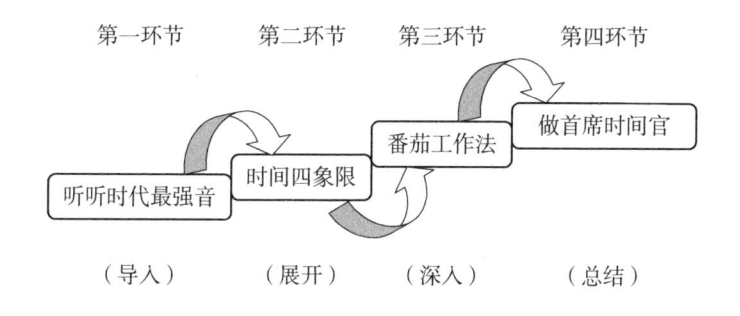

第一环节　　第二环节　　第三环节　　第四环节

听听时代最强音　　时间四象限　　番茄工作法　　做首席时间官

（导入）　　（展开）　　（深入）　　（总结）

图5-1-1　"做自己的首席时间官"框架图

第一环节是导入阶段，通过某院士的一段四日行程的例子，引发学生对于个人发展中时间管理能力重要性的思考。

第二环节是展开阶段，通过学习"时间四象限"法则的原理，制作"事务四象限图"，帮助学生学会合理安排自己学习生活中的各项任务。

第三环节是深入阶段，结合"番茄工作法"进行记录、实践、思考如何更好地合理安排时间，提高效率。

第四环节是总结阶段，运用"时间四象限法则"对事情进行取舍，明确要做什么；使用"番茄工作法"，从25分钟专注做一件事情开始，合理安排时间，提升自我效能感。

四　流程与实施

（一）课前准备

先将全班学生分为人数大致相等的9个小组，并将习作单及相关辅助材料分发给每位学生。包括"时间四象限"习作单（事务"时间四象限"图）、"番茄工作法"任务习作单（任务清单和今日待办表）和课后延伸辅助材料（运用"番茄工作法"的过程中，出现中断情况及其应对方法）。

（二）教学环节及内容

1. 导入阶段——听听时代最强音

（1）教师提问：什么是时间管理？

教师总结:

进行时间管理就是要提升单位时间内创造的价值,主要有两种思路:一是提高利用时间的效率,即尽量把时间之屋塞满;二是提高时间的含金量,即尽量往里面放更有价值的东西。

(2) 案例故事:听听时代最强音

某院士在四天的时间里坐了一趟动车,两趟飞机,到了三座城市,行程数千公里,开了十多个会,见了数不清的人,研究了无数的资料,从他身上我们可以充分感受到合理利用时间的意义。

从院士的一段四日行程入手,强调时间管理的重要性。每个人的时间都是有限的,如何将有限的时间更好地进行管理和充分利用,是每一个人都应该思考的问题。

2. 展开阶段:时间四象限法则——明确要做些什么

(1) 时间四象限法则

时间四象限法则是美国管理学家史蒂芬·科维在其著作《要事第一》中提出的。根据事务的重要性和紧急性两个维度进行划分,分为四个"象限":重要且紧急、重要不紧急、不紧急且不重要、紧急但不重要(见图5-1-2)。

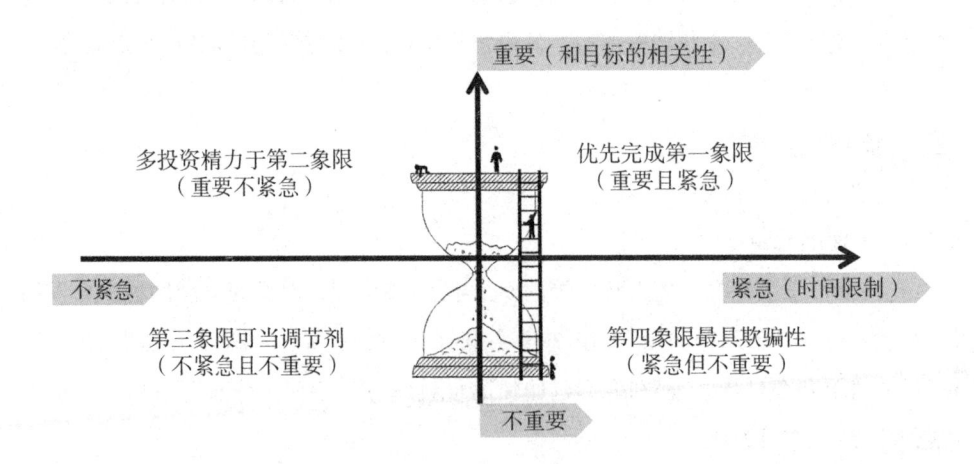

图5-1-2 时间四象限图

(2) 学生活动:制作"事务四象限图"

将自己过去一周的10项任务按照时间四象限法则进行分类,备注进行该任务的时间段和所用时长,思考对不同象限的任务进行排定时的优先顺序和用时。

学生在小组内相互分享各自的"事务四象限图",对比普通学生与"学霸"学生的时间安排图并进行分享。

教师介绍时间四象限法则中关于不同类别事务中合理的时间安排理念,普通学生往往习惯将大部分的时间(50%—60%)都用在第四象限,即那些紧急但不重要的事务上,他们的时间和精力总是被源源不断的杂事所占据,完成每一项任务都是匆忙的,习惯性地采取投机取巧的方式去应对,导致容易出现错漏或失误事件。

而学霸学生会有意识地将足够多的时间(65%—80%)尽量用在第二象限,即那些重要不紧急的事务上,他们的时间和精力主要用于有计划地去做虽不急于完成但具有重要影响的事务(如建立良好的人际关系,做长期的学业规划等),专注于重要而不紧急的事务,提前规划,对各方的利弊得失进行充分的权衡考量,更能充分地利用各方资源和有利条件去达成目标。

教师适时点评总结,引导学生区别重要不重要这个维度,可按照自己的人生目标和人生规划来衡量这件事务的重要性。如果它与自己的人生目标相关性较大,就属于第二象限的内容。反之,则属于第三象限的内容。学习时要减少第一象限和第三象限的时间,多把精力和时间放在第二象限。学习肯定是一件有规律的事情,而我们每天的学习时间其实是非常有限的,既然如此就要发挥出它最大的价值,总而言之就是要事第一,行动法则是:找出规律+高效执行。

3. 深入阶段:番茄工作法:合理安排时间

番茄工作法是一种简单易行的时间管理方法,由弗朗西斯科·西里洛在1992年创立。[1] 使用番茄工作法,选择一个待完成的任务,通过一个个番茄时间(25分钟)进行推进,专注工作,中途不允许做任何与该任务无关的事,直到番茄时钟响起。使用番茄工作法,可以提高我们的注意力,减少中断,合理安排时间,提升工作效率。

(1) 使用番茄工作法前的准备工作:请学生根据时间四象限法则安排不同事务时间的理念,对自己接下来的各项任务进行规划,制作完成《活动清单》习作单(见表5-1-1)。

---

[1] 史蒂夫·诺特伯格. 番茄工作法图解[M]. 大胖,译. 北京:人民邮电出版社,2014.

表5-1-1　番茄工作法的工具——《活动清单》习作单

序号	任务清单	备注(时间点、要求等)
1	数学作业	晚上19:00前
2	体育运动	
3	《病毒星球》阅读	4月27日前
4	语文摘抄笔记	晚上20:00前

（2）请学生同步完成《今日待办表》习作单（见表5-1-2）中的前三栏（时间、工作任务和预估番茄钟数量）。

表5-1-2　番茄工作法的工具——《今日待办表》习作单

时间	工作任务	预估番茄钟数量	备注(记录实际情况)
7:30—8:00	《病毒星球》阅读	🍅	🍅
9:20—9:40	语文摘抄笔记	🍅	拖堂,时间被占用
17:30—18:00	体育运动	🍅	家长说要帮忙打扫
19:20—20:10	数学作业	🍅🍅	🍅🍅🍅

你所选的活动通常是能够在一天内完成的,这也是你当天的承诺。

你的依据就是你一天的"番茄钟日流量",番茄钟日流量也就是你一天中能够完成的番茄钟个数。

番茄工作法的重要原则是:现在就做,并且一次只做一件事。在当下的25分钟内,全力去做一件事情。在完成我们经过筛选认为是最重要的一件事的时候,会有一种脚踏实地的安全感。

（3）运用番茄工作法的工具——番茄钟开始工作,回忆当前任务完成的实际情况,并将实际情况记录到《今日待办表》习作单的备注一栏里。记录的内容包含不同类别任务花费的时间,如工作、学习提升和兴趣爱好等所需要的番茄钟个数以及记录番茄钟被中断的次数。

（4）小组讨论思考:番茄工作法的两个要点(记录和自我评估)的重要性。

通过记录的这部分内容进一步完成自我评估,帮助我们区分所做过的任务的价值大小，从而更合理地设计任务，提高单位时间的有效利用率。

通过自我评估，可以将你"认为自己能做到的"和"实际做到的"达成一种平衡。如你预计写一篇文章需要 4 个番茄钟的时间，实际上却用了 8 个番茄钟，这样再次预估的时候，就要参考以往的数据经验。

（三）做首席时间官

呈现番茄工作法的具体操作流程图（见图 5-1-3），回顾本节课的学习内容。

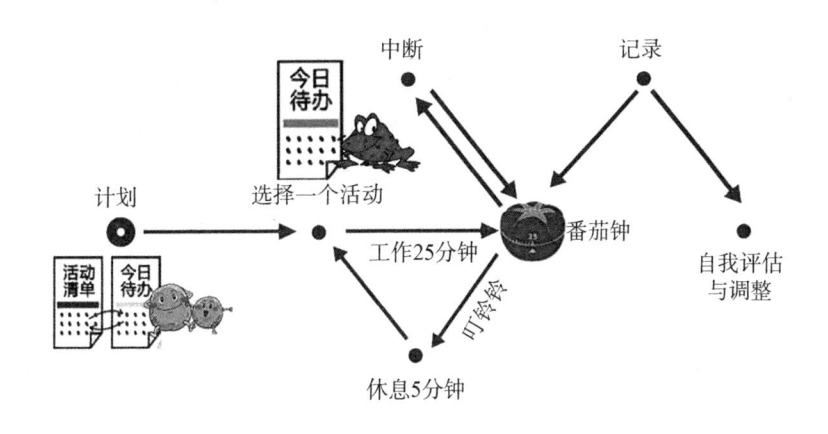

图 5-1-3　番茄工作法的具体操作流程图

教师总结：高中三年的时光，既短暂又忙碌。时间是宝贵的财富，我们要学做自己的首席时间官，运用时间四象限法则对事务进行取舍，明确要做什么；使用番茄工作法，从 25 分钟开始专注做一件事情入手，合理安排时间，提升自我的时间管理能力，把每一天过得充实且有意义。

五　成效与反思

本节课围绕如何进行有效的时间管理展开教学，介绍了时间管理四象限法则和番茄工作法的基本原理及操作方法等。学生通过开展小组活动，分享与交流时间管理心得，达到了掌握时间管理的技巧及提升个人时间管理能力的目的。

在深入阶段，让学生对自己在实际学习生活中遇到的各项任务清单运用时间管理四象限法则进行取舍,再使用番茄工作法进行记录和评估,从而促进学生对自己在学习生活中的时间管理进行反思,使其思考如何合理安排时间,优化自身在时间管理方面的能力。

  整节课的教学过程总体来说比较顺畅,但在学习使用时间管理四象限法则的过程中,学生的体验感不够强。另外,在关于番茄工作法具体操作的讨论中,大家分享的内容较为单一,教师应积极引导学生进行归类和总结。同时,可以多鼓励部分学生进行分享并给予其积极的肯定。最后,针对学生在分享使用番茄工作法记录的实际情况,对出现的中断情况及其应对方法比较吃力的现象,教师可以通过提供课后延伸辅助材料,让学生更加从容地应对。

(撰稿者:深圳市坪山区坪山高级中学　李云香)

生涯智慧 5-2 从芯出发的职业走访

一 背景与理念

《国务院关于基础教育改革与发展的决定》特别强调,实施素质教育应使学生具有健壮的体魄和良好的心理素质,养成健康的审美情趣和生活方式;推进办学体制改革,促进社会力量办学健康发展。[①]《中国教育现代化 2035》将"基本理念"单列一节,系统地提出了八个"更加注重"的基本理念,即以德为先、全面发展、面向人人、终身学习、因材施教、知行合一、融合发展、共建共享。[②]

基于以上文件,明确处于高中阶段的学生要根据自己的需要、兴趣、能力和个人特质来对自己未来的职业作出初步决定,然而,高中生学业繁忙,缺乏到企业、公司、工厂、基地等"走出去"的实地考察、了解职业的机会,对未来的职业生涯存在纸上谈兵的尴尬,甚至还出现越来越多的厌学情绪,学生不清楚现在为何而学等现实情况,因此,我们利用社团及课余时间给学生提供更多的体验机会,让学生认识到生涯规划与自己的现在、未来息息相关。

本次职业走访活动是系列职业体验活动之一,利用社团时间(1—2 小时)外出,带领对不同行业感兴趣的社团学生前往区内优秀企业单位参观,且在出发前要求学生做足功课,让学生带着问题边思考边走访,使其在做中学,在行走中体悟。

二 目标与追求

1. 参观身边的企业,加深对职业的了解。
2. 了解所在地区某一行业的发展情况,将个人发展与社会需要相结合。

[①] 国务院. 国务院关于基础教育改革与发展的决定[Z]. 2001-05-29.
[②] 中共中央,国务院. 中共中央、国务院印发《中国教育现代化 2035》[EB/OL]. (2019-02-23). https://www.gov.cn/zhengce/2019-02/23/content_5367987.htm.

3. 体验丰富的课余文化生活,激发爱祖国、爱学习的动力与热情。

三　框架与内容

本案例有三个板块,板块一是思考提问与行程准备。板块二是参观企业与体验职业内容。板块三是分享心得体会与撰写研学报告(如图 5-2-1)。

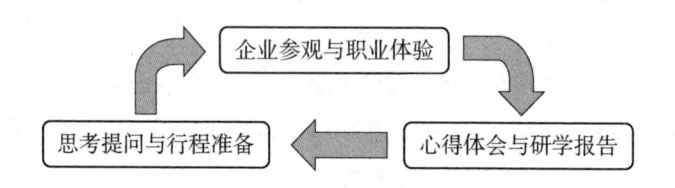

图 5-2-1 "从芯出发的职业走访"项目板块图

板块一是思考提问与行程准备。该板块是职业走访活动的前期阶段,参与的学生需要做好多方面的准备,带着对职业的好奇心和探究的热情出发。

板块二是企业参观与职业体验。该板块是职业走访活动的中期阶段,参与学生需高度配合企业工作人员的安排,留心观察,积极互动,充分体验。

板块三是撰写心得体会与研学报告。该板块是职业走访活动的后期阶段,参与学生沉淀感悟活动收获,其中,教师对学生进行研学报告撰写的指导,加深其体验感悟,提升其综合素养。

通过板块三的反思与沉淀,下一次职业走访活动的前期准备工作(板块一)得以不断改进完善,让学生的获得感增强,提升活动价值。

四　流程与实施

(一) 思考提问与行程准备

在实地参观之前,教师通过联系当地优秀芯片制造企业的参观资源,向学生做职业走访活动宣传,吸引了不少对科技创新行业感兴趣的学生。

教师对报名参加活动的学生进行企业背景信息介绍以及芯片业发展情况的指导,学生通过学习和讨论分别分享了自身对本次走访活动的期待与困惑,并提前准备了许多相关问题以及探究内容,准备在活动中向专业人员求教。另外,学生还需要提前了解参观过程中的注意事项,做到有序、有效地参与活动。

(二) 企业参观与职业体验

本次参观的芯片制造公司位于区内,是我国芯片业的代表企业之一。由我校的生涯社团指导老师带队,利用周五下午的社团活动时间,带领十名社团学生代表前往公司。当天具体时间安排如下。

14:50——学校东南门集合。

15:00——带队老师清点人数,上车出发。

15:20——师生到达公司大门口,在工作人员带领下进入芯片制作车间参观。

16:10——参观完毕,师生返校。

在进入车间参观前,所有参观学生都换上了无尘服、手套、鞋套和口罩,以维护芯片制造环境的洁净,这是芯片制造工作的最基本要求之一。

在参观过程中,公司委派高级工程师作为本次职业走访活动的讲解员,他带领大家按照生产芯片的流程顺序依次走过各个不同的车间区域。参观师生在工程师的细致讲解和耐心解答中,了解到了芯片的生产过程,以及所用仪器设备的特点,还有我国芯片业发展的现状和目前遭遇的困境,并以此来勉励同学们继续努力学习,增强本领,助力我国芯片业的高质量发展。

听完工程师热情真诚的介绍,在场认真聆听的学生提出了自己心中的疑问,并记下了这次职业走访的所感所获。

(三) 心得体会与研学报告

参观结束后,学生需要提交一份心得体会,内容需结合自身的生涯启示来谈。同时鼓励学生基于本次的参观体验,进行更多的文献研究与思考,撰写相关研学报告。以下是部分社员的参观心得体会。

高二15班　张琳悦(社长):作为一个理科生,在本次的参观中,我了解到了关于我的选科和未来就业方向,同时也对芯片产业有了更清晰的认识,大大拓宽了我的视野,让我掌握了更多关于前沿科技的信息。我认为即使自己未来没有从事相关行业,这次的经历也是十分宝贵的,它给我的未来职业规划提供了一种可能性。

高二15班　袁彤(社员):上周五,社团组织我们去芯片公司参观。公司很大,环境也十分干净,令人感到舒适。进入工作间前必须换上无尘服,感觉跟我想象得不太一样——工作间里很安静,几乎都是机器自己运作,只需要工作人员下指令和辅助搬运即可,这让我感到国家发展得可真快啊!但转眼一看,大多机器都来自荷兰、美国等发达国家,我又意识到中国还需要继续进步,需要更强大。蓝博对我们说:"任重而道远!"我将这句话深埋在心间,不知不觉间已发了芽……

高二9班　梅宸骏(社员):青年孕育无限希望,青年创造美好明天。怀揣着无限的好奇,我们踏上了这次活动的大巴。在参观产业园之前,我对芯片产业的了解仅仅局限于新闻和试卷中的材料,但当那一行行冰冷的文字突然变成精密的仪器、完整的产业链出现在我眼前时,我想我确实被科技的发展给震撼到了。除了科技带来的震撼,企业中的人文气息也值得我们关注。在象牙塔中的我们,也真真正正地感受到了优秀的企业文化。随着讲解人员的深入介绍,我们也开始对行业的未来和祖国的发展产生思考。总的来说,这次活动丰富了我们的眼界,也让我们更加了解了芯片产业,我们作为学生,也应努力学习,奋发进取,为祖国的发展添砖加瓦。

除了心得体会,高二9班的梅宸骏、郑亦铭,高二17班的谢鼎连,以及高二8班的陈丽伊、胡楚雯分组合作撰写研学报告,形成了两篇高质量的报告论文,分析了我国芯片行业现状,探讨了本次参观对中学生生涯规划的启示。

五　成效与反思

本次职业走访活动首次选取了科创领域的芯片业为体验和研究对象,学生怀着巨大的好奇和热情报名参加活动,并且在活动前期搜索相关信息,带着对职业的思考投入到公司参观中,最后形成独特的心得感想,活动效果显著。

(一) 活动内容新颖,贴近学生需求

芯片业是生活在智能化时代下的学生们常常听说但从未真正接触过的事物,学生对此充满想象与好奇,积极主动地配合做好各项准备工作,最后直观地感受到芯片制造业所取得的骄人成绩与进一步发展的困境所在,激发了高中生的学习斗志,也燃起了他们的爱国热情。

(二) 活动注重体验,学生体会深刻

从学生分享的心得体会中可以看出他们对本次活动的高度认可,从活动中获益良多,既有对活动本身的评价,也有对自身职业规划和未来发展更清晰的思考。尤其是还有学生主动参与研学报告的撰写,利用周末休息时间积极请教老师完成报告,这份自发的行动难能可贵。

(三) 活动定位精准,发挥本土优势

在高中紧凑的学业安排下,我们灵活利用社团活动时间带领学生"走出去",而由于社团时间也有限,为此特地选择本区内的优秀企业作为参观对象,同时将参观内容精炼化,把更多时间和精力放在前期准备和后期反思板块,尽可能地在有限的时间内将活动效果最大化。

总的来说,本次活动对学生了解当地社会、经济、科技的发展,以及对自身的成长发展都大有裨益,接下来需不断完善细节,选择不同领域的本土优秀企业,最好能建立学校与企业之间的长期合作关系,将职业走访活动持续开展下去。

(撰稿者:深圳市坪山区坪山高级中学 叶靖怡,李晨,李云香)

生涯智慧 5-3　职业告白的三部曲

一　背景与理念

美国著名的职业指导专家金斯伯格(Ell Ginsberg)认为,青少年职业发展分为幻想期(11岁之前)、尝试期(11—17岁)、现实期(17岁之后)三个发展阶段。[①] 高中生的职业发展正处在尝试阶段和现实阶段转变的关键期,在职业需求上需要把自己的职业愿望与自己的主观条件、能力以及社会现实的职业需要紧密协调起来,寻找适合自己的职业角色。高三学生进入了高考冲刺阶段,同时也进入了升学与专业选择的预备期,既有对考试的紧张与焦虑,也有对美好未来的幻想。

对于未来的职业生涯,我校高三学生在高一、高二时已经进行了生涯规划意识的启蒙学习,对自己的职业兴趣、能力、价值观等有了一定的了解,还通过高二心理课前5分钟进行了大学与专业的分享,已对大学与专业有过探索。到了高三,对未来发展道路的选择更加迫切,此时,高三学生进一步探索职业,了解更广阔更丰富的职业世界,确立职业志向,有助于高三学生更加坚定自己的学业目标,改善学业表现,促进学业发展,为未来的升学就业奠定基础。

本节课面向高三学生开展,共一课时(40分钟),课后留有课外职业探索作业,学生在接下来的心理课前五分钟轮流进行职业介绍,拓宽与丰富学生对不同职业的了解,激发学生对自身未来发展的思考。

二　目标与追求

1. 树立理想的职业目标,并有意识地进行职业探索。

[①] 孔春梅,杜建伟.国外职业生涯发展理论综述[J].内蒙古财经学院学报(综合版),2011,9(3):7.

2. 学会用发展的、全面的眼光看待理想职业,并愿意为之持续付出努力。
3. 掌握职业探索的三个步骤,并结合自身实际做出合理的职业志向选择。

三 框架与内容

本课程分为四个阶段,分别为导入阶段、展开阶段、深入阶段和总结阶段(如图 5-3-1)。

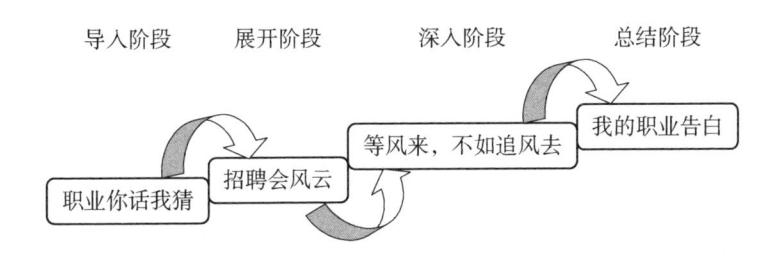

图 5-3-1 《职业告白的三部曲》阶段图

导入阶段是"职业你话我猜"。学生根据职业特征描述猜职业名称。通过该热身活动,快速集中学生的注意力,调动学生的上课积极性,活跃课堂气氛,自然地引出课程主题——职业告白三部曲。

展开阶段是"招聘会风云"。该阶段分为两个部分,第一部分是招聘会前期准备阶段,称为第一部曲;第二部分是招聘会现场演练阶段,称为第二部曲。通过一个体验活动——招聘会,学生合理有序地进行角色扮演,从招聘者和应聘者不同角度来看待同一个职业的需求,从而更深刻地认识到探索职业过程中既要了解职业本身的基本信息和特点(第一部曲),也需要了解职业对从业者的要求和期待(第二部曲),认识到"人职匹配"的必要性。

深入阶段是"等风来,不如追风去"。通过观看哲思小故事视频,学生认识到理想与现实的距离需要通过"行动"来拉近,换个角度来认识即"机会是留给有准备的人的",促进学生为实现职业理想而积极采取行动进行职业探索和规划,做好未来就业的前期准备。

总结阶段是"我的职业告白"。通过向理想职业"告白"这一形象的浪漫的表达方式,唤起学生对理想职业的热情与憧憬,同时鼓励学生将课堂所学知识应用到课后日常生活中,培养其良好的习惯,使其持续进行职业探索,将生涯规划知识落到实处。

四 流程与实施

本课选取了"了解自身特点与社会需求"这部分内容进行课程设计,教师带领学生针对几项有代表性的职业进行全面规范的探索体验,增强学生的职业认知清晰度,提升学生探索职业的技能。实施过程分为四个阶段,具体如下。

(一) 导入阶段

教师准备两类职业名称,分别为传统职业与新兴职业各十个,并制成职业名称卡板。教师请两名同学上台,随机选取职业类型后开始游戏。台上的同学可以说话或比手势,但不能说出职业名称中的任意一个字,否则该职业名称作废,继续猜下一个,直到1分钟时间结束,被猜出的职业数量多的同学为胜者。教师提问如何能在同样的时间里猜出更多,答案是需要对职业更了解才能更清晰地表达,从而让同学猜出来,即需要对职业进行探索,尤其是喜欢的理想职业,从而引出本节课主题——职业告白三部曲。

(二) 展开阶段

该阶段分为两个部分,第一部分是招聘会前期准备阶段,称为第一部曲;第二部分是招聘会现场演练阶段,称为第二部曲。在第一部分,把有同一职业兴趣的同学分为两种角色,一种是招聘者(面试官),任务是制作一份招聘海报,另一种是应聘者,任务是准备1分钟自我介绍,两者同时进行。该部分让学生站在招聘者的角度思考职业的基本信息,得出职业探索的第一部曲——了解职业基本信息,或站在应聘者的角度思考自身与理想职业的匹配条件;接着是第二部分,进入招聘会现场,让学生体验应聘时的自我介绍这一环节,进一步觉察自己与理想职业之间的距离,得出职业探索的第二部曲——了解职业对从业者的要求,为接下来的第三部曲——行动计划,做铺垫。

(三) 深入阶段

教师小结职业探索的前两个步骤,指出只完成前两个步骤的职业探索是不充分的,并通过播放一个小视频——《等风来,不如追风去》,让学生认识并认可职业探索的第三步——行动与实践,引导其把握高中有限的时间,积极主动地做规划,并脚踏实地地实践。

(四) 总结阶段

教师邀请各小组派代表说出自己的理想职业和理由,并说出为实现职业志向而计划去做的一件事情,向理想职业进行简单的"告白",激发学生对职业志向的向往,引导学生珍惜当下,为未来付出做好准备。然后发放学习单,鼓励学生课后继续探索职业,完成学习单,并在接下来的心理课上进行职业介绍。最后教师进行课堂总结。

五 成效与反思

本课例成功结合学生的实际需要,让学生能够在课堂上体验到求职前期的准备内容,具体成效如下。

(一) 选题合适

对于高三的学生来说,在专业的选择及发展上都存在较大的空缺,故有必要引导其进行职业探索。而本届学生在高一高二时已经对生涯规划与大学专业等有了一定的了解,在高三上学期进一步开展职业探索的教学活动,能更好地引领学生规划自身的未来,同时在遇到当下的一些挫折困境时坚持学习。

(二) 思路清晰

本次课的课程内容分为"导入——职业你话我猜""展开——招聘会风云""深入——等风来不如追风去""总结——我的职业告白"四个环节,其中重点环节在展开部分,即在课堂上模拟招聘现场。最后通过一个哲思小故事《等风来,不如追风去》来强调职业探索的第三步是"做好相关准备"。

(三) 板书条理分明

在本次活动中,职业探索的三步骤,即"了解职业的基本信息""了解职业对从业者的要求""就职前的行动计划"都在黑板和学习单上一一呈现,而且三个步骤大框架下的具体内容都是学生自己生成的,具有时效性和贴合学生实际的特点。

综上所述,本课例能够达到预期的教学目标,学生对职业探索的认知、情感和技能均得到提升,其中有待完善的一点是"招聘会风云"这一环节,由于对学生自觉性和配合度要求高,而且任务要完成好也有一定的难度,容易让一些没有明确理想职业的同学游离在外,或者感到任务比较困难而无从下手。还有的同学即使按要求在规定时间内完成了相关任务,但实际收获或体悟到了多少自己也不清楚。针对以上的问题,下次课可以在学习单的背面增加关于招聘会的记录,包括面试官对应聘者面试表现的打分与评价;还有应聘者书写的自我介绍,从而使学生更直观地看到自己与他人的面试表现,找出差距,促进自我改进与提升。

(撰稿者:深圳市坪山区坪山高级中学　叶靖怡)

生涯智慧 5-4　生命之花的生涯计划

一　背景与理念

随着社会物质文明的不断发展,优越的物质生活条件和浮躁功利的社会大环境,使得现阶段的高中生一方面要面对激烈无情的竞争,另一方面,功利的教育方式又使他们缺少对时间的把握和规划。高中生由于自我意识的迅速发展,对自我的探索也逐渐多了起来,迫切需要对其时间规划意识进行积极的引导。

本节课面向高一学生开展,共一课时(40分钟)。在收集了学生憧憬的梦想清单的基础上进行,从梦想清单引发学生的思考,引出"生命平衡轮"这一主题,进而组织学生描绘自己的"生命之花"并填写月行事历,让学生思考自身学习生活中的重要事件,并对这些事件进行管理,让自己的学习生活更有规划,更精彩。

二　目标与追求

1. 通过活动,认识到规划的重要性,进一步思考如何安排自己的学习生活。
2. 学习生命平衡轮的原理和内容,树立规划观念,提升规划的执行力。
3. 书写自己的生命平衡轮,规划自己的学习生活,思考未来的方向和目标。

三　框架与内容

本节课共分为四个环节(如图 5-4-1)。

第一环节是导入阶段。通过展示学生心中憧憬的梦想清单,引发学生思考自己想要的或想做的事情是什么。

第二环节是展开阶段。通过学习生命平衡轮的原理,帮助学生了解生命平衡轮中八大领域的具体内容。

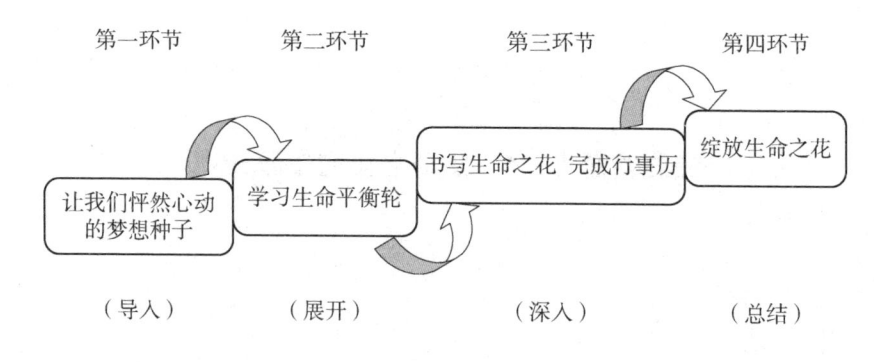

```
第一环节        第二环节        第三环节        第四环节

 让我们怦然心动  →  学习生命平衡轮  →  书写生命之花 完成行事历  →  绽放生命之花
  的梦想种子

  （导入）        （展开）         （深入）          （总结）
```

图 5-4-1 "生命之花的生涯计划"活动框架图

第三环节是深入阶段。书写生命之花，完成月行事历，思考如何合理安排各项事务，制定月行事历规划，明确自己真正想要的或者想做的事情，主动规划，积极行动。

第四环节是总结阶段。在执行生命之花月生涯计划的实践过程中，坚持月度复盘，用好生命平衡轮，绽放出自己的生命之花。

四 流程与实施

（一）导入阶段——让我们怦然心动的梦想种子

有人说：一滴水也有梦想，一叶小草也有蓬勃的希望，一粒细小的沙子也怀揣着实现价值的光芒。

梦想点燃热情，有梦就有希望，希望成就梦想，每个人向着心中的憧憬、目标自由地飞翔。

当下的你，最想做的事情都有哪些呢？

展示收集到的同学们憧憬的梦想清单，一起来看看大家的梦想种子。

如何让我们这些梦想种子有机会生根、发芽、茁壮成长，绽放出生命之花？

教师小结：通过具体问题引导学生，让其更明确自己想要的或想做的事情是什么；同时，将学生回答的内容具体化，明确化；进而引出本节课的主要主题——生命之花之生命平衡轮。

（二）展开阶段——学习生命平衡轮

生命平衡轮，又叫生命之花，是由美国激励大师迈克尔·赫佩尔创造出来的生涯管理工具。① 通过生活的各个维度,可以清晰地看到生活的全貌,在每一项的平衡中,我们可以觉察到自己真正想要的或者想做的事情,并发现高质量的生命状态需要各方面的平衡发展(见图 5-4-2)。

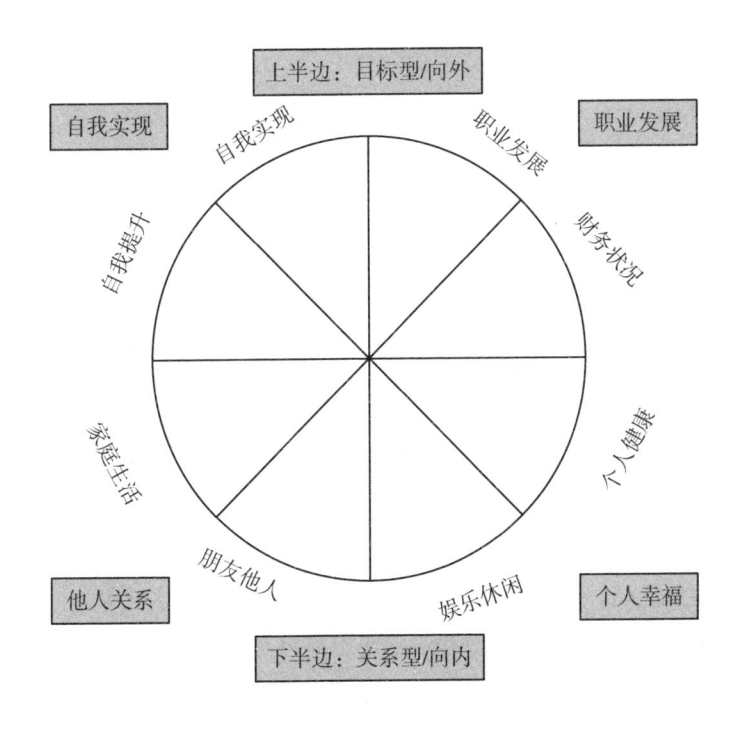

图 5-4-2 生命平衡轮图

生命平衡轮需要关注的 8 个方面包含职业发展、自我实现、个人成长、财务状况、身心健康、家庭生活、休闲娱乐和人际交往。8 个不同的维度都有着具体的意义和内容。

1. 职业发展:强调思考学业、职业方面的问题。如:自己的职业规划是什么？希望达到什么样的职业高度？目前有哪些任务需要完成？哪些方面存在难点和卡点？有什么资源可以帮助自己解决学业困扰？

2. 财务状况:强调财务收支管理的情况。如:有没有学习过理财知识的？有没有

---

① 迈克尔·赫佩尔. 最有智慧的活法:平衡生命之轮,活出你的精彩[M]. 段鑫星,等,译. 北京:人民邮电出版社,2012.

进行合适的收支分配? 有没有合理的规划? 总之,但凡挣的、存的、用的,投资理财等的目标都要量化、数字化。

3. 个人健康:关注身体和心理健康状况。如:你是否有坚持运动的习惯? 什么运动方式适合自己? 有没有健康的饮食习惯? 你是否保持良好的睡眠和午休习惯? 你是如何保持自己的心情愉悦的? 如何面对焦虑、压力和沮丧等不良情绪?

4. 娱乐休闲:主要指在娱乐休闲方面投入的时间和满意度等。你有哪些兴趣爱好? 平时喜欢的休闲娱乐方式有哪些? 你对这样的时间投入满意吗? 你打算如何增加或减少休闲娱乐的时间?

5. 家庭生活:主要指和父母、兄弟姐妹组成的原生家庭。需要关注家庭生活的各个方面。如:你和父母的关系怎么样? 是不是从心里接纳和理解父母? 父母的生日你打算带给他们什么样的惊喜? 家庭里有哪些困难需要你去解决? 兄弟姐妹之间的关系如何? 对于一些重要的家庭节日,你打算怎么一起过?

6. 朋友和重要他人:主要指和那些重要人物及朋友之间的相处情况。如:和几个好友多久联系一次? 有什么聚会的计划吗? 朋友有哪些困难需要你帮助解决? 你想如何改善和其中一些朋友的关系?

7. 个人成长:关注个人的知识、能力、眼界和心灵的成长。有今年的读书计划吗? 你希望自己在哪些方面的能力得到提升? 提升到什么程度? 采用什么样的方式? 什么是最适合自己的学习方式? 你的学习习惯如何?

8. 自我实现:可以与学习有关也可以与学习无关。它描述的是能够发挥你的天赋优势、让你感到快乐并有价值的事情。如:参加读书分享活动,用自己的方式传递价值观;制作一个精美的手工艺品,作为艺术品摆在家里。总之,发挥你的天赋,去做实现自我价值的事情。

生命平衡轮可以让我们拥有一个直升机的视角,觉察自己对生活的满意程度,比如健康、财务和人际关系——让你能够亲眼看到自己生活中哪些方面感觉良好,哪些方面需要努力。它能帮助我们做出不同的选择,决定我们应该将时间和精力集中在哪里,以获得更满意的学习生活。

生命中会发生什么我们无法控制,但是我们可以拥有选择自己采取什么行动和态度的权利。当我们拥有这种权利时,我们的生命就拥有了自由。

如果在一个月之内,我们为自己的学业、幸福、关系和梦想都做点事情,那么这个月会发生什么样的变化呢?

(三) 深入阶段——书写生命之花

1. 书写自己的生命平衡轮

每个人的实际情况和关注的事情可能不同。根据个人情况,我们可以对这些需要关注的项目进行灵活调整,制定出适合自己的"平衡轮"。

请各位同学们尝试书写自己的生命平衡轮,列出你当下需要去做的事情(符合SMART原则),并按优先级排序(紧急—重要程度进行排序)。

填写生命之花的原则:首先,一个维度就填写最重要的三件事情。最好3项,不要超过5项。其次,符合SMART原则,尽可能地具体、明确,可执行。最后,一定要填写让自己怦然心动的事情。

在填写过程中,通过提问,引发思考:

有没有遇到难点?是不是写娱乐休闲特别容易,写个人成长,自我实现部分特别难?你的家庭区域有预留时间吗……

请学生通过观察自己的生命平衡轮图,依次回顾以下几个问题:你注意到了什么?你想要改变什么吗?你希望在哪些方面得到提升?提升到什么程度?或者说你要采取什么行动来改变这部分?又如在未来的1—3年内,在"职业发展"学业维度,那时的自己和当下的自己有什么不同?在哪些方面获得了发展?有什么具体的表现形式?越详细、越具体,行动起来就越明确。

2. 将平衡轮中的内容填入月行事历计划

生命平衡轮可以帮助我们看到生命的全局,让各项事务有序安排,让我们内心更清晰明了。但在具体的行动中,我们要分清主次,不能一刀切。

指导学生在初步完成生命平衡轮图的基础上,将确定好的事件一一放到月行事历里面去。

安排生命之花月生涯计划的顺序:

首先,职业发展的学习时间和财务时间都比较固定,且涉及多人协作,因此,建议将这部分时间提前做好规划。

其次,安排健康时间和家庭时间,良好的身体状况需要持续的有规律的锻炼时间,所以需要提前安排。家庭时间是你与家人相处的时间,相对稳定,但若不提上日程,家庭时间很容易被压挤掉,建议和健康时间同步安排好。

第三,个人成长与自我实现的时间。这部分时间是整个罗盘的启动机,很重要。

这部分时间通常与你的人生目标相关，值得花时间和精力去执行。

最后，娱乐休闲与重要他人的时间。这两部分的时间是我们最有动力做的事情，即使时间不对，环境不好，我们也会想方法克服困难去做。

3. 学生活动：完成月行事历计划表并进行小组内分享。

4. 各小组派代表发言，分享本组月行事历计划表的亮点或困惑。

在学习和生活中，我们常觉得有太多事要做，需要把这些事区分开来并进行条理清晰地规划。教师引导学生思考：合理安排确定的事件时，根据自身的不同情况，可遵循哪些原则？

5. 教师小结：合理安排月行事历的遵循原则。

第一，少数服从多数。先安排好多人协作的固定时间，再安排临时性活动。

第二，保证个人成长、自我实现的时间段。预留出不易被打扰的时间，持之以恒地进行，自律成长都是一步步积累下来的，计划是用来让那些平时无法实现的事情实现的。阻力越大的事情，越要留出空间，下定不得不做的决心。

第三，越想做越后排。那些你平时自动会去做，或者不让你做，你都要做的事情，自然就排在最后。

最后，相信大家在实践的过程中一定会有更多的发现。

（四）总结阶段：绽放生命之花

通过一则名人名言升华课程主题，教师回顾本节课的教学活动与学习内容。

有人说，在这些年的管理工作和自我成长中，复盘是最令其受益的工具之一。其实，复盘就是对过去所做的事情进行回顾和总结。同样，在生命之花月生涯计划的实践过程中，也需要大家进行月度复盘。复盘思路：月初，按顺时针，填写 8 个维度，填写每个维度最重要的 3 件事情，将自己想做的事情填写到日程安排上，在计划执行前，再认真检查一遍，月末拿出月初制作的生命之花进行复盘。

当我们内心中始终有一个"平衡轮"时，保持宏观的视角，随时调整，采取更加有效的行动。找到可以影响生命关键点的维度，进行精准地发力，才能使我们的行动更加有力。

五　成效与反思

在本节课的教学中，通过书写生命平衡轮和制定月生涯计划的活动，学生学会了如何有效地规划自己的学习与生活。教学过程中,教师充分尊重个体差异,鼓励学生进行分享与交流,促进了学生之间的互相学习和启发。

(一) 学会运用生命平衡轮制定月计划。

通过本节课的教学活动,学生了解了生命平衡轮的基本原理和操作方法,并通过小组活动进行分享与交流,能够运用生命平衡轮制定月计划,有助于学生更好地适应高中的学习与生活,实现二者的平衡与发展。

(二) 尊重个体差异并促进分享与交流。

在整节课的教学过程中,教师充分尊重学生的个体差异,鼓励学生进行分享与交流。学生个人、学习小组和班级分享的内容各具特色,促进了学生之间的互相学习和启发,增强了合作与交流能力。

(三) 给予关注和指导,帮助学生厘清目标与计划的相关性。

在填写生命平衡轮的过程中,教师对学生在将内容填入月行事历计划中遇到的困难给予关注,并通过倾听、提问等方式帮助学生厘清目前要做的事情与当下目标的相关性,思考后再做合理安排。

(撰稿者:深圳市坪山区坪山高级中学　李云香)

后　记

课程不应该仅仅是知识的传递，更应该是思维和生活的启发。在坪山区，我们深入研究新时代教育发展趋势与未来人才培养需求，坚信高品质的课程是培养未来领袖的关键，为此，我们建构了"引领性课程、普及性课程、个性化课程"三位一体的品质课程体系，以满足学生的多元需求。引领性课程聚焦新时代教育发展趋势与未来人才培养需求，结合课程发展前沿动向，设计前瞻性课程体系，包括生涯教育课程、跨学科融合课程、STREAM课程、人工智能课程等。这些课程不仅是知识的传授，更是品德和能力的塑造，帮助学生在未来社会中取得成功。

生涯教育课程注重培养爱国情怀和社会责任感，帮助学生客观了解社会，正确认识自我，科学规划学业和生活，为未来的职业和人生发展做好准备。坪山区从"试点学校"起步，实验校以点带面的形式开展，进而涵盖幼儿园到中小学全学段，在顶层设计、课程建设、实施路径、资源保障等方面实现了突破性的进展，形成了政府、企业、学校、社会和家庭紧密配合的生涯教育高地。

在中小学开设了专门的生涯课，并以生涯观影和假期特色作业等方式在家庭教育中渗透生涯教育；教师以科研课题的方式探索生涯教育课程建设路径，自主创新开发具有地方特色和学校特色的生涯教育课程；几十家企业成为学生走出课堂、深度体验职业生活的生涯教育基地；坪山区科创局将社会公益作为企业评奖的重要考察项目；涵盖生物医药、智能制造技术等多个领域、多种岗位的企业人员和家长等热心人士以生涯导师的身份走进课堂，为学生讲述他们的职业故事。2021年坪山区举办了生涯教育阶段展评现场会，广东省生涯教育负责人席春玲博士、深圳市教科院闻佳鑫博士莅临现场指导。2022年启动了"大师课程""博士课程"进校园，拓展了学生对新领域、新行业、新科技、新应用的认识与了解，拓宽了学生的视野，播撒了理想的种子。

《进阶式生涯教育》这本书经过近七个月的精心编写，书中的案例凝聚着坪山教育人在生涯教育方面的努力和探索，旨在探索生涯教育的理论应用与实践智慧，提供一种进阶式、全链条的生涯教育范式,为学生的职业规划和未来发展奠基。

在本书的编写过程中,我们经历了许多艰辛和困难。七个月的时间里,编委老师和案例作者们付出了大量的心血和努力,为每一篇章节精心撰稿。他们深入研究生涯教育的理论,不断修改和完善每一章的内容,确保其准确、全面地反映生涯教育的最新发展和实践成果。编写本书的过程虽然充满了挑战,但是作者们始终坚持着对生涯教育事业的热爱和追求,他们用心灵和智慧,为读者呈现了一本充满专业性和实用性的生涯教育指南。

教师应该做有思想的行动者,坪山教育人始终走在教学与研究的路上,愿我们的《进阶式生涯教育》能够为广大教育工作者、家长和学生提供有益的借鉴和启示,促进生涯教育在更多地区的普及和推广。

2024 年 4 月